U0586547

中外求索

思政课实践教学论文集

张秀英　主编

天津社会科学院出版社

图书在版编目（ＣＩＰ）数据

中外求索：思政课实践教学论文集／张秀英主编
. --天津：天津社会科学院出版社，2020. 6
　ISBN 978-7-5563-0636-7

　Ⅰ. ①中…　Ⅱ. ①张…　Ⅲ. ①高等学校－思想政治
教育－教学研究－中国－文集　Ⅳ. ①G641－53

中国版本图书馆 CIP 数据核字（2020）第 089486 号

中外求索
ZHONGWAI QIUSUO

出 版 发 行：天津社会科学院出版社
地　　　址：天津市南开区迎水道 7 号
邮　　　编：300191
电话／传真：（022）23360165（总编室）
　　　　　　（022）23075303（发行科）
网　　　址：www. tass-tj. org. cn
印　　　刷：北京建宏印刷有限公司

开　　　本：787mm×1092mm　1/16
印　　　张：22. 25
字　　　数：336 千字
版　　　次：2020 年 6 月第 1 版　2020 年 6 月第 1 次印刷
定　　　价：70. 00 元

版权所有　　翻印必究

前 言

张秀英

中华人民共和国成立以来,中国共产党对执政规律、社会主义建设规律、人类社会发展规律的认识和把握不断深入,开辟了中国特色社会主义理论和实践发展新境界,中国特色社会主义取得举世瞩目的成就,中国特色社会主义道路自信、理论自信、制度自信、文化自信不断增强,为思想政治理论课建设提供了有力支撑。

一直以来,天津外国语大学思想政治理论课教师都把教学方向同我国发展的现实目标和未来方向紧密联系在一起,为人民服务,为中国共产党治国理政服务,为巩固和发展中国特色社会主义制度服务,为改革开放和社会主义现代化建设服务。各门课都注重在课堂教学和实践教学中以学生关心的社会热点、难点、兴趣点问题为切入口,精心研究、设计专题,既有针对性地提出综合性、深层次的理论和认识问题,同时又以恰当的方式引导学生深入思考,发掘热点背后的理论本质,理清认识路径,进而引导学生正确认识世界和中国发展大势、正确认识中国特色和国际比较、正确认识时代责任和历史使命、正确认识远大抱负和脚踏实地,增强"四个自信",激励学生脚踏实地,努力学习,增长本领,自觉把个人的理想追求融入国家和民族的事业中,勇做走在时代前列的奋进者、开拓者,把远大抱负落实到实际行动中。

提高教学水平,加强教学针对性,有赖于思想政治理论课教师深厚的理论基础和对教学内容、教学方法的不断研究,本论文集的教学篇部分呈现了天津外国语大学思想政治理论课教师在 2019 年的部分研究成果。其中既有对习近平总书记在全国高校思想政治工作会议和学校思想政治理论课教师座谈会上讲话的学习心得、落实路径;也有天津高校思想政治工作改革攻坚项目"一校一品"新时代思想政治理论选修课入选课程"新时代中国特色与国际比较"的设计理念、设计方案;更多的是关于教学模式、教学方法、教学素材的选用研究,其中探讨了思想政治工作规律,教书育人规律,是教师们政治强、情怀深、思维新、视野广的有力明证。

理论性和实践性相统一,重视思政课的实践性,把思政小课堂同社会大课堂结合起来,教育引导学生立鸿鹄志,做奋斗者。本论文集的学生篇即为我校思想政治理论课实践教学活动的部分成果。近年来,我校开展了"我来讲'五大道'""家庭(家族、家乡)生活变奏曲"等调研型实践教学活动,引导学生以亲身感受从过去和现在的比较中确认中国发展成就;开展了"社会主义核心价值观"演讲比赛,引导学生深入理解社会主义核心价值观;开展了"国家或地区领导人产生机制比较""我看外国人眼中的十九大""语言对象国的中国特色社会主义认知"等学术研究型实践教学活动,引导学生运用辩证思维和批判性思维正确认识国际社会对中国的认知;2018 年更是承担了天津市"新时代"思想政治理论课实践教学创新课——"行走的最强思想"的设计实施任务,将一批纪念馆、博物馆、现代化企业和社会主义新农村建设成实践教学基地,定期到基地开展实践教学活动等。这些实践教学活动既拓展了学生的历史视野和国际视野,又坚定了其对中国特色社会主义的道路、理论、制度和文化的自信。透过学生的实践教学成果,可以说,我们的教学确实起到了弘扬主旋律,传递正能量,给学生心灵埋下真善美的种子,引导学生扣好人生第一粒扣子的积极作用。

目 录

教师篇

学生篇

教师篇

"思想道德修养与法律基础"课问题链专题式教学的改革与探索

宋 婷

摘 要：在深入阐释"思想道德修养与法律基础"课问题链专题式教学基本定位的基础上，指出问题是教学的重要起点，问题选择具有逻辑指向性，问题设计具有层层递进性。分析教学过程中需要把握的三个基本原则，以基础课第六章为例，做出具体教学设计的展示和探索。

关键词：问题链　专题教学　教学设计　原则

坚持问题导向是马克思主义的鲜明特点。2018 年 5 月 2 日，习近平同志在北京大学师生座谈会上的讲话中强调要教育学生"学会运用马克思主义立场观点方法观察世界、分析世界，真正搞懂面临的时代课题，深刻把握世界发展走向，认清中国和世界发展大势"，这正是对高校思想政治教育坚持问题导向的具体要求。

一、问题链专题式教学的基本定位

第一，问题是教学的重要起点。一般而言，教材内容一般要遵照知识体系的逻辑展开，多以观点和结论的陈述为主要呈现形式，其优点在于逻辑清晰、观点鲜明、内容系统全面。但教学逻辑与教材逻辑不同，教学必须面向学生，必须根据学生的认知规律和特点展开，所有主动有效的认知都是从疑问开始的。因此，教学不能以教材的观点和结论为起点,而必须以最终可以导向教材观点和结论的问题为起点。第二,问题选择具有逻辑指向性。以问题引导教学,问题的挑选和设计是关键。所有问题的选择和设计既不能刻板教条造成问题的生硬式植入,也不能随意性过大造成脱离教材体系。问题的提出、分析、讨论和解决最终应导向教学目标的实现。第三,问题设计具有层层递进性。围绕一个教学主题的问题往往不是单一的,教学目标的实现也不是一个层次的问题就能完全解决。因此,细化、分解教学主题从而形成一个内容相关、层次分明、逻辑清晰的问题链,像链条一样环环相扣、层层递进,激发了学生打开好奇之门。

"思想道德修养与法律基础"课(以下简称"基础"课)问题链专题式教学是教师在发现问题、设计问题、分析和解决问题的过程中,突出问题导向,创造问题情境,鼓励大学生对马克思主义重大理论问题、中国特色社会主义现实问题和自身成长成才问题进行研究和探索的教学理念和教学方法。以"问题"为视角建构专题教学体现了"基础"课的本质和特点。《〈中共中央宣传部教育部关于进一步加强和改进高等学校思想政治理论课的意见〉实施方案》中明确规定:"'思想道德修养与法律基础',主要进行社会主义道德教育和法制教育,帮助学生增强社会主义法制观念,提高思想道德素质,解决成长成才过程中遇到的实际问题。"可见,"基础"课是以解决大学生成长成才过程中所遇到的基本问题为切入点,结合从中学生到大学生的转变,着重进行社会主义道德教育和法制教育。"基础"课的突出特点是具有很强的实践性,以解决问题为本质和特点,以解决大学生成长成才所遇到的问题,增强法制观念,提高道德素质为己任。只有解决了问题,才能提高大学生素质、增强法律素养。因此,问题链专题式教学法可谓是提升"基础"课教学实效性的一把钥匙。

二、问题链专题式教学过程中需要把握的几个原则

1. 问题设置坚持理论性和生动性相统一的原则

"基础"课不是人文通识课,是培养社会主义建设者和接班人的主阵地之一。问题的发现一定要凸显思想性,以马克思主义为指导,用马克思主义信仰来引导学生,用马克思主义理论内容来武装学生,用马克思主义理论魅力来征服学生,用马克思主义分析方法来说服学生,"培养社会发展、知识积累、文化传承、国家存续、制度运行所要求的人"。

思想性是"基础"课区别于专业课的重要特色和灵魂所在。这就要求教师在发现问题时既要紧扣时代发展的主旋律,紧紧把握中央最新精神,提炼出充满理论底蕴、人文关怀和现实关照的,符合社会客观实际和学生思想实际的问题,又要符合大学生的身心特点和学习偏好,用生动的语言、课件、多媒体辅助手段、实践教学等环节增强课程学习的魅力。

2. 问题链设计遵循整体性和逻辑性相结合的原则

问题的设计不是问题的简单串联,不是流于形式的"只见树木不见森林",而是贯穿于"基础"课教学始终的问题意识,是"基础"课教学目标和教学理念的全方位展现,是具有连贯性和系统性、层层深化、环环相扣的"问题族群",在整体上涵盖大学生人生观、价值观、道德观和法治观培育的所有重大理论和实践课题。

这就要求教师在设计问题时要研究学生特点,了解大学生的思想实际和现实困惑,做到"目中有人";研究教材,掌握基本理论和知识点,做到理论自信;研究新时代,把握中国特色社会主义的时代命脉和问题,做到"有的放矢"。

3. 分析解决问题注重主导性和讨论性并重

强行灌输和照本宣科会增加学生对教师和课程的倦怠感和厌恶感,因此,教师要改变教学方式,不是告诉学生如何程式化地分析和解决"某个"问题,而是培养学生如何分析解决"这类"问题的能力;要变"教"为"导",针对大学生关注的问题,采取多种教学手段,加强与学生互动,引导学生参与到课堂教学中来。

同时,教师在引导学生参与分析解决问题的过程中,也要避免过分迎合学生。一些大学生受网络负面信息的影响,分析和解决现实问题时思想偏激,言辞犀利;一些大学生将"基础"课定义为"水课",在分析和解决问题时态度消极,抵触情绪大。在这种情况下,教师不能被学生牵着鼻子走,而是要控制好课堂气氛,因势利导,调动学生自主学习的积极性,提高"基础"课教学质量,着重打造"金课",提升思想道德修养与法律基础课在引导学生树立正确价值观、培养法治思维、解决大学生实际问题和困惑中的含金量。

三、以第六章为例设计"基础"课问题链专题式教学的内容

1. 教学主题

本章围绕思想道德修养与法律基础课第六章"尊法学法守法用法"的教学内容和教学任务展开。虽然仅有一章,但是从课时角度看,占了基础课1/3的课时量;从内容角度看,法律篇与思想篇、道德篇三足鼎立,共同撑起了这门课的一片天空;从教学目标看,这门课是大学生进入大学之后接触的第一门高校思想政治理论课,以培养大学生思想道德素质和法律素质为主要教学目标,从而满足大学生成长成才的需求和实际生活的需要。只有教师讲好、学生学好第六章,才能完全充分地实现本门课的教学目标,两者不可偏废、不可"厚此薄彼"。

本章系统梳理了法治体系、法治观念、法律部门、法律权威、法治思维的相关理论知识。学生在这章学习中所关注的问题普遍集中在"法律是什么?""法律体系有哪些类型?""我们为什么需要法律?""中西方法律精神有哪些差别?""怎样建设中国特色社会主义法治体系?""当代中国的宪法与法律部门包括哪些内容?""如何在法治中国建设中做一名尊法学法守法护法的社会主义好公民?"等问题链。在围绕这些问题链分析和解决的过程中所确立的专题教学模式从学生关注的法律问题入手,运用教材中相关法律基础理论知识回应大学生的思想困惑与理论需求,帮助学生树立正确的法治观念,努力成为社会主义法治国家建设的忠实崇尚者、自觉遵守者、坚定捍卫者。

2. 教学简案

(1)案例导入先行

首先,由教师结合视频资料介绍案情。2013年12月3日,高中女生琪琪从某地桥上跃下身亡。前一天,因怀疑她偷窃服装,店主将监控视频截图发至微博进行"人肉搜索"。很快,她的个人隐私信息曝光,成为身边同学朋友指指点点的对象。当地警方8日立案侦查后,将服装店主刑拘。其次,组织学生小组讨论并分析是什么造成了这起悲剧的发生。再次,让学生发表代表性观点,教师给出点评。最后,由教师综合发言学生的各种观点进行总结性点评,强调人肉搜索的危害性和违法性,指出问题的根源在于当事人缺乏法律意识,不懂得用法律武器保护自身权益。既要肯定学生所述观点的正确性和思考的深刻性,同时也需要及

时对学生的不当观点进行纠偏,让学生真正认识到自己思考的欠缺之处,从而增加对本章内容学习的兴趣,增强思政课的吸引力和感染力,切实指导学生解决生活中的困惑和问题。

(2)问题链巧串联

首先,让学生思考法律究竟是什么。法律与我们的日常生活有着怎样的紧密联系。人们对法律的认识和见解有何不同。教师可从人类发展史的角度和与道德发展相比较的两重维度,揭示法律的历史发展过程和功能作用等基本问题。其次,简介法律体系的不同类型,分析法律体系与法治体系的联系和区别,阐述中国的法治发展道路为什么不能照抄照搬西方,而必须走中国特色社会主义法治道路?从中国特色社会主义法治道路的核心要义的三个方面对该重点问题进行深入阐析,让学生切实搞懂弄通在全面推进依法治国战略的过程中,党掌舵领航、制度奠定基石、理论指引方向的重要作用。再次,带领学生深入理解作为国家法律体系中的根本大法——宪法的形成发展、基本地位、基本特征、基本原则与基本制度等基本问题。同时,有重点地研学我国的实体法律部门和程序法律部门中的代表性法律和制度,从宏观上了解和把握中国特色社会主义法律体系在公民生活中的实际作用。最后,教师将教学内容从知识体系上升到观念体系,最终引导至信仰体系,带领学生思考如何培养法治思维,如何树立法律信仰,如何在法治社会中做一名知法、懂法、守法、护法的好公民,让新时代大学生深刻解读良法善治的重要标准、现代法治精神的实质、社会生活秩序的构建机制、法治信仰的核心信念等一系列关乎大学生法治思维培育的理论问题。

(3)课堂小结重"点睛"

思想道德修养与法律基础的课堂教学需要"上接天线、下接地气",避免一讨论就散漫,一深刻就无趣。教师需要在提出、回答、分析问题链的基础上,整合提炼出学生最容易在思想上产生误解和困惑的主要问题,不能为了提问而提问,而是应当及时回应问题、阐析问题、引申问题、总结问题,这些恰恰是教材的重难点,需要在教学中下气力着重讲透挖深。同时,让学生感受到这种蕴含于问题链中的理论讲解是自然而然、水到渠成的,在主动发问和思考中增强了教学的针对性和实效性,让教学既引人入胜,又彰显深度。

3. 课堂拓展

在课堂教学的尾声,可以给学生提供一些与问题链专题式教学相关的延伸阅读书目,如付子堂《马克思主义法律思想研究》、梁治平《寻求自然秩序中的和谐:中国传统法律文化研究》、许润章等《法律信仰:中国语境及其意义》、哈罗德·J. 伯尔曼《法律与革命——西方法律传统的形成》等。既可以满足一些对课堂教学兴致盎然的学生需要,同时也可以补足因为时间原因造成问题链教学过程中未能进行深入讲解和讨论的缺憾。也可以布置一些"社会调查""热点案例评析""观点对对碰"等生动有趣的教学任务,通过课后实践、课后作业、课后反思、课后报告的形式对课堂内容进行提升和内化,对于课堂讲授入脑入心起到事半功倍的效果。

参考文献:

习近平. 在北京大学师生座谈会上的讲话[N]. 人民日报,2018 − 05 − 03(02).

项目基金:

本文系北京高校中国特色社会主义理论研究协同创新中心(北京外国语大学)和天津外国语大学本科教学质量与教学改革研究计划项目(课题编号:TJWD18J03)的阶段性成果。

以多元混合教学推进思政课的
"供给侧改革"初探

李承福

摘　要: 多元混合教学历经 20 多年的研究,从归结单一的教学模式优缺点出发,将学生的认知、情感和心理领域进行有机整合,在学习环境、学习形态、学习方式和学习过程等多方面进行多元混合,构建思政课的科学认知系统。多元混合教学突破了碎片化的微课缺陷,意味着优势互补,差距消弭,效率提高,效果改善。

关键词: 多元混合教学　教学模式　供给侧改革

所谓"多元混合式教学",是将线上"慕课"、微信等新媒体软件、对分课堂、现场教学、社会实践等教学模式有机组合在一起,构建思政课的科学认知系统,实现各种优势的相互补充,将情感体验、理性认同、实践认知搭建完整的认识拼图。它与供给侧改革中"提高供给质量""推进结构调整""以改革促发展"有着本质的相通之处。因此,借用经济上"供给侧改革"的有关理论和理念,研究在新媒体教学兴起的背景下运用多元混合式教学模式,推动思想政治理论课教学改革。

一、多元混合教学的研究历程

混合教学在 1998 年国外已有,是指把不同情境下的学习活动,如面授学习、在线学习、自定步调学习等相结合的学习解决方案。美国柯蒂斯·J. 邦克教授在2006年的《混合学习手册:全球化视野、本地化设计》著作中,把混合学习界定为面对面教学和计算机辅助在线学习的结合。加拿大田斯若(Jayshiro Tashiro)教授认为混合教学必须基于大量的、严格的、量化的教育数据反馈与分析,及时干预学习者与学习过程,以改进学习效果。

香港大学林珍妮(Jeanne Lam)教授认为在混合教学,通过"瓦次普"(Whats App)、网络电话(Skype)和"脸书"(Facebook)等社交媒体,可以引发问题学习和探索学习,并强调教学、认知和社会存在感是分享和建构知识,建构学习的必要元素。中国台湾中正大学的蔡成宇教授注重传统课堂与泛在学习相混合的学习环境,利用"慕课"学习平台、无线放映机和多种移动终端设备,构建高度交互的学习模型。

2004年到2006年是我国国内混合教学的萌芽期,主要处于理论研究阶段,包括对混合教学基本原理、基本概念和基本应用模式等的初步探索,涉及应用领域的较少。2007年到2010年是混合教学的发展期,理论逐渐完善和成熟,相关实践应用的研究日渐增多。理论研究主要侧重于学习方式、教学设计、教学模式、课程设计方法、现状与发展趋势等领域。2011年以来混合教学的发展进入深化期,相关理论研究和实践应用愈加精细化、系统化和多元化。"慕课"、微信和翻转课堂的快速发展和广泛应用,给混合教学提供新的研究视角。

北京师范大学何克抗教授论述混合教学较早,界定混合教学是把传统学习方式的优势和E – learning等数字化学习优势结合起来。李克东教授提炼出4种典型的混合学习应用模式,包括在线案例教学＋课堂面授、在线探究学习＋课堂面授、在线协作学习＋课堂面授和在线任务驱动学习＋课堂面授。五年来的研究比重逐渐增大,尤其是随着"慕课"、SPOC(小规模限制性在线课程)软件、微信和翻转课堂的新兴发展,这些主题热词分布呈现稳步上升趋势,教学设计和教学模式在混合教学中长期处于重要位置,学者和教师越来越重视混合教学在教学中的具体落地以及在教学平台运用方面的不断探索与创新。

二、多元混合教学的研究意义

用经济上"供给侧改革"的有关理论和理念,在网络教学兴起的背景下运用

"混合式教学"模式,推动思想政治理论课教学改革,有着非常重要理论意义和实践价值。

1. 多元混合式教学促进思政课教学资源的"有效供给"

多元混合式教学推动思政课优质教学资源的供给效率,满足当代大学生对思政课学习的需求变化,并推动思政课教学体系结构化变革。解决教学资源丰富与学生接纳不足的矛盾

2. 多元混合式教学推进教师身份的转化实现"去产能"

多元混合式教学改变长期以教师为中心的教学模式,发挥学生主动参与、探求学习的主体作用,培养学生分析问题、解决问题和创造性的思维能力。教师角色由知识的传授者到学生学习的"指导者"转化。

3. 多元混合式教学通过多元化教学方式相结合"补短板"

所谓"补短板"就是要补足供应短板。多元混合式教学将线上"慕课"、微信等新媒体软件、对分课堂、现场教学、社会实践等教学模式组合在一起,有力弥补单一过度依赖在线教学与课堂教学的问题。

4. 多元混合式教学促进教学团队化建设来"优结构"

多元混合式教学为思政课教师团队建设的结构优化和教学质量提高提供了条件,使得教师团队建设的需要显得更加突出,优化教师资源配置。如网络平台上作业收集批改、在线答疑、讨论组织等工作,成为集体行为。

多元混合教学是在已有混合教学基础上,历经20余年教学改革之后的新趋势、新理念。在多元教学理念中,更好回答了什么时候该"混",什么时候不必要"混"。有时"键对键"不能代替"面对面",而面对面也不如实践去兑现。多元混合教学突破了碎片化的微课缺陷,意味着优势互补,差距消弭,效率提高,效果改善。"慕课"电子书包等在线课堂、微信等软件新媒体课堂、对分课堂、现场教学、社会实践等教学模式,有机组合在一起,构建思政课的科学认知系统。它追求的是1加1大于2的叠加,它利用的是四两拨千斤的巧妙。多元化混合教学通过真实学习、协作学习和基于活动的学习,将学生的认知、情感和心理领域进行有机整合。在设计时考虑学习内容、学习活动、教学流程和信息双向反馈,用教学实效性反推混合教学的多元模式。

三、多元混合教学的研究框架

多元混合教学研究领域不仅继承了原有内涵,即以优势互补为核心思想开展研究,而且在学习环境、学习形态、学习方式和学习过程等多方面还有所拓展,深化了混合教学的内涵,使其更符合时代发展。"供给侧改革"的关键在于提高供给质量,着力改善供给体系的供给效率。经济上的供给侧改革就是以市场化为导向、以市场所需供给约束为标准的政府改革。思想政治理论课的供给侧改革,其核心在于提供优质教学资源,促进思政课教学资源供给效率提高,促进思政课教师角色和功能的转变,促进思政课教学团队化建设。

思政课的多元混合教学,是将"慕课"电子书包等在线课堂、微信等新媒体课堂、对分课堂、现场教学、社会实践等教学模式,有机组合在一起,构建思政课的科学认知系统。它围绕实现大学生价值观、人生观、世界观、法治观的最优化教育,处理怎么多元混合,混合的依据是什么的问题。

1. 学习环境的混合

除了有十几年前所提及的面授与在线混合教学以外,还出现了面授与移动学习、泛在学习的混合,混合教学环境更为丰富。把物理空间、资源空间和社交空间相结合,在教与学的信息化环境中,构建任务驱动式的教学过程模型。

2. 学习方式的混合

除了学习环境的混合以外,将自主学习、协作学习、任务学习等学习方式相结合也是多元混合教学的内涵之一。多元教学模式融合与创新,是学生课上与课下、线上与线下、台上与台下、课堂与现场、思政＋专业等多元的混合。

3. 学习进程的混合

传统教学多是线性的,先教后学再评,学习过程的记录不完整也不方便,学习反馈很难及时,学习进程多是单向的。学生在多元混合教学中,系统能够根据学习行为、学习情感、学习网络和认知水平等多类数据识别学生的学习情况,个性化匹配干预方法,智能地提供干预措施,如学习过程可视化、邮件提醒、个性化资源推送等,从而有效干预学生的教学过程,以改善学习效果。

4. 学习空间的混合

多元混合教学还包括了不同地域、学校、学院、年级之间的学习空间混合。

从个性化学习体验、延伸课堂、情境学习、联通网络等多个方面开展混合教学,尊重多样化的人才学习方式,完善基础设施与技术支持,高校间的联通与资源共享,学生能检索海量学习资源,构建起高校间的物理网络与社交网络。

多元混合教学研究需要突破的难题,主要在三个方面:第一,如何更好地体现出多元混合教学的优势互补内涵?如何利用学习分析技术、大数据等量化分析手段来深化混合教学的应用,从而为实践提供强有力的支持?在四门思政课教学过程中详细设计和具体实施有待深思和探讨。第二,多元混合式教学的推广,需要对师进行全面而系统的理论和实践、思路应用培训,树立典型的成功案例。用实证研究来揭示哪种混合教学更适合某个群体或某种学习类型,用实证研究来总结适合不同群体的混合教学策略。第三,多元混合教学对比传统教学需要获得更多的资源,需要教育管理部门给予肯定和支持足够大,才能满足在资金和技术上教师教学的需求,让教师在精神上备受鼓舞,学校开展实施混合教学的氛围将更加浓厚。

参考文献:

[1] 刘卫平.思想政治理论课教学要"因事而化、因时而进、因势而新"[J].思想理论教育导刊,2017,(12).

[2] 罗顺元.基于互联网的高校思政课混合式教学研究[J].教育观察,2018,(05).

[3] 阮云志.高校思政课自建在线课程及混合式教学模式探索[J].山西高等学校社会科学学报,2018,(01).

[4] 吕秀侠.基于MOOC的混合式教学模式在思政课中的优化研究[J].科教导刊,2017,(03).

[5] 李振华.混合式教学模式高校思政课的机遇与挑战分析[J].湖北成人教育学院学报,2017,(06).

"思想道德修养与法律基础"课学习贯彻新时代法治道路思想的思考

宋　戈

摘　要:新时代法治道路的思想,对于党领导人民坚持走中国特色社会主义道路,对全面推进依法治国、建设社会主义法治国家具有极为重要的意义。对大学生进行社会主义法治教育,增强大学生的法治素质意义重大。社会主义法治道路的核心要义,一是坚持党的领导,二是坚持中国特色社会主义制度,三是贯彻中国特色社会主义法治理论。其中最为核心的问题是权与法的关系,要把权力关进制度的笼子。

关键词:法治思想　法治道路

建设中国特色社会主义,实现中华民族的伟大复兴,要全面推进依法治国,建设社会主义法治国家。没有社会主义法治,就没有社会主义现代化,就没有国家富强,民族复兴,人民幸福。培养什么人,为谁培养人,怎样培养人是我国教育的根本问题。我们的大学就是要培养社会主义的合格建设者和可靠接班人。培养有理想、有本领、有担当的社会主义时代新人。社会主义和谐社会是以法治为前提的社会,法治素质是新时代大学生的必备素质。"思想道德修养与法律基础"课是对大学生进行社会主义法治教育的主渠道和主阵地,其作用是其他课程无法替代的。

新时代社会主义法治道路的思想,是中国特色社会主义道路理论在依法治国领域的创造性运用。中国特色社会主义法治道路以坚持党的领导、坚持中国特色社会主义制度、贯彻中国特色社会主义法治理论为核心要义,以坚持中国共产党的领导、坚持人民主体地位、坚持法律面前人人平等、坚持依法治国和以德治国相结合、坚持从中国实际出发为基本原则。中国法治道路的实现方式是以中国特色社会主义法治体系建设为总抓手,坚持依法治国、依法执政、依法行政共同推进,坚持法治国家、法治政府、法治社会一体建设,坚持科学立法、严格执法、公正司法、全民守法协调发展。

习近平同志将坚持中国特色社会主义道路的思想贯穿到全面推进依法治国的顶层设计和党和国家的工作部署中,形成了关于中国特色社会主义法治道路的思想。

党的十八大以来,我们党对社会主义法治的理论认识和实践探索达到了新的历史高度。以习近平同志为核心的党中央对全面依法治国高度重视,从关系党和国家长治久安的战略高度来定位法治、布局法治、厉行法治,把全面依法治国放在党和国家事业发展全局中来谋划、来推进,社会主义法治国家建设取得历史性成就。党的十八届四中全会做出了全面推进依法治国的顶层设计,制定了路线图,在我国社会主义法治史上具有里程碑意义。党的十九大对新时代全面推进依法治国提出了新任务,描绘了到2035年基本建成法治国家、法治政府、法治社会的宏伟蓝图。全面推进依法治国,是解决党和国家事业发展面临的一系列重大问题,解放和增强社会活力、促进社会公平正义、维护社会和谐稳定、确保党和国家长治久安的根本要求。

新时代社会主义法治道路思想的形成,对于党领导人民坚持走中国特色社会主义道路,对全面推进依法治国、建设社会主义法治国家,具有极为重要的意义。我国法治建设的成就,可以列举出几十条,其中最重要的一条就是开辟了中国特色社会主义法治道路。要在法治教育教学中向学生进行政治教育。法治当中有政治,没有脱离政治的法治。无论中西,每一种法治形态背后都有一套政治理论,每一种法治模式当中都有一种政治逻辑,每一条法治道路底下都有一种政治立场。我们要坚持的中国特色社会主义法治道路,本质上是中国特色社会主义道路在法治领域的具体体现;我们要发展的中国特色社会主义法治理论,本质上是中国特色社会主义理论体系在法治问题上的理论成果;我们要建设的中国特色社会主义法治体系,本质上是中国特色社会主义制度的法律表现形式。

中国特色社会主义法治道路的核心要义,就是要坚持党的领导,坚持中国特色社会主义制度,贯彻中国特色社会主义法治理论。党的领导是中国特色社会主义最本质的特征,是社会主义法治最根本的保证。坚持中国特色社会主义法治道路,最根本的是坚持党的领导。中国特色社会主义制度是中国特色社会主义法治体系的根本制度基础,是全面推进依法治国的根本制度保障。中国特色社会主义法治理论是中国特色社会主义法治体系的理论指导和学理支撑,是全面推进依法治国的行动指南。这三个方面规定和确保了中国特色社会主义法治体系的制度属性和前进方向。

坚定不移走中国特色社会主义法治道路必须要坚持五个基本原则。坚持中国共产党的领导;坚持人民主体地位;坚持法律面前人人平等;坚持依法治国和以德治国相结合;坚持从中国实际出发。这五个基本原则既是对当代中国法治建设实践经验的科学总结,也是对中国特色社会主义法治道路基本内涵的重要概括。习近平同志在党的十八届四中全会第二次全体会议上的讲话中全面系统地阐释了走中国特色社会主义法治道路,必须牢牢把握的"五个坚持":只有坚持中国共产党的领导,才能有力有序推进法治建设,这是根本保证;只有坚持人民主体地位,才能从根本上保障人民权益,这是本质要求;只有坚持法律面前人人平等,才能维护社会公平正义,这是基本原则;只有坚持依法治国和以德治国相结合,才能实现法律和道德相辅相成,法治和德治相得益彰,这是基本方式;只有坚持从中国实际出发,才能与国情相适应、与社会相对接,这是基本前提。

要重点向学生讲解阐释,全面推进依法治国最关键的是方向和政治保证。这其中最重要的,就是正确认识把握党和法的关系。习近平同志指出:"党和法的关系是一个根本问题,处理得好,则法治兴、党兴、国家兴;处理得不好,则法治衰、党衰、国家衰。"社会主义法治必须坚持党的领导,党的领导必须依靠社会主义法治。在我国,法是党的主张和人民意愿的统一体现,党领导人民制定宪法法律,党领导人民实施宪法法律,党自身必须在宪法法律范围内活动,这就是党的领导力量的体现。党和法、党的领导和依法治国是高度统一的。只有在党的领导下依法治国、厉行法治,人民当家作主才能充分实现,国家和社会生活法治化才能有序推进。全面推进依法治国,要有利于加强和改善党的领导,有利于巩固党的执政地位,而绝不是动摇、否定党的领导。诸如"党大还是法大"这样的问题,这是一个政治陷阱,是一个伪命题。这背后的险恶用心是要把党的领导与法治割裂开来、对立起来,最终达到否定、取消党的领导的目的。我们说不存在"党大还是法大"的问题,是把党作为一个执政整体而言的,是指党的执政地位和领导地位而言的,具体到每个党政组织、每个领导干部,就必须服从和遵守宪法法律,决不能把党的领导作为个人以言代法、以权压法的挡箭牌。

"权大还是法大"才是一个真命题,才是需要真正解决的关键问题。法治社会,权力永远受制于法律。社会主义法治社会,公共权力来源于法律并受制于法律,超越法律之外的公共权力不得行使,这是法治社会的基本原则。各级党政组织、各级领导干部手中的权力是党和人民赋予的,是在宪法法律的范围内行使的。党的领导是中国特色社会主义最本质的特征,是中国特色社会主义法治之魂,是中国特色社会主义法治与西方资本主义法治的根本区别。法是党的主张和人民意愿的统一体现,党领导人民实施宪法法律,党自身必须在宪法法律范围内活动,这是党的领导力量体现。另一方面,党的政策成为法律后,实施法律就是贯彻党的意志,依法办事就是执行党的政策。坚持党的领导,党也要在宪法法律的范围内活动,具体体现在党领导立法、保证执法、支持司法、带头守法上。

在权与法的关系方面,习近平同志有过丰富的论述,一是树立法治权威。习近平指出法治是政治生活的准则,是治国理政的基本方式,是反特权的有力武器,必须坚持法律面前人人平等,必须维护法治的权威。强调了法治是党和人民的共同意志,要维护社会主义法制的统一尊严和权威。形成人们不愿违法、不能违法、不敢违法的法治环境。任何人都没有法律之外的权力,任何人行使权力都必须为人民服务,对人民负责并自觉接受人民监督。二是要强化制约,科学配置权力。三是要把权力关进制度的笼子里。把权力关进制度的笼子,就是要依法设定权力、规范权力、制约权力、监督权力。四是要让权力在阳光下运行。只有让人民监督权力,让权力在阳光下运行,依法行政,才能将公共权力的行使约束在宪法与法律的范围内,社会主义法治中国才能真正实现。

参考文献:

[1] 习近平.加快建设社会主义法治国家[J].求是,2015,(01).

[2] 中共中央关于全面推进依法治国若干重大问题的决定[N].人民日报,2014 - 10 - 29(01).

项目基金:

本文系北京高校中国特色社会主义理论研究协同创新中心(北京外国语大学)阶段性成果。

"思想道德修养与法律基础"课中议题设置的思考与探索

于　凯

摘　要:推动思想政治理论课改革创新,要坚持做到"八个统一",议题设置是根据高校"思想道德修养与法律基础"课的特点而尝试的一项教学改革,议题设置不是简单的设置议题,而是由教师课前设置并公布议题、学生课下准备议题、学生课上展开辩论以及教师针对学生问题总结点评的4个部分组成,有利于形成教育宣讲、思想疏导和凝聚共识的有机统一,从而帮助学生解决成长成才过程中遇到的实际问题。

关键词:议题　设置　辩论　引导

高校思想政治理论课建设长期以来形成的一系列规律性认识和成功经验,为思政课建设守正创新提供了重要基础。笔者结合教学经验,围绕"思想道德修养与法律基础"课(以下简称"基础"课)特点,以"议题设置"为突破口,尝试开展教学改革探索,创新课堂教学,给学生深刻的学习体验,引导学生树立正确的理想信念、学会正确的思维方法。

议题设置理论最早见于美国学者麦克姆斯和唐纳德·肖的文章《大众传播的议程设置功能》,这种传播学理论认为,大众传播媒介可以通过对传播内容的整合与取舍,实现安排传播主题以及议事日程的目的,从而圈定公众关注焦点,进而有效形成舆论乃至观念的影响。面对世界的深刻复杂变化,面对纷繁多样的社会现象,面对学业、情感、职业选择,议题设置有利于将现实问题删繁就简,形成贴合"基础"课教学内容的议题群,通过教师有效引导、学生间充分辩论的方式,在课堂这一"传播场域"中,切实实现教师影响学生思想的目的。

一、与时俱进——议题设置契合时代要求

2017年,党的十九大提出了"培养担当民族复兴大任的时代新人"的战略要求,2018年,为推动习近平新时代中国特色社会主义思想进教材、进课堂、进头脑,深入贯彻落实党的十九大精神,高校思政课教材修订为2018版,其中,"基础"课旨在培养大学生以有理想、有本领、有担当为根本要求,教师要通过课堂教学与实践,将中国特色社会主义新时代的思想道德素质与法律素养,有效融入学生的人生观、世界观、价值观,使其成为走在时代前列的奋进者、开拓者、奉献者。

然而教材的修订更新只是第一步,面对新时代的要求,如何有效实现习近平新时代中国特色社会主义思想"三进",即在进教材的基础上,通过教学的改革创新,实现在课堂上进头脑,在实践中有成效,是摆在每一位思想政治理论课教师眼前的现实问题。2019年3月18日,习近平同志在学校思想政治理论课教师座谈会上指明了方向,他强调,推动思想政治理论课改革创新要坚持"八个统一",即坚持政治性和学理性相统一,价值性和知识性相统一,建设性和批判性相统一,理论性和实践性相统一,统一性和多样性相统一,主导性和主体性相统一,灌输性和启发性相统一,显性教育和隐性教育相统一。这是思政课改革创新的前进方向,也是具体要求。

而议题设置则是"基础"课教改落实"八个统一"要求的选择之一,笔者立足2018版教材的6个章节,以如何成为"担当民族复兴大任的时代新人"为出发点,围绕不同章节涉及的具体知识点,由问题导向转换为议题设置,设计了30余个议题,引导学生在课上进行交流、辩论,进而在教师指导下凝聚共识。通过合理的议题设置,让政治性和学理性相统一,价值性和知识性相统一;通过激烈的现场辩论,让建设性和批判性相统一,理论性和实践性相统一,统一性和多样性相统一;通过教师的有序引导,让主导性和主体性相统一,灌输性和启发性相统一,显性教育和隐性教育相统一。在引导学生思考议题、分析议题的过程中,使其顺理成章地得出结论,并自觉成为担当民族复兴大任的时代新人。

二、循序渐进——议题设置的步骤与议题特点

思政课教师要教育学生学会运用马克思主义立场观点方法观察世界、分析世界,真正搞懂面临的时代课题。因此,议题设置不是简单的设置议题,也不是教师抛出议题后,一味地等待学生临时抱佛脚式的回答,而是由教师课前设置并公布议题,学生课下准备议题,学生课上展开辩论以及教师针对学生问题总结点评的4个部分组成,这是一个需要循序渐进设计与引导的动态、科学、系统的教学活动。

具体而言,首先由教师设置议题,议题的设置不是依赖教师的知识结构,也不能一味迎合学生的兴趣与需求,而应把党和国家的需要与学生的个人需求相结合,既有理论性又有现实性,既有思辨性又有亲和力;其次是课前布置议题,并要求学生围绕主题开展相关调研活动,并搜集个人观点的支撑材料,从而为课堂有理有据的辩论做好准备,防止冷场或出现"没有营养"的发言;再次是将学生按照不同观点,分为正反两个阵营,使其交替阐述论点与论据,尽量营造激烈辩论的氛围,从而引导学生充分表达观点;最后,是教师结合知识点与学生辩论情况,提纲挈领地作辩论小结,进一步对知识点凝练升华,对正确观念予以肯定,对模糊观念予以辨析,对错误观念予以驳斥,从而巩固教学效果。

在议题设置过程中,能否"引发关注"是议题设置的前提和出发点,是否"形成辩论"是议题设置成功与否的关键,可否"产生共鸣"是教学目的达成与否的标志。这三个观测点是议题设置的重要节点,本文以第一个观测点为切入点,分析能够"引发关注"的好议题具有的特点,分别是整体性、辩论性、关联性、时效性。

整体性是指议题之间既有区别又有联系,议题群要形成一个有机的整体。"基础"课6个章节依次涉及人生观、价值观、道德观和法治观的教育,那其中的议题可如下设置,在第一章第一节"人生观是对人生的总看法"中设置"个人成就集体,还是集体成就个人?"在第二章第一节"理想信念的内涵及重要性"中设置"知易行难、知难行易,哪个更重要?"在第五章第三节"遵守公民道德准则"中设置"能者要不要多劳?"以及在第六章第五节"培养法治思维中"设置"功可不可以补过?"从而成为一个针对不同观念而循序渐进的议题链,有利于学生思想观念的塑造。

辩论性是指议题要具有思辨性，具备针锋相对的可能性，从而使得正反观点在合理的情境中，都能够符合思想道德或者法制观念的时代要求。马克思所说，"真正的批判要分析的不是答案，而是问题。"重要的不是"哪方胜利"这一"结果"，而是学生充分表达个人观点的"过程"。比如在第一章第二节"正确的人生观"中设置"上进心与平常心，哪个更重要？"，在第二章第二节"崇高的理想信念"中设置"继承与发扬，哪个更重要？"在第三章第三节"让改革创新成为青春远航的动力"中设置"机遇与奋斗，哪个更重要？"以及在第四章第一节"践行社会主义核心价值观"中设置"竞争与合作，谁更能促进文明进步？"这些亦正亦反的议题，给予了学生充分的施展空间，有利于形成思想交锋。

关联性是指议题要贴合学生的实际需求，作为学习生活在校园内的青年人，他们有着这个年龄段、这个群体所特有的需求，比如面对学业压力如何克服，面对恋爱问题如何处理，面对工作问题如何抉择，这些问题是他们感兴趣并且正感到困惑的，教师可以结合教材内容设置议题。如在第一章第三节中设置"逆境、顺境，哪个更利于人成长？"在第五章第三节"遵守公民道德准则"中设置"'女士优先'是尊重还是歧视？""大学生谈恋爱，利大弊大？""高薪不喜欢和低薪喜欢，你会选择哪一个工作？"让学生的现实困惑在议题辩论中得以表达，从而有利于教师后期进行有的放矢的引导。

时效性是指议题要与时俱进，关注课堂外正在发生的热点问题。议题设置整体以相对宏观的观念辨析为主，但同时也要有相对微观的现实分析，因为高校不是独立于世的象牙塔，大学生终将走出校园，成为社会主义事业的生力军，要让他们在课上便了解社会热点问题，从而有利于更好地步入社会。比如针对公交、高铁霸座类事件频出，在第五章第三节"遵守公民道德准则"中设置议题"公交车不让座，是不是不道德？"；临近期末考试周，在第六章第五节"培养法治思维"中设置"举报同学作弊，导致对方被开除我错了吗？"这种结合热点问题的情景讨论，更有利于学生从抽象到具体、从理论到实践、从思想到行为来理解教学内容。

三、齐头并进——克服议题设置的难点

议题设置是一种传播学理论，在这里笔者将其引申为教学改革方法，而如何将这种方法产生实际的效果，在具体教学实践中，还应该克服以下三个难点。

1. 设计与落实同等对待，不要让闪光的议题又灭了

设计出好的议题与形成好的辩论效果同样重要。好的议题是让学生有话可说，有话要说，甚至是非说不可，好的辩论氛围则依赖教师在课堂上积极引导，用"引发关注"的议题促进"形成辩论"，让"低头族"能够聚精会神，让"禁语族"能够畅所欲言，从而形成良性循环。因此，二者不可偏废，否则闪光的议题因为台下昏昏欲睡的学生而失去了光芒，充满表达欲的学生面对不够深刻或无法形成辩论的议题而失去了兴趣，那无疑是教改的失败，重走了一味灌输教学的老路。

在议题设置的过程中，议题不是一成不变，教师不能一劳永逸，而应该根据党和国家的要求、社会发生的热点问题以及学生的个人需求及时调整，使得议题既围绕人类经典问题又兼顾现实实际需要，既具有理论价值又兼顾生动性和亲和力。教师作为议题设计者，要充分了解议题、熟悉议题并能够驾驭议题，从而有效保障议题的课堂辩论，进而"产生共鸣"。

2. 倾听与引导有序开展，不要让想说的嘴巴又闭了

因为议题带有思辨性，而非具有唯一的答案，所以教师要保障学生对正反观点的充分表达。教师首先要成为一个合格的倾听者，而不是急于做一个引导者，纵然学生观点中可能出现瑕疵，但辩证地看，其实更有利于教师发现问题从而解决问题。现实中，最容易出现的就是教师习惯性作为引导者出现，抵消了学生发言的积极性，使得学生因为害怕说错而不敢说，甚至是为了取悦老师而顺着说，这两种情况其实都相当于"让想说的嘴巴又闭了"，使得议题设置流于形式。

在引导环节，教师须要旗帜鲜明地坚持正确的政治立场和舆论导向，但不需要旗帜鲜明的表达"正确"观点，而是应该帮助学生在具体问题、具体环境中分析观点的对错或者利弊，从而帮助学生在正确的世界观、人生观、价值观引领下，作出适合自己的选择。当然，需要强调的是，学术研究无禁区，课堂讲授有纪律，让学生在发言中暴露问题并予以矫正，与纵容学生发表极端言论而不干预，是两个概念的事情，面对学生的极端言论，教师需要做的就不仅是引导，而首要是及时

予以叫停。

3. 线上与线下同步进行, 不要让热了的课堂又凉了

课上辩论得再激烈, 教师引导得再有效, 但要切实引导学生树立正确的理想信念、学会正确的思维方法, 仅仅依靠教学规定的学时还远远不够, 还需要教师利用互联网技术在线上线下同步开展讨论, 避免出现课堂上师生热烈讨论, 下课后又抛之脑后的现象出现。具体可以通过以下两点深挖议题设置的价值资源, 其一是委托学生代表将课堂讨论内容整理成文章, 微信群发给学生以方便对照自省; 其二是, 将议题作为征文题目, 让课上没有机会分享的学生有机会表达, 让想说还没有说透的观点有机会呈现, 其中的优秀征文可以在微信公众号刊登, 方便学生阅读, 并引发次级讨论。

此外, 落实立德树人的根本任务, 不是思政课所独有, 而是所有课程的共同任务, 可以将议题设置共享并推广, 成为全校范围的不同时期的课堂大讨论内容, 有利于挖掘课程和教学方式中蕴含的思想政治教育资源, 促进思政课程和课程思政集体发力, 实现校园中全员全程全方位育人。

结语

同为高校思想政治理论课, "基础"课相对其他课程而言, 少一分理论性与知识性, 而多一分现实性与实践性, 因为它与学生的个人成长密切相关, 内容涉及从怎样看待人生到如何坚定理想信念, 从怎样弘扬中国精神到如何践行社会主义价值观, 从遵守道德准则到尊法学法守法用法。可以说, 这门课是对"解决好培养什么人、怎样培养人、为谁培养人"这个根本问题最直接的回答, 并帮助学生解决成长成才过程中遇到的实际问题, 从而努力培养德智体美劳全面发展的社会主义合格建设者和可靠接班人。

面对"基础"课直接进行价值理念、理想信念、道德观念以及法治素养的教育特点, 议题设置带来的思想交流碰撞与共鸣升华, 无疑是思政课教学守正创新的一种思路。马克思说: "语言是思想的直接现实"。通过针对性的议题设置, 会让学生的思想通过语言交流得以表达, 切实实现"我口说我心", 特别是通过学生间的充分辩论, 让师生之间单通道交流转变为师生、生生之间多通道网状交流, 让平日学生在单通道的师生教学关系中不易或者不愿表达的观念、想法得以展现,

从而有利于教师有的放矢地进行教育引导。议题设置实现了教育宣讲、思想疏导和凝聚共识的有机统一。

习近平同志强调，"办好思想政治理论课关键在教师，关键在发挥教师的积极性、主动性、创造性。"教师是议题设置的总设计师、总舵手，这也对教师提出了更高的要求。因为议题设置只是方法与形式，更重要的是议题的内容是否有兼顾理论性与亲和力，学生的辩论是否有针对性，以及教师的引导是否有思想性，是否切实做到"八个统一"。因此，教师需要紧扣时代发展的主旋律，研究新时代理论与现实的关系，及时了解青年学生心理特点和接受习惯的变化，不断增强议题设置能力，善于因势利导，整合思想政治教育资源，不断推动思想政治理论课改革创新，提高"基础"课教学质量。

参考文献：

［1］ 习近平主持召开学校思想政治理论课教师座谈会强调用新时代中国特色社会主义思想铸魂育人贯彻党的教育方针落实立德树人根本任务［N］，人民日报，2019－03－19（01）．

［2］ 陆信礼，姚向丹．以习近平同志系列重要讲话指导高校"思想道德修养与法律基础"教学改革［J］．文教资料，2017，（20）．

［3］ 赵洁．"思想道德修养与法律基础"课问题导向式教学的探索与思考［J］．思想理论教育导刊，2018，（08）．

［4］ 毕建华．议题式教学促进深度学习［J］．思想政治课教学，2018，（10）．

［5］ 王静慧．指向学科核心素养的议题式教学初探［J］．思想政治课研究，2019，（03）．

项目基金：

本文系北京高校中国特色社会主义理论研究协同创新中心（北京外国语大学）阶段性成果。

蔡元培美育现代性思想及其对当前
高校思政课教学的启示

于海霞

摘　要:蔡元培美育现代性思想成熟于"五四"新文化运动,其体系性涵盖于本质观、价值观和方法观之中,着重阐述了美育与智育、美育与科学、美育与宗教等三种关系。其"五育并举"的核心教育理念与新时期党的教育方针不谋而合。针对当前高校思政课面临的问题,蔡元培美育现代性思想具有现实的启发意义,也为提高高校思政课的实效性提供丰富的参考价值。

关键词:蔡元培　美育现代性思想　高校思政课　启示

蔡元培(1868—1940),字鹤卿,又字仲申、民友、孑民,浙江绍兴人,我国近代的著名教育家,同时也是20世纪中国现代美育理论的先驱和影响最大的美育思想家。蔡元培以其深厚的中西学术背景及对中国现实问题的强烈焦虑和关怀为我们构筑了中国美育现代性的思想体系。感性启蒙与道德人格的建立,个体人格的培育与民族精神的弘扬以及从"以美育代宗教"的主张中透露出审美现代性与启蒙现代性的典型特征,使蔡元培美育现代性思想凝练了中国现代美育理论的文化品格、学术旨趣和实践精神,具有历久弥新的理论张力和现实观照。

一、蔡元培美育现代性思想的时代背景与思想来源

蔡元培的美育思想成熟于"五四"新文化运动之中。新文化运动的真正本质就是人的觉醒,就是将"人"从各种实体的或观念的桎梏中解放出来,而对个人主义的标举和对个体精神的张扬正是这场思想解放运动的核心价值观。在看到新文化运动高举"科学、民主"大旗进行理性启蒙的同时,蔡元培及时喊出了"文化运动不要忘了美育"的口号,试图为中国现代启蒙运动另辟一块感性启蒙的新领地。蔡元培美育思想中所蕴含的人道主义精神首先就是对个体人格的尊重和个体价值的维护。事实上,蔡元培认为一个民族所崇尚的美的形态与民族精神紧密相关。在艰难的抗日战争时期,他曾经不无理想化地通过提倡美育来培养全民族的抗战精神。同时,针对帝国主义利用宗教进行侵略活动时他挺身而出提出了"美育代宗教"的战斗思想,这是蔡元培美育思想最具独创性的地方。

蔡元培的美育思想是中国古代的美育传统与西方近代美学理论尤其是康德美学思想相互融合的产物。受康德二元论哲学和美学思想的影响,他提出:"美感者,合美丽与尊严而言之,介乎现象世界与实体世界之间,而为之津梁"。也就是说,美育是进行世界观教育的主要途径,它是引导人们从现象世界进入实体世界的桥梁。他提出"以美育代宗教"就是为了实现从德育、智育、体育向世界观教育的转化,即美育应该取代宗教成为培育感情的教育形式。受我国传统文化的影响,他提出:"吾国古代教育,用礼、乐、射、御、书、数之六艺。乐为纯粹美育;书以记述,亦尚美观;射御在技术之熟练,而亦尚态度之娴雅;礼之本义在守规则,而其作用又在远鄙俗;盖自数以外,无不含有美育成分者。其后若汉魏之文苑、晋之清谈、南北朝以后之书画与雕刻、唐之诗、五代以后之词、元以后之小说及剧本,以及历代著名之建筑与各种美术工艺品,殆无不于非正式教育中行其美育之作用。"由此可见,其美育思想具有"人类"眼光与"世界"视野,可谓中西教育精华的"综合体"。

二、蔡元培美育现代性思想的三观

1. **本质观**

美育本质观是对美育内涵的认识。美育是运用美的规律创造美的对象,陶冶教育者情感的一种教育活动。蔡先生对美育内涵的认识可谓是全面的。首先,他深刻批判了科技文明对人的异化:科学愈昌明,宗教愈没落。物质愈发达,情感愈衰颓。人类与人类一天天隔膜起来,甚而互相残杀。人类制造了机器,自己反而成了机器的奴隶,受了机器的指挥,不惜仇视同类……我们提倡美育便是使人类能在音乐、雕刻、图画、文学里又找见他们遗失了的情感。

蔡元培首倡美育概念,其实质是培养一种以启蒙理性精神为灵魂的道德情感。不仅蔡元培的美育论,我国现代美育理论在总体思路上都遵循了这样的美育启蒙逻辑,即美育的感性启蒙实质上服务于理性启蒙和重塑现代道德人格的目的。感性不是作为建构生命家园的本体元素和目的性存在来对待,而是作为达到道德王国的浪漫过程和温柔手段被运用。美育也由一种偏重感性解放的教育变成了一种致力于道德意志培养的教育,它服务于中国现代启蒙的历史任务。

其次,蔡元培的美育思想是在实践美育的基础上完成对健全人格的培养,以人本身为目的。这个目的的完成过程有其实践性。首先,注重人本身的全面发展,其次,将美育贯穿人的一生。蔡先生始终坚持美育时时处处存在于人的生命历程之中。

2. 价值观

美育价值观是对美育目的和功用的认识。美育最主要的作用是陶冶人的情操、培养完人,可达终极教育目的。蔡元培之所以大力倡导美育,除了他想借美育之力冲破政治教育的藩篱,更重要的是,他希冀受教育者"与造物为友""接触于实体世界之观念"。在他看来,人格的养成并非简单知识积累、技能训练就可完成,而需美感教育来最终成就。他坚持教育应使受教育者的人性得到和谐发展,教育的全部目的在于培养受教育者作为人的独立人格与思想自由。具体而言,蔡元认为美育的作用有以下几个方面:

首先,美育可以培养一种超脱于现时的世界观。有了这种世界观,人们就有了勇于创造的精神。其次,美育可以培养一种高尚的情操,使人树立远大的理想,排除欲望和挫折,勇往直前。再次,美育可以给人们的生活以调节作用,带给人们有益的娱乐消遣,使人们远离不正当的娱乐活动,有利于个性发展。

值得关注的是,蔡元培重视美育陶情怡性的个体功能和和睦爱群稳定团结的社会功能,其主要思维逻辑在于:美通过对社会个体性情的陶冶,促进个体养成纯洁的人格,形成高尚的行为,享受人生的乐趣,提升人生的质量。继而由个体的进步达到整个社会的进步,由个体行为的高尚化,实现整个社会仁和、团结的局面。

3. 方法观

美育方法观是对美育实施方法的认识。蔡元培不仅从思想上积极宣传,从理论上反复阐释,而且还系统地提出了实施方法,在美育实践上取得了很大成果。

首先,关于美育的实施方法问题,他认为实施美育必循坚持艺术美和自然美相结合原则、全民原则和终身性原则,蔡元培在《美育实施的方法》中指出关于美育的实施大致有以下三个方面:家庭美育、学校教育、社会美育。

其次,就审美对象及手段而言,蔡元培总是注重人的全面素质的教育和培养,把艺术审美自由愉悦的原则渗透到包括学校在内的社会人生各个领域之中,以激发人的生活情趣和塑造高尚情操。

三、蔡元培美育现代性思想的三种关系

1. 美育与德育

美育与德育两者具有密切的关系,美育有助于思想道德的培养,这是蔡元培关于美育道德价值的基本思想。他认为:首先,美育能够"陶冶活泼敏锐之性灵,养成高尚纯洁之人格"。其次,美育能够免去不正当的娱乐,从而改变不良的社会风气。美育对于培养人们高尚的道德品质和塑造健全人格具有独特的作用,这已为教育界所公认,也早为教育实践所证明。难能可贵的是,他没有停留在对现象的简单描述上,而是深入探讨了美育培养道德和塑造人格的特殊性。他正确地认识到,美育培养道德和塑造人格主要是通过陶冶性情来实现。性情经过美育的陶冶,人格得以良好塑造,道德水平由此得到提高。

2. 美育与科学

蔡元培认为,美育与科学之间是相互影响、相互促进的关系,美育与科学同等重要而不可偏废。审美活动不同于科学活动,它是建立在人的情感基础上,并以审美对象自身的具体形象对审美主体的激发产生感染力量来打动人心。美育随科学的发展而发展,二者相辅相成,不可偏废。

他认识到美是直观的,而科学则是抽象的,前者通过具体形象认识世界,后者主要以抽象概念的形式反映世界,抽象思维和形象思维在认识世界过程中互

为补充。他的这些观点紧紧围绕人的全面发展,全面提高学生的思想道德、文化科学、运动技能和身心素质,必须充分认识美育的功能,必须保证美育在素质教育体系中的应有地位。

养成健全人格是蔡元培美育思想的一个重要内容。因此,不仅要使学生在专业知识、技能方面有较大的提高,而且要培养大学生敏于观察、勤于思考、勇于探索、善于合作、热爱生命、享受人生、志趣高远,养成健全人格。此外,他提出"和谐人格教育"理念,就是要让每一个受教育者都能够达到内心和谐、身心和谐、人我和谐、人与大自然和谐的太和之境。这对于当前仍有重要的现实意义。

3. 美育与宗教

对于二者的关系,蔡元培明确地提出"美育代替宗教",这一主张一直是学术界所关注的命题。其要旨用他自己的话说:宗教全盛时期包办智育、德育与美育;哲学、科学发展以后,宗教对于智育、德育两方面逐渐减缩,以至于全无势力,而其所把持所利用的惟有美育;依附宗教的美育渐受哲学、科学的影响,而演进为独立的美育;独立的美育,宜取宗教而代之。与美育相比,宗教具有明显的局限性:一、美育是自由的,而宗教是强制的;二、美育是进步的,而宗教是保守的;三、美育是普及的,而宗教是有界的。因此,对蔡元培来说,"以美育代宗教"就成了历史的必然选择。

需要注意的是,蔡元培主张美育代替的宗教并不是一般意义上替代整个的宗教体系,而是将宗教作为一个知识体系予以批判。他认为宗教中的美育功能并不纯粹,并不能起到它应该起的作用。

"以美育代宗教"是蔡元培美育体系中一个重大的理论命题,其初衷就是要让美育成为引导人们从德育、智育、体育迈向世界观教育的主渠道,成为引导人们去追求真、善、美,抨击假、恶、丑的重要教育手段。他毕生倡导美育,其鲜明特征是春风化雨式地育人,培养的目标是一种全面发展的有着健全人格的人。

四、当前思政课教学面临的问题

当前,伴随着知识经济的发展,科学技术的高度发达导致了工具理性在日常生活中的霸权,造成了人类感觉的迟钝、机械,以及心理浮躁和精神信仰崩塌,人往往会在追逐财富与名利的过程中丧失了信仰和坚守,沦落成名利的奴隶。当前,高等院校在塑造青年学生健全的审美人格与良好的道德品行方面尤为重要,因为面对物欲横流、私欲膨胀的社会风气,不少大学生变得迷茫而不知所措,对家庭、社会、国家的责任感有所下降,道德出现滑坡。越来越多的青年学子正在失去心灵的家园,精神空虚而无所寄托,身心发展不够健全。这正是高校思想政治课面临的问题。

习近平同志在全国高校思想政治工作会议上发表重要讲话,从实现中华民族伟大复兴、增强国家核心竞争力出发,提出了人才培养的明确目标,并站在全局战略高度强调:"高校思想政治工作关系高校培养什么样的人、如何培养人以及为谁培养人这个根本问题。要坚持把立德树人作为中心环节,把思想政治工作贯穿教育教学全过程,实现全程育人、全方位育人。"可见,抓住培养人的根本问题,围绕立德树人的中心环节,把思想政治工作贯穿教育教学全过程,是高校思想政治工作在新形势下应当遵循的指导方针与教育理念,是增强高校思想政治工作影响力与实效性的根本保证。当然,这也正是高校思想政治课首先要解决的问题。

五、蔡元培美育现代化思想的启示

习近平同志强调:"思想政治工作从根本上说是做人的工作,必须围绕学生、关照学生、服务学生,不断提高学生思想水平、政治觉悟、道德品质、文化素养,让学生成为德才兼备、全面发展的人才。"

人的全面发展也一直是马克思主义的基本立场。马克思主义认为,人的全面发展是"通过人并且为了人而对人的本质的真正占有","人以一种全面的方式,也就是说,作为一个完整的人,占有自己的全面的本质"。

人的全面发展为社会文明进步奠定基础,社会文明进步为人的全面发展创造条件。促进全面发展是大学生的发展方向和成长目标。大学生成长既不是单一教育作用的结果,也不是单个人可以实现的过程,只有通过德智体美多方面的教育才能全面推进。没有思想政治工作确立目标、提供动力,不仅智力与智慧难以展现和释放,而且培养的学生也难以符合我国社会发展的要求。只有把思想政治工作贯穿教育教学全过程,才能保证学生成长目标明确、发展动力强劲、学习认真刻苦、才智充分发挥。因而,引导大学生全面发展,是学生成长的目标导向与内容规范,是学生成长规律的主要内涵。这应该视为蔡元培美育现代化思想和思想政治课在逻辑上和现实中的耦合之处。

1. 思政课应扩展人文底蕴和向度

蔡元培说,"我们提倡美育……觉到自身在这个世界上有一种伟大的使命。这种使命不仅仅是使人人要有饭吃,有衣裳穿,有房子住,他同时还要使人人能在保持生存以外,……同时更知道了人生的可爱,人与人的感情便不期然而然地更加浓厚起来。"在科技日益发达和各种社会思潮滥觞的今天,思政课首先应关注其人文底蕴,思政课教学的意义更应瞄准和培养学生敏于观察、勤于思考、勇于探索、善于合作、热爱生命、享受人生、志趣高远,综合言之,养成健全的人格。

其次,思政课教学的人文向度要求思政课教师通过形而上的、理性化的和理想主义的价值设定与具体的、富有现实感和生存实践方面的价值取向相结合,引导当代大学生在日常学习和生活中更多地体现生存的积极、主动和自觉意识,在人性合理需求的同时,实现普遍的人文关怀和文化提升。

再次,作为思政课教师,他对雅俗、优劣和美丑与否的判断标准直接影响着思政课教学的性质、过程和效果。不管是蔡先生的美育思想还是当前理论界对思政课的政策要求,有一点最为关键,那就是要提高一线教师自身的社会责任感。从某种意义上说,真正的教育者首先思考的问题不是专业,而应该是德育和美育。

2. 思政课应引领五育并举的理念,融合德育、美育于教学过程之中

现代社会分工愈来愈细,限制了人的全面发展。相对来说,学校是一块有利于人全面发展的文化土壤。目前,我们还没有切实地利用这块文化土壤。思政课完全可以在这个方面有所作为。大学生的成长,应当根据高校培养目标的要求,综合实施各种教育教学,包括德育,即大学生思想政治教育;智育,即专业知识技能教学;体育,即体质、心理锻炼;美育,即审美素养培养。其中,思想政治工作贯穿教育教学全过程,是大学生健康成长、全面发展的主要途径。把这一途径进一步进行理论提炼,就是学生成长必须遵循的规律。

首先,为培养学生的健全人格,蔡元培主张五育并举,重视在教育中渗透美育。美的教学包括从教学内容中挖掘美,在教学过程中蕴含美,从教师身上散

发美。

其次,思政课引领校园先进文化,以文化育人,大力弘扬健康积极、科学进步的校园文化,坚决抵制和清除与高校健康发展格格不入的恶俗的、消极的、愚昧的、落后的文化,培养高尚文化兴味,提升师生的审美情操,净化师生的心灵。

3. 在社会主义核心价值观教育活动中思政课大有可为

历史经验告诉我们,当国家的经济和科技快速发展时,文化建设就变得相对滞后,我国也不例外。在经济和科技得到迅猛发展的今天,人们的精神家园反而变得空虚了,普遍出现了精神文化危机以及心灵世界的混乱,道德出现滑坡现象。因此,以思政课为阵地,融合德育和美育理念,加强德育与美育的贯通建设,更多关注高校师生的心灵世界,充分发挥德美贯通以美化心灵的作用,对于引领、培育和塑造当代大学生的社会主义核心价值观具有重要的现实意义。

4. 思政课应强化实践性

无论是美育还是思想政治教育,其着眼点和终极目标都是"人",无论如何都避不开通过与人联系密切的实践活动来培养人的健全人格,实现人的全面发展。就高校而言,其一切实践活动都可以看作是人全面发展的途径。由此看来,提高高校思政课的实效,发挥其理想效应,就必须要通过实践活动才能完成。那么,需要深入探讨的就是如何在内容、方式和载体方面强化其实践性,以达到实践育人的目的。

结语

党的十九大报告对党的教育方针做了全面的阐述:"要全面贯彻党的教育方针,落实立德树人根本任务,发展素质教育,推进教育公平,培养德智体美全面发展的社会主义建设者和接班人。"由此可见,党的教育方针不仅包含教育的社会目标和教育的根本任务,同时包含了高校的培养目标,即学生德智体美全面发展。高校思政课应该在遵循教育规律、学生身心发展规律和高校人才培养目标的关节点上顺势而为,以遵循高校人才培养的基本规格。高等学校的教育教学基本要素包括德育、智育、体育和美育,既包括各个专业、学科的知识与技能传授,也包括美育、德育等教学。因此,把思想政治工作贯穿教育教学全过程,贯穿教育教学全要素,吸纳蔡元培先生的美育现代化思想,就能够把握规律,坚守底线,最终形成高校思想政治教育的全新系统。可以期待,这一全新体系始终离不开对生命的关怀和对生命过程的关切,在实现自身完善的同时,也必将促进社会的和谐发展。

参考文献:

[1] 蔡元培.蔡元培全集(第二卷)[M].北京:中华书局,1984.

[2] 高平叔.蔡元培美育论集[M].长沙:湖南教育出版社,1987.

[3] 习近平.在全国高校思想政治工作会议上强调:把思想政治工作贯穿教育教学全过程开创我国高等教育事业发展新局面[N].人民日报,2016-12-09.

[4] 马克思、恩格斯.马克思恩格斯全集(第42卷)[M].北京:人民出版社,1979.

[5] 习近平.决胜全面建成小康社会 夺取新时代中国特色社会主义伟大胜利[N].人民日报,2017-10-18.

项目基金:

本文系北京高校中国特色社会主义理论研究协同创新中心(北京外国语大学)阶段性成果。

论影视资料在"纲要"课教学中的运用

杨红运

摘　要:影视资料有助于历史事实的"再现"和增强"纲要"课教学的趣味性,有助于扩充大学生的知识,满足其求知欲;有助于创设情境,引起学生的情感共鸣。影视资料的选取必须结合"纲要"课课堂教学的重难点,必须确保教育性和趣味性的统一,必须考虑其时代性。为了增强影视资料辅助"纲要"课教学的实效性,教师不仅需要积极引导和组织学生讨论,做到学生"走进影视"和"走出影视"的引路人,还需要结合教学内容来点评影视资料,确保学生获得真知。

关键词:影视资料　中国近现代史纲要　运用

2016 年 12 月,习近平同志在全国高校思想政治工作会议上强调:"要用好课堂教学这个主渠道,思想政治理论课要坚持在改进中加强,提升思想政治教育亲和力和针对性,满足学生成长发展需求和期待。"①在 2019 年 3 月召开的学校思想政治理论教师座谈会上,习近平同志再次表示:"推动思想政治理论课改革创新,要不断增强思政课的思想性、理论性和亲和力、针对性。"②"中国近现代史纲

---

① 《习近平在全国高校思想政治工作会议上强调把思想政治工作贯穿教育教学全过程开创我国高等教育事业发展新局面》,《人民日报》2016 年 12 月 9 日第 1 版。

② 《习近平主持召开学校思想政治理论课教师座谈会强调用新时代中国特色社会主义思想铸魂育人贯彻党的教育方针落实立德树人根本任务》,《人民日报》2019 年 3 月 18 日第 1 版。

要"(以下简称"纲要")课作为高校思想政治理论课程体系的主干课程,旨在让学生通过了解国史、国情,认识到历史和人民怎样选择了马克思主义、选择了中国共产党、选择了社会主义和选择了改革开放,从而坚定对中国特色社会主义的"四个自信"。如何提高"纲要"课教学的针对性和实效性,"纲要"课教师可谓仁者见仁,智者见智,但都不否认影视资料辅助"纲要"课教学的积极意义。当今是一个影视的时代,影视通过图文并茂的方式呈现着昨天的故事,拉近了个人与历史的距离,使得枯燥的历史事件变得生动形象,它有助于增强大学生对"纲要"课教学内容的自觉认同。有鉴于此,本文尝试论述下影视资料辅助"纲要"课教学的意义、原则和经验。

一、影视资料运用于"纲要"课教学的重要意义

随着多媒体技术的发展,现代社会在某种程度上可谓一个读图时代,影视作品层出不穷,大学生随时都可以徜徉在影视的海洋里,这给思想政治理论课教学的创新带来了机遇和挑战。根据有学者的调查表明,98.4%的受访学生支持"纲要"课教学中使用影视资料。[①] 如果我们仍固守于那种"一本教材,一支粉笔,一张嘴巴"的传统教学模式,不去实践习近平同志所说的"做好高校思想政治工作,要因事而化、因时而进、因势而新",不少学生上课时可能就会出现"身在曹营心在汉","纲要"课教学就会出现"言者谆谆,听者藐藐"的尴尬局面。大致来看,影视资料辅助"纲要"课教学的重要意义如下:

第一,它有助于历史事实的"再现"和增强"纲要"课教学的趣味性。思想政治理论课教学应是政治性、学术性和艺术性的统一。如果我们仅仅关注其政治性和学术性,忽视其艺术性,思想政治理论课教学的趣味性和吸引力就难以实现,就会出现季羡林先生描述的那种现象:"一上政治课,师生两苦,教员讲起来乏味,学生听起来无味。"事实上,学生并非一般地反感思想政治理论课教学,学生反感的仅仅是枯燥的说教,他们喜欢的是"有趣的说理"。[②] 据相关调查显示,部分学生对"纲要"课的政治性认识不足,认为该教材"意识形态色彩浓""禁忌

---

① 耿化敏:《历史影像与"中国近现代史纲要"教学的探索》,《教学与研究》2011年第1期。

② 宋成剑主编:《思想政治理论课教学趣味论》,南开大学出版社2013年版,第30页。

较多"，却对"鲜为人知"的秘史抱有好感。三分之二的学生认为教材"比较枯燥"，希望"纲要"课教学"不要太枯燥""不要太无聊"，希望教师能够"多种方式授课"。① 并且，"纲要"课具有浓厚的"史学"特色，教学内容所涉及多为远去的事件，学生无法感同身受，要想推动"纲要"课教学从教材体系向教学体系转化，其政治性和科学性必须以更为形象、更具吸引力的呈现方式。影视资料有助于将教科书中静态、平面和无声的文字转化为鲜活、立体和有声的视听语言，此有助于学生感受到历史活动的复杂性和多样性，从而获得感官上的新奇和喜悦。例如笔者在讲述"中国灿烂的古代文明"时就给学生播放了《为何四大文明唯有中国传承下来》的视频，色彩斑斓、生动活泼的视听语言骤然把课堂的气氛点燃，大大地提高了学生听讲的兴趣。

第二，它有助于扩充大学生的知识，满足其求知欲。当代大学生自幼生活无忧，信息获取渠道多元化，他们具有求新、求变和求异的心理，不迷信教条和权威，对外界事物具有强烈的敏感性和感知力，其希望"纲要"课教学能增加一些书本以外的内容。就"纲要"教材而言，它所涉及的时间跨度大、内容较多，许多内容停留在粗线条的勾勒上，无法让求知欲旺盛的学生感到尽兴。故"纲要"课教学应做"加法"和"减法"，对于学生容易理解的内容，教师应少讲或不讲；对于其感到疑惑的难点，教师应该大讲特讲。影视资料往往是针对某一人物或事件的报道或叙述，所含的信息量大，可以满足多数学生的求知欲。例如"纲要"课中关于梁启超这样一个重要历史人物的书写并不多，无法满足学生对他的了解，而《凤凰大视野》拍摄的《回望梁启超》纪录片长达144分钟，揭示了梁启超的变法之"变"、思想之"变"和人生之"变"，披露了他与康有为、孙中山、袁世凯、徐志摩等名人的复杂关系，揭示了清末民初中国知识分子对于政治体制的探索之路，此有助于补充书本上没有的历史细节。又如2018年我们组织学生拍摄了"历史中的中国"实践教学作品，学生制作了《血色浪漫红色海南》《哈尔滨的红色故事》《沂蒙山的故事》和《扎西会议》等"红色故事"，展现了中国共产党人革命高于天

---

① 王宇英、张露路：《"万顷江田一鹭飞"——影像史学在"纲要"课程教学中的应用研究》，载张付主编：《马克思主义传播研究》第2辑，中国传媒大学2016年版，第236页。

的情怀,此极大地调动了学生参与课堂教学的积极性,拓展了教学时空。

第三,它有助于创设情境和引起学生的情感共鸣。由于学生在初中和高中阶段已经学过中国近现代史,"纲要"课与其他3门思想政治理论课(尤其是"概论课")依据的基本事实相通。他们认为"纲要"课所涉及的论点和论据有些"老生常谈"。从这个层面来讲,"纲要"课教学就不能仅仅停留在学生知识层面的拓展上,还必须注重学生情感层面的提升。相对于教材而言,兼具感性和理性特点的影视资料有助于创设历史情境,容易让学生的情绪受到感染,有助于学生对理论的认知从"真懂"到"真信"。① "让历史自己说话"的视听教学通过不同的叙述角度和音响节奏的变幻,呈现着历史人物的悲欢离合,有助于引起学生的情感共鸣,例如《火烧圆明园》容易激发学生对帝国主义抢劫中国的愤恨之感,《心酸的洋务运动》引发了学生对铁路等新事物在中国大地上破土而出之艰难的深思;《甲午风云》中邓世昌乘着伤痕累累的致远舰试图撞击日本吉野舰的悲壮,深化了学生对爱国主义情怀的理解;《回望梁启超》中梁启超因不会说普通话、无法与光绪正常交流的片段,让学生感到旧中国知识精英推动变革的复杂性;《我的1919》让学生既为顾维钧身上体现的"天下兴亡,匹夫有责"的爱国情怀感到震撼,又让学生对北洋政府的软弱无能感到了不满。

总之,层出不穷的影视资料为"纲要"课教学提供了一座"富矿",其有助于增强"纲要"课教学的趣味性、丰富性和情感性。"纲要"课教师必须孜孜不倦地挖掘这座"富矿",以实现阐释"四个选择"的主旨。

二、"纲要"课教学中影视资料选取的基本原则

影视资料对于提高"纲要"课教学的吸引力具有积极的意义,以前一些学生在网上留言时提出过类似的建议,如"以后课堂上放一些好看的纪录片""说到底只是我很想看视频""我觉得有一点相关背景的小视频小故事会比较有意思"等,然而,这并不意味着"纲要"课教学就可以毫无原则地运用影视资料以迎合学生的需求。在这里,我们认为影视资料的运用必须有一个"度"。大致来看,我们可

---

① 侯良健:《影视资源在高校思想政治理论课教学中的运用与思考》,《思想理论教育导刊》2016年第8期。

以将"纲要"课教学中能够使用的影视资料分为纪录片和影视作品两类。属于前者的有《百年中国》《复兴之路》《大国崛起》《孙中山》《毛泽东》《邓小平》《1911年再读辛亥》《见证南京大屠杀》《我的抗战》《浴血羊山》等,属于后者的有《走向共和》《亮剑》《八路军》《伪装者》《潜伏》《白鹿原》《北平无战事》《鸦片战争》《一八九四·甲午大海战》《十月围城》《辛亥革命》《我的1919》《开天辟地》《建党伟业》《井冈山》《我的长征》《太行山上》《鬼子来了》《1942》《无问西东》《让子弹飞》《东京审判》《暴风骤雨》和《建国大业》等。面对数以万计的影视资料,我们难免会陷入一种"丰富的烦恼"之中,那么,如何选取和运用这些资料呢?可以从以下三个方面来考虑。

第一,影视资料的选取必须结合"纲要"课教学的重难点。尽管影视资料有助于增强思政课教学的吸引力,但我们应将其定位为"佐料"或手段,而不能用它代替课堂教学。如果仅仅为了吸引学生而长时间放视频,课堂教学就变成了放电影,教室成了电影院,学生观看时可能会感到兴奋,课后却又不知所云,这无疑违背了"纲要"课教学的主旨。为了构建宏观教学知识体系,我们应选取那些有助于学生理解教学重点和难点的视频片段,最大限度地发挥"佐料"的作用,让学生更好地理解教材内容,以突破知识难点。例如我们在阐释洋务运动失败的原因时,可以选取《走向共和》中李鸿章对自己作为清政府"补锅匠"的精彩评价的片段,以让学生认识到洋务运动"中体西用"的局限性。我们也可以插入电视剧《北洋水师》中士兵用钢锉磨炮弹才能将其塞进大炮里的片段,以此让学生看到洋务企业管理上的腐朽性。在讲到抗日战争时,我们可以运用《日本档案还原"卢沟桥事变"始末》的视频,让学生认识到日本右翼势力妄图篡改历史教科书来改变人们对战争和伤害的记忆的险恶用心,以让学生牢记历史,提高警惕,振兴中华,不忘国耻。

第二,影视资料的选取务必保证教育性和趣味性的统一。不可否认,"纲要"课教学中所选取的视频资料必须兼具教育性和思想性,以利于学生理解教学的重点和难点,然而,这并不意味着影视资料的选取就不用考虑趣味性。如果我们对影视资料的选取不考虑学生是否喜欢和能否接受,就很有可能出现一种情况:教师认为有意义、有意思的影视资料,学生却味如嚼蜡,提不起神来,这无形中浪费了宝贵的课堂教学时间。事实上,我们在教学中不必完全依赖纪录片或访谈口述资料,也可以运用一些具有趣味性的影视作品片段,尽管它们存在着明显的艺术夸张,"但其中蕴含着一些深刻的历史命题和人性拷问,非常适合进行提炼、总结与升华,应用得当的话,非常有助于教学目标的达成。"①例如在讲解义和团运动反侵略的局限性时,我们不妨播放电影《神鞭》中手持大刀长矛的义和团团民成批死于列强枪炮的片段,以此让学生反思近代中国人民对外反侵略战争失败的原因。又如我们可以运用《亮剑》中赵刚政委向战俘讲解只有土改和保卫胜利果实才能彻底翻身的视频片段,以此来阐释为何中国共产党领导下人民军队武器装备简陋、战斗力却很强大。

第三,影视资料的选取应考虑其时代性。正如有学者所言:"'中国近现代史纲要'课教学,不只是走进历史,而是在走进历史之后又跳出来,去面对今日和未来。"②当代大学生好奇心强,思维活跃,喜欢生动、丰富多彩的社会现实,渴望了解和接触社会生活,然而,"纲要"课所涉及的大部分教学内容距离学生较远,为此,我们应选取一些具有鲜明时代特点的影视资料,以拉近历史与学生的距离。仅此而言,教师应做一个有历史感的"追剧人",从繁杂的、最新的影视作品中寻找合适的素材,以活跃课堂的气氛。例如我们在讲中国封建伦理时,我们可以用电影《祝福》的片段,也可以运用最近热播的电视剧《知否知否应是绿肥红瘦》中顾廷烨为母亲争名分的片段;我们在讲解辛亥革命没有改变中国社会性质时,就可用《白鹿原》中主人公白嘉轩拥有的土地和权力并没有受到革命触动的事实来阐释;我们在讲解爱国主义题材的英雄人物时,可以用《闪闪的红星》《洪湖赤卫队》《董存瑞》等影视,也可以这几年刚拍摄的电影《智取威虎山》中的杨子荣;我们在讲解改革开放40年中国社会变迁时,可以用纪录片《厉害了我的国》或者热播电视剧《大江大河》中的片段,让学生感到历史并不遥远。

总之,影视资料的层出不穷,使得"纲要"教学所依赖的"佐料"也越来越多,其积极功能的发挥取决于教师如何将影视资料与教材、学生以及讲授风格有机

---

① 王宇英、张露路:《"万顷江田一鹭飞"——影像史学在"纲要"课程教学中的应用研究》,载张付主编:《马克思主义传播研究》第2辑,中国传媒大学2016年版,第240页。
② 宋进主编:《中国近现代史纲要教学导论》,复旦大学出版社2009年版,第7页。

地融合在一起。

三、关于影视资料辅助"纲要"课教学中教师角色的思考

影视资料辅助"纲要"课教学,有助于我们为多元性的历史解释框架提供一种可能性,其很大程度契合了学生对不同历史解释的追求。从这个意义上讲,影视资料的叙述与历史学的叙述保持着一定程度的张力,对此,有学者评论道:"无论制片人如何严肃和诚实、如何忠实于主体,最后呈现在银幕上的历史都不会让历史学家满意。当历史学家对于历史的理解从书面语言转换为图像时,总有些什么东西变化了。"①就笔者的教学经验来看,"纲要"课教师在运用影视资料上应发挥如下的作用。

第一,积极引导和提问,成为学生"走进影视"和"走出影视"的引路人。如前所述,影视资料辅助"纲要"课教学的主旨在于增强课堂教学的针对性和实效性,然而,教师在教学中不能仅仅充当视频播放员,其原因在于:影视资料也是经过一定的艺术加工,并不是历史事实的"再现";取景、拍摄和剪辑等渗入了一定的主观因素,视频叙述未必与教材内容一致;学生未必会按教师要求的影视情节来观看和思考。② 因此,"纲要"课教师在运用影视资料时,需要在学生观看前对影视资料进行必要的说明或提问,让他们带着思考去观看。例如有教师在讲授"反对外国侵略的斗争"时,播放了凤凰卫视的《西风东渐——近代中国的西风身影》中关于赫德的片段,教师本意在解释帝国主义侵略中国的过程、不经意地给中国带来了近代化。然而,由于教师没有向学生说明赫德曾担任中国海关总税务司长达 40 年之久这一情况,学生质疑这个历史人物太渺小了,认为不值得用浪费这么长时间去了解。③ 笔者在讲"清末新政"时,就让学生先比较一下清末新政和戊戌变法的内容,引导学生注意清政府最高统治者慈禧太后对"预备立宪"的看法,后让学生在观看了《走向共和》中慈禧太后宣布"预备立宪"的片段,他们很容易明白"预备立宪"不过是为了"大权统于朝廷",而不是为了"军民一

① 李友东、王静:《影像史学与历史教学》,《历史教学》2008 年第 15 期。
② 周良武:《试论影视作品提高"中国近现代史纲要"课教学效果的运用原则》,《教育与教学研究》2009 年第 6 期。
③ 耿化敏:《历史影像与"中国近现代史纲要"教学的探索》,《教学与研究》2011 年第 1 期。

体，呼吸相通"和保障民权。在讲"新文化运动和五四运动"一节时，笔者先讲了一战期间中国为协约国做出的贡献和巴黎和会上列强对中国的背信弃义，接着介绍了中国参加巴黎和会的代表，其中重点介绍了顾维钧，并让学生读了顾维钧在巴黎和会上的名言："中国不能失去山东正如西方不能失去耶路撒冷！"随后，笔者给学生播放了电影《我的1919》的片段，学生对顾维钧的外交智慧和爱国之情油然而起。

第二，结合"纲要"教学内容来点评影视资料，做到去伪存真，确保学生获得真知。影视资料的运用是为了再现历史场景，促进学生对历史的把握。然而，影视资料的搜寻往往因时间久远、题材特别而困难重重，再加上历史事件亲历者较少，他们提供的信息与真实情况存在着一定的偏差。如何从影视资料寻找历史的真实，这是"纲要"课教学所面临的一个挑战。正如有学者所言："情节的夸张、虚构的人物、浓缩的时空是所有影视作品的共同特征。真实是历史的生命，作为纲要课的老师，在使用影像资料时要对其进行甄别，要对其中的偏差做出符合历史真相的说明。"①例如我们让学生在课下观看《大国崛起》时，就应当引导学生认识到昔日崛起的大国不仅仅依靠教育和科技，很大程度上也依赖于其对外的掠夺、压迫和剥削，从而揭示西方殖民性质的侵略观。又如电影《我的1919》实际上对五四运动持反思态度，故我们在讲解影片中顾维钧的爱国形象时，就必须告诉学生关于该影片的拍摄视角和史观存在的问题。不仅如此，我们还有必要结合历史的进程来对某些影视资料的不当之处进行点评。例如不少学生在观看《走向共和》后认为李鸿章比较爱国，并将其存在的问题笼统地归于时代局限性，较少追问他本人存在的腐朽性和狭隘性，对此，我们在课堂教学中就应补充李的借助洋务敛财、培植私人势力和将北洋水师作为自己的政治资本等，让学生认识到李的另一面。针对最近抗日神剧的雷人情节（例如手撕鬼子、裤裆藏雷、手榴弹炸飞机和包子手雷等），我们可以利用教材中提到的全民族抗战时期中日双方伤亡数字分别为3500万和100多万的事实，以引导学生认识到中国赢得抗战胜利是如何艰辛的道理。

---

① 杨晓强、廖俊清：《影视资料在中国近现代史纲要课中的运用与优化》，《教书育人》2011年第15期。

总的来说,影视资料运用于"纲要"课教学,有助于历史叙述视角的多元化,有助于教学内容的立体化,更有助于增强思想政治理论课教学的针对性和实效性。然而,如何将影视资料与问题教学、多媒体技术等结合起来使用,不断创新教学改革模式,以使学生更好地认识"四个选择",我们仍需坚持不懈地探索。

项目基金:

本文系天津市哲学社会科学规划高校思想政治理论课专项"微时代'纲要'课教学中'四个选择'的讲述策略研究"(项目编号:TJSZZX17-030)、天津市教育科学规划课题"'微时代'背景下高校思想政治理论课教学改革与创新研究"(项目编号:HE3092)和北京高校中国特色社会主义理论研究协同创新中心(北京外国语大学)的阶段性成果。

专题教学在"中国近现代史纲要"课中的运用与探索

王淑莉

摘　要:在高校深化思政课教学改革的今天,越来越多的高校采用专题教学模式讲授"中国近现代史纲要"课。专题教学符合课程设置要求、符合教学改革要求、符合教学相长的需要。专题教学不仅是教材体系向教学体系的有效路径,而且也是高校课堂教学改革的需要。教师在设置专题时要以教学目的与历史主流为依据,"纲要"课专题教学的探索和实践应遵循理论与史实相对照、历史与现实相对照、教学需求与学生需求相对照、中国与世界相对照的基本原则。在"纲要"课专题教学过程中,要以问题为导向,科学合理地设计专题,积极探索"纲要"课专题教学的路径与方法,真正发挥思想政治教育的作用。

关键词:专题教学　原则　运用　探索

"中国近现代史纲要"课(以下简称"纲要"课)是全国高校本科生必修的四门思想政治理论课之一。自2006年开设以来,为提升"纲要"课教学实效性,许多高校结合学校具体实际对"纲要"课的教学从形式和内容进行了有益的探索。近年来,各地高校积极探索并实践了专题教学模式,取得了较好的实践效果。

一、"纲要"课专题教学的必要性

"纲要"课是一门具有历史学科特性的思想政治理论课,是由诸多相互联系的历史专题交织构成的教学体系。"纲要"课讲授 1840 年以来近现代中国社会发展和革命、建设、改革的历史,时间跨度较长。教师要在非常有限的课时内讲授完涵盖中国 1840—2020 年这 180 年波澜壮阔的历史,难度不言而喻。因此,专题讲授"纲要"课成了很多高校教师的首选。

1. 专题教学是提升教学质量的需要

教师在准备专题讲座时,以往掌握的历史基本知识和教材提供的信息不足以应对专题讲座,需要大量查阅资料并对资料进行深入细致的整理和探索。因此,对老师而言是一个巨大的挑战。为了避免与学生的资料"狭路相逢",教师往往需要查阅更多的资料,准备更为丰富的内容,并且要对所涉及的知识点之间的内在逻辑关系和结构体系进行深入研究。经过精心准备,教师讲授的语言生动艺术通俗易懂,内容结构条理清楚,资料详实有趣,因此,授课效果比较显著,能够赢得学生的认可。

2. 专题教学是教学改革的需要

着力提高教育质量,推动教育内涵式发展,是高等教育改革和发展的方向。课堂教学是高等教育改革的主要渠道,高教改革的要求和精神在很大程度上要通过课堂教学改革来体现。教学改革要求教学活动要"以学生为中心,教师为主导",实现由以教为中心向以学为中心的转变,学生由被动学习向主动学习的转变,教师由注重知识传授向注重培养学生能力的转变。"纲要"课专题教学可以很好地实现师生间的这"三个转变"。例如在讲授"中国近代历次反侵略战争都以失败告终"时,教师可以和学生展开讨论。在相互讨论和交流中,学生与教师的观点可能碰撞出火花,学生的观点也可能显露其认识上的不足与误区,如一些学生认为鸦片战争的失败主要是道光皇帝罢免了主战派的林则徐,如果不罢免林则徐,战争就不会输。针对学生这样的认识误区,教师要有针对性地讲解,引导学生认识到,除了最直接的皇帝剿抚不定、清军武器明显落后等因素外,鸦片战争失败的最根本原因是中国社会制度的腐败和经济技术的落后。

3. 专题教学是激发学生学习兴趣的需要

通过专题教学,学生在学习时可以更好地对某一段历史进行全面把握。以往没有深入研究或者忽视的历史以专题讲座的方式呈现给学生后,学生往往意犹未尽,课下会主动上网或者查阅资料进行"补课"。比如在以前的历史学习中,对待历史人物的评价往往采用非黑即白的观点,在"纲要"课程中可以通过专题讲座全面客观地分析历史人物,给予学生正确的引导。这样,学生的学习兴趣大大提升,自觉学习成为一种习惯,有利于学生的发展。同时,一部分学生在查阅历史资料的过程中进行认真思考,通过古今对比,能够很好地把握历史发展规律,提升分析问题和解决问题的能力。

4. 专题教学是增强师生互动交流的需要

良好的学习氛围是思想政治教育真正做到入脑、入心的基础。开课前,教师会制定详细的授课计划,让学生对本学期将要讲授的专题有一个比较客观的了解,方便学生整理和查询相关资料。当学生具备了一定的知识储备后,教师在课堂上的讲授容易得到学生的配合,对某一知识或者教学任务的分析往往会引发学生的共鸣。当老师和学生在课堂上多次进行"思想碰撞"后,整个课堂的学习氛围被调动起来,有利于提高学生的学习效率。

二、"纲要"课专题教学的原则

就教学形式来说,专题教学突破了按章节进行教授的传统教学模式,但从教学目标来看,《纲要》课仍是要帮助学生在了解国史、国情的基础上,正确理解和把握"四个选择"的历史必然性。为了更好实现这一教学目标,"纲要"课专题教学应遵循以下基本原则。

1. 坚持理论与史实相对照的原则

坚持理论与史实相对照的原则,就是要"以马克思主义为指导,在对历史事实和历史过程的叙述中归纳、总结和阐释理论"。"纲要"课,作为马克思主义理论研究一级学科下面的二级学科,既有历史课的特征,又强调思想政治理论的教育功能。因此,教师在教学中要坚持理论与历史相对照的原则,做到既讲历史知识又讲理论知识,二者兼顾。

教师不能就历史说历史,要透过历史现象,揭示中国近现代社会发展趋势,启发学生思考,最终让学生真正懂得"四个选择"的历史必然性。即让学生在学习历史知识的同时掌握理论知识,让史实的学习为理论素养的提升服务。这样的教学才是有效的,也才能够达到"纲要"课思想政治教育的目的。

2. 坚持历史与当前相对照的原则

习近平同志曾指出："中国近代史，是一部充满灾难、落后挨打的悲惨屈辱史，也是一部中华民族抵抗外来侵略、实现民族独立的伟大斗争史。""纲要"课程设立的一个重要目的就是要让当代大学生树立正确的历史观，让大学生能够以史为鉴。在专题教学中，教师要坚持历史与当前相对照的原则，不仅要关注历史，而且要关注当下的社会生活。教师可以选择网络上或者学生身边的热点事件作为切入点，把历史的学习和当前的社会现象结合起来，使学生明白今天中国面临的很多问题都有历史的印记。当然这对教师的专业素养也有更高的要求：教师不仅要熟悉教材，而且还要关注时事、关注学生的思想动态。

3. 教学需求与学生需求相对照的原则

"纲要"课专题式教学应在落实教学基本要求的前提下，强化问题意识，积极回应和满足学生需求。一方面不折不扣地执行教育部相关的教学规定与要求，另一方面，又要立足学生需求，在专题设计中，合理纳入学生普遍关注或有困惑的热点、难点问题。实践中，可通过课堂互动、发放问卷、网络征集等形式，了解学生关注的热点、难点和重点问题。习近平强调：高校思想政治工作"从根本上说是做人的工作，必须围绕学生、关照学生、服务学生"。

4. 中国与世界相对照的原则

在讲授"纲要"课时，教师的视野绝不能仅仅局限于中国，而要放眼世界，把中国与世界的联系讲清楚。例如在讲授"近现代中国面临的主要矛盾和历史任务"专题时，教师要让学生明白，帝国主义的入侵是造成近代中国落后的根本原因。通过战争，西方列强在经济上从中国掠夺了数以亿计的财富，在政治上或者与腐败的清政府勾结压榨、人民，或者寻找代理人统治中国，这些都严重阻碍了中国经济社会的发展，西方列强主导的一系列不平等的国际经济政治秩序进一步恶化了中国发展的外部环境。正是这样的世情，决定了帝国主义和中华民族的矛盾是中国近代社会最主要的矛盾。对照世界历史的过程也是培养学生全球史观的过程，使学生更全面、客观地理解历史，进一步提高教师的教学效果。

三、"纲要"课专题教学的路径

在实施"纲要"课专题式教学过程中，应紧紧围绕中国近现代史的主题和主线,强化问题导向,科学合理地设计教学专题,凸显各教学专题的内在逻辑关联,从经典专题和特色专题入手,积极探索并完善"纲要"课专题教学的路径与机制。

"纲要"课专题教学应紧密围绕课程的教学目标设定系列专题及其具体问题设计,帮助学生有效地了解国史、国情,懂得"四个选择"的历史必然性。各个专题及其具体问题之间,应既相互独立,又相互关联。应从大量相关的"面"的历史材料中,发现具有价值的教学内容"点",构建结构合理的教学专题。当然,需要科学认识和处理好专题与问题的区别与联系。专题教学对章节单元的内容进行了重新编排,以阐释"四个选择"的历史必然性为逻辑主线,以不同历史阶段的史实和事件为基本元素,聚焦特定问题,完成专题构建。各个专题之间以共同主线相互关联,同时又自成体系。

基于问题阐释实现内容深化的专题教学,是提升"纲要"课对学生吸引力和感召力的关键。经典专题和特色专题是专题教学实现的路径选择。这一路径选择也可以有效解决"纲要"课与中学相关前期课程重复的问题。"纲要"课专题教学应将教学重心放在对历史发展的脉络("纲")和历史发展的规律性("要")的深度挖掘上。近代中国各阶层为争取民族独立、人民解放,实现国家富强、人民富裕而奋斗的历史。以历史主流为专题设置路径,可以保证专题内容线索清晰、逻辑严密,这既符合历史演进逻辑,又不脱离教材,可以更加清晰、完整地呈现教材内容。同时,充分利用网络资源和"慕课"(MOOC)等平台,将教学的课件、重点、难点指导等基本教学资源和与专题式教学具体问题设计直接相关、但囿于课时限制而无法纳入课堂教学的各种资源,便捷地向学生开放和共享,为学生自主学习提供便捷条件。

特色专题是"纲要"课更好服务现实社会和更好满足学生需求的创新手段,也是专题教学具有鲜明特点的主要组成部分。特色专题可将地方特色历史文化资源和高校自身历史融入专题教学中。这不仅有助于推进"纲要"课教学向以学生需求为本位的教学模式转变,也有助于切实提升课程的育人实效性。例如,位于马场道的天津外国语大学就可以把"纲要"课教学设置"五大道"特色专题,并把用各种外国语言讲解"五大道"的实践教学活动融入其中。"五大道"见证了天津85年的租界史,见证了近代天津城市发展的跌宕起伏,也是中国近代史荣辱兴衰的侧影。

近年来，为提升"纲要"课教学实效性，各地高校积极探索实践了专题式教学模式，取得了较好的实践效果。专题教学符合课程设置要求、符合教学改革要求、符合教学相长的需要。专题教学不仅是高校课堂教学改革的需要，而且也是教材体系向教学体系的有效路径选择，更是思想政治教育提高时效性的有益尝试与探索。

参考文献：

[1] 张波.专题讲座教学在《中国近现代史纲要》课程中的实效性探究[J].太原城市职业技术学院学报,2018,(07).

[2] 苏继文,马恬."中国近现代史纲要"课专题教学的探讨与实践[J].教育观察,2018,(07).

[3] 欧阳军喜."中国近现代史纲要"课教学应该处理好几个关系[J].思想理论教育导刊,2017,(02).

[4] 习近平.在中国国际友好大会暨中国人民对外友好协会成立60周年纪念活动上的讲话[N].人民日报,2014-05-16(02).

[5] 习近平.把思想政治工作贯穿教育教学全过程开创我国高等教育事业发展新局面[N].人民日报,2016-12-09(01).

[6] 侯宣杰.论"中国近现代史纲要"课教学的全球地方化向度[J].学校党建与思想教育,2017,(03).

[7] 盛林.《中国近现代史纲要》专题式教学思考[J].历史教学,2017,(24).

项目基金：

本文系北京高校中国特色社会主义理论研究协同创新中心(北京外国语大学)阶段性成果

"鱼骨图"在高校思政课教学中的应用研究

李　鹏　宋　杨

摘　要:2019 年 3 月,习近平同志在北京主持召开了学校思想政治理论课教师座谈会,为思政课教学改革指明了方向。思政课教学改革成功与否,归根到底在于思政课教师能否激发学生学习的主体性、能动性、积极性。实践证明,将"鱼骨图"应用在高校思政课教学中,可有效激发学生的主体性、能动性、积极性,"休眠"学生也被成功唤醒。

关键词:"鱼骨图"　高校　思政课　教学

随着高等教育大众化时代的到来,各高校生源日益多元化,学生学习的基础参差不齐。对于思想政治理论课,学生普遍存在不感兴趣、不愿意听、认为所教内容重复等现象。为了改善课堂教学氛围,提高学生学习兴趣,各高校思政课教师不得不花费大量精力进行教学改革,但效果往往不理想,仍有部分学生在上课时处于"休眠"状态。

如何唤醒思政课上的"休眠"学生,已成为当前高校思政课教学改革需要突破的难题之一。近年来,高校思政课的教学改革多关注教师素质的提高、教学方法的更新,这些改革对思政课健康发展起到了一定的推动作用,但在"唤醒"学生方面收效甚微。2019 年 3 月,习近平同志在北京主持召开了学校思想政治理论课教师座谈会,为思政课教学改革指明了方向。思政课教学改革成功与否,归根到底在于思政课教师能否激发学生学习的主体性、能动性、积极性。

如何激发学生学习的主体性、能动性、积极性,唤醒部分"休眠"学生,提高思政课教学质量?关键在于激发学生自主学习兴趣,提升学生独立分析问题、创造性解决问题的能力。诞生于日本,近年来被我国自然科学界广泛使用的"鱼骨图"正是具有以上功能的工具。实践证明,将"鱼骨图"应用在高校思政课教学中,可大大增强学生辩证思维能力、历史思维能力、创新思维能力,"休眠"学生也被成功唤醒。

什么是"鱼骨图"?"鱼骨图",也称石川图、因果图,是日本东京大学石川馨(Kaoru Ishikawa)教授设计的一种找出问题原因的方法,因形如鱼骨而得名。"鱼骨图"是一个非定量的工具,也可用于对策分析和问题整理,是一种透过现象看本质的分析方法。

原因型"鱼骨图"的绘制方法如下:首先,确定需要通过"鱼骨图"分析的问题。在纸张或者电子文档的右侧绘制鱼头,将需要分析的问题填入其中。然后,绘制带箭头的长直线,箭头指向鱼头,直线代表鱼主骨。接着,在主骨的上下方分别绘制多条等间距带箭头后倾且平行的短直线,箭头指向鱼主骨。带箭头的短直线代表同一层面上的原因,有几条原因,就有几条短直线。原因的具体内容写在短直线末尾。以此类推,短直线两侧还可以绘制与主骨平行的带箭头短直线用于分析"原因的原因"……最后,检查"鱼骨图"是否合理,从而找到问题的各层次原因。

"从1840年至1919年,历次的反侵略战争,都是以中国失败、中国政府被迫签订丧权辱国的条约而告结束的。从中国内部因素来分析,原因有哪些?"这一问题来自于"中国近现代史纲要"课第一章第三节"反侵略战争的失败与民族意识的觉醒"。这一问题是本章的教学重点、难点。传统的讲授法对于原因("社会制度腐败、经济技术落后")以及二者的关系的讲解往往不能使学生信服。如果教师运用原因型"鱼骨图"辅助教学,让学生分组讨论,自己归纳总结,效果则要好得多(参见图1)。

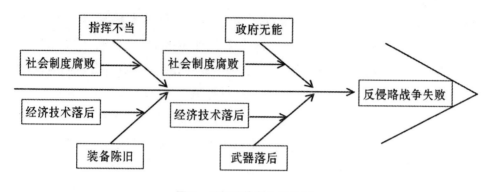

图1　反侵略战争失败分析

"鱼骨图"绘制完毕后,高校思政课教师应要求学生将研究成果归纳为两点,从而得出"社会制度腐败、经济技术落后"这个结论。对于社会制度腐败和经济技术落后两个原因之间的关系,教师可以引导学生通过"鱼骨图"分析"原因的原因",从而得出"前者是更根本的原因,正是由于社会制度的腐败,才使得经济技术落后的状况长期得不到改变。"

对策型"鱼骨图"的绘制方法与原因型类似,但也有不同,具体方法如下:首先,确定需要通过"鱼骨图"解决的问题。在纸张或者电子文档的左侧绘制鱼头,将需要解决的问题填在里面。然后,绘制带箭头的长直线,箭头指向鱼头,直线代表鱼主骨。然后,在主骨的上下方分别绘制多条等间距带箭头后倾且平行的短直线,箭头指向鱼主骨。带箭头的短直线代表同一层面上的对策,有几项对策,就有几条短直线。对策的具体内容写在短直线末尾。以此类推,短直线两侧还可以绘制与主骨平行的带箭头短直线用于解决"对策的对策"……最后,检查"鱼骨图"是否合理,从而找到问题的各层次对策。

"抗日民主根据地是认真贯彻和实现中国共产党全面抗战路线、坚持抗战和争取胜利的坚强阵地。中国共产党在抗战期间怎样建设根据地的?"这一问题来自于"中国近现代史纲要"课第六章第四节"中国共产党成为抗日战争的中流砥柱"。这一问题是本章的教学重点,也是各种考试的热点。由于对策较多,学生往往记不全或者与"纲要"课其他知识点相混淆。如果运用对策型"鱼骨图"来解决以上问题,经过自己的思考和总结,学生往往记忆深刻,应对各种考试也就事半功倍(参见图2)。

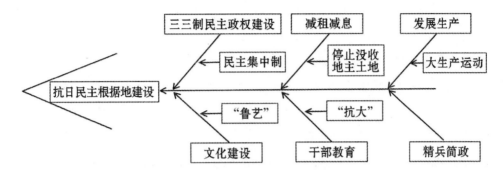

图2 抗日民主根据地建设措施示意

"鱼骨图"绘制完毕后,高校思政课教师还应帮助学生区分土地革命战争期间农村革命根据地建设与抗日战争期间抗日民主根据地建设措施的异同。如果学生基础较差,可让学生再绘制一张土地革命战争期间农村革命根据地建设的"鱼骨图"。通过对比,让学生得出结论——随着社会主要矛盾的变化,中国共产党领导下的根据地建设方案也随之调整、更新。

在高校思政课教学中,可以应用"鱼骨图"进行辅助教学的章节很多。如果教师和学生都能够灵活地使用"鱼骨图",学生自主学习的兴趣将被极大激发,逐渐成为课堂的主角。在实践中,学生小组讨论环节最能体现"鱼骨图"辅助教学功能。因为"鱼骨图"能够聚集小组全体成员的智慧结晶,提高学生学习的积极性、自信心,避免"搭便车"现象发生,有助于形成团结协作的学习氛围。借助"鱼骨图",高校思政课教师可以帮助学生迅速抓住章节线索,理清思路,更好地理解和掌握重点难点。

总之,在高校思政课教学中引入"鱼骨图",不仅有效激发了学生的学习兴趣,增强了学生的思维能力,同时也推动学生自觉进行辩证思维、历史思维、创新思维,充分发挥出他们学习的主动性、创造性。归纳起来,在高校思政课教学中应用"鱼骨图"辅助教学有四大优势。

第一,打破了"以教师为中心"的传统高校思政课教学模式。长期以来,高校思政课课堂上经常出现教师讲得绘声绘色,但学生仍深度"休眠"的奇怪现象,部分学生学习的积极性、主动性趋近于零。为了消除这一奇怪现象,高校思政课教师可大量使用"鱼骨图"辅助教学,让学生说话,让学生讨论,让学生找到存在感、获得感,让他们真正成为课堂的主角。这样就可以使课堂氛围变得生动活跃,学生才有可能主动进行创新思维。

第二,调动了教学主体的学习兴趣,让学生爱上思政课。学生是教学的主体。讨论、绘图的过程,对他们来说就好像参加竞赛一样,容易激发学习兴趣。因为绘图时间有限,过程又充满挑战性,常常在下课时,学生仍然兴致未尽,新原因、新对策不断在头脑中涌现,教学主体的积极性、主动性得到充分激发。绘图过程根本不用教师催促,学生都能全身心投入。"休眠"学生无法也不可能继续"休眠"。日积月累,学生就会慢慢爱上思政课。

第三,提高了学生的学习能力、创新能力,增强了学生的团队合作意识。由于原因或者对策的多元性,学生绘制的"鱼骨图"内容多种多样。为了探寻原因、解决问题,学生经常使用思政课之外的知识,教学效果往往超出教师的预想。学生学习、创新的潜力、能力得到充分释放。另外,通过分组讨论,共同绘图,一步步克服困难,找到答案,不知不觉中,团队合作意识在就在学生的头脑中扎根了。

第四,变被动为主动,学生自觉将马克思主义理论知识内化于心。长期以来,高校思政课课堂普遍存在"大水漫灌"的现象,学生在思政课上的存在感、获得感不高。对于思政课上讲授的马克思主义理论知识,大多数学生停留在机械记忆以便应付考试的状态,个别学生甚至连机械记忆的过程也没有,还在吃中学的"老本"。如果高校思政课教师能使用"鱼骨图"辅助教学,这种局面将大为改观。通过自己、团队、老师的分析、总结,学生非常容易接受相关结论,自觉将马克思主义理论知识内化于心。

将"鱼骨图"引入高校思政课教学的课堂中,进行教学改革,不仅消除了学生思维的倦怠,而且给"拔节孕穗期"学生提供了自由发挥、设计的空间。它调整了传统高校思政课课堂上教师和学生的地位,使得教师的角色从主导者转变为学生发展的协助者,有利于提高学生的综合素质,培养学生的团队意识,同时又使课堂气氛变得生动活泼,高校思政课教师可以广泛使用。

项目基金：

本文系天津市教科规划项目"'微时代'背景下高校思想政治理论课教学改革与创新研究"（HE3092）、北京高校中国特色社会主义理论研究协同创新中心（北京外国语大学）阶段性成果。

思政小课堂同社会大课堂融合教学的供给侧改革

——以"行走的最强思想"实践教学创新课为例

赵学珍

摘　要：讲好高校思想政治理论课最行之有效的实践教学模式在于把思政小课堂同社会大课堂的融合教学，在这方面，天津外国语大学"马克思主义基本原理概论"（简称"原理"）课关于"行走的最强思想"实践教学创新课在实现思政小课堂同社会大课堂融合教学方面进行了积极探索，其基本原则是：从问题出发，突出实践；内容丰富、覆盖面广；由表及里，"三结合"教育，采取前期准备、精准实施、接力学习和教育三步走方式进行分步实施；生动直观的实践教学让抽象的马克思主义的基本观点和原理鲜活起来，增强了学生对马克思主义和中国特色社会主义的理解和认同，取得了良好的实效。

关键词：马克思主义　实践　融合教学

在全国学校思想政治理论课教师座谈会上，习近平同志强调办好思想政治理论课关键在教师，对思政课教师队伍素质提出了"六个方面素质"和讲好思政课的"八个相统一"具体要求，为推动思想政治理论课改革创新、增强思政课实效性提供了原则性、方向性的指导。"坚持理论性和实践性相统一"是马克思主义理论和实际融合教学原则的内在要求，是增强思政课说服力、亲和力、针对性和实效性的根本途径。因此,在习近平同志提出的"八个相统一"中,坚持理论性和实践性相统一是基础,意味着讲好思想政治理论课的关键要靠实践教学创新。在这方面,天津外国语大学马克思主义学院多年来不断开辟实践教学基地,尤其是以马克思主义基本原理教研室"原理"课为主承担的天津市教委"行走的最强思想"——"新时代"思想政治理论课实践教学创新课项目,对贯彻落实习近平同志关于把思政小课堂同社会大课堂融合教学的讲话精神进行了积极探索,积累了经验,确实在提高"原理"课教学思想性、理论性和亲和力、针对性方面取得了成效。

一、思政小课堂同社会大课堂融合教学的设计原则

实践教学创新有效性的根本在于实现思政小课堂和社会大课堂的结合。"原理"课"行走的最强思想"实践教学创新课的设计目的是让马克思主义理论"走出校园和课堂",从书本落实到国家经济社会和思想文化建设、企事业生产建设的基层和第一线去展现,即从书本、课堂向社会延伸。为了实现思政小课堂同社会大课堂融合教学的实效,"原理"课教研室为"行走的最强思想"实践教学创新课设计了以下基本原则。

1. 从问题出发,突出实践

哲学是时代精神的精华,马克思主义也同此理,马克思主义自觉地植根于社会实践的丰厚土壤,不断地从现实生活中吮吸自己的生命之泉,随着时代主题的转换,检验、丰富和发展自己,科学地回答了时代在不同阶段提出的根本性重大问题。促成马克思恩格斯思想变革的深层原因,绝不仅仅是理论本身的力量,而是马克思恩格斯对他们所处的现实、时代和实践以及历史发展的理解和认识。因此,决定马克思主义基本原理生命力和实效性的,不是它在我国政治领域和意识形态领域占据统治地位,而是它能对现实做出合理的解释。因此,"行走的最强思想"实践教学创新课必须从问题出发,以问题为导向,紧紧围绕实践教学主题,把抽象的马克思主义基本原理与实践教学基地展现的生动实际或丰富的资料紧密结合,通过相互关联的问题导引出来,再以马克思主义基本原理去剖析和解决这些问题,使课堂、课本上的抽象理论动起来、鲜活起来,突出体现马克思主义思想的实践性和科学性。

2. 内容丰富、覆盖面广

"原理"课教师精心研究和规划设计的实践教学主题与内容基本覆盖"原理"课教材体系：导论部分关于马克思主义创立与发展及当代价值；第一章"一切从实际出发"，主观能动性和客观规律性关系、量变质变关系；第二章关于实践在认识中的决定作用，认识世界和改造世界的关系；第三章关于生产力和生产关系，经济基础和上层建筑关系，人民群众是历史创造者；第四章货币的本质及形态演进，资本的作用及职能，资本主义基本矛盾与经济危机；第五章资本主义的发展及其趋势中关于经济全球化及其重要意义；第六章社会主义的发展及其规律中"科学社会主义的一般原则"，在实践中探索现实社会主义的发展规律；第七章关于共产主义远大理想与中国特色社会主义共同理想。同时，按照典型性、多样性、方便性的原则精心筛选高科技企业、社会主义新农村、思想文化与科技类展览馆、政府便民类服务机构等作为实践教学基地，涵盖社会经济、政治、科技、思想文化、社会民生等各个领域，在此基础上设计的实践教学主题和内容覆盖了"原理"课教材的大部分章节和原理，充分体现马克思主义思想对现实指导作用的普遍性、穿越时空的精神感召力，又充分证明中国特色社会主义是科学社会主义理论逻辑、中国社会发展历史逻辑和实践逻辑的辩证统一。

3. 由表及里，"三结合"教育

即首先由实践教学基地负责人或讲解员带领师生参观，并介绍、讲解相关的经济、政治、文化、科技等内容。其次，"原理"课教师现场授课，联系教学基地的内容和社会现实进行理论拔高。最后，学生代表畅谈感想和体会。实践教学基地工作人员"社会大课堂"与教师的"思政小课堂"，以及学生的个人感悟三方面的相互"联动"，完成三个不同程度、不同层次的教育教学，由外部灌输到内心领悟，由感性到理性，使马克思主义理论的教育教学真正从课堂里、黑板上走到生活里，从单纯的理论宣教走进现实中，和社会实际联系在一起，变得鲜活、生动，取得的教学实效是原来课堂中的"视频＋案例分析"等形式所不能比的。

二、思政小课堂同社会大课堂融合教学的分步实施

为取得思政小课堂同社会大课堂融合教学能效的最大化，"行走的最强思想"实践教学创新课采取三步走方式进行分步实施。

1. 精心准备

以"原理"课教师为主,马克思主义学院其他教师为辅,对天津市及相邻省市的经济、政治、文化、社会等相关信息资源进行全面调查、汇总。"原理"课教师根据教材中不同章节的内容和原理,选择不同的教育基地,最终从十几个候选基地中筛选出 9 个实践教学基地:北京马克思主义传播史展览馆、天津电力科技博物馆、天津金融博物馆、觉悟社纪念馆、大顺国际花卉股份有限公司、蓟州区毛家峪村、杨柳青中华人民共和国反腐败第一大案展览暨反腐倡廉教育基地、天津和平区行政许可中心、天津桂发祥展览馆,并到这些基地进行实地走访、参观,并与基地负责人协商"校企、校馆、校村、校政"之间合作建立实践教学基地的意向。针对每个实践教学基地,"原理"课教师密切合作、集体备课,拟定出完整的教学大纲,内含包括实践教学主题、学时分配、实践教学基地教学流程,撰写与之配套的教案,制作相关电子课件。

2. 精准实施

由于受经费、实践教学基地容量等各种主客观条件的制约,"行走的最强思想"实践教学创新课无法实现对全体学生的全覆盖。因此,"原理"课教师必须根据经费、实践教学基地容量等条件,在所授课班级挑选学生,那些在课堂上认真学习、积极参与课堂讨论和其他实践作业的学生会被优先选择,组成不同的"行走的最强思想"实践教学创新课学员队伍,组建以实践教学基地名称命名的微信群,由任课教师指定学生负责人,将在实践教学基地进行思考的问题发给同学们,让同学们带着问题去参观、学习。在此基础上,根据预先的安排,师生共赴一个又一个的实践教学基地,严格按照流程实地进行"行走的最强思想"实践教学创新课的教育教学活动。在每一个基地的实践教学创新课,由其负责人或讲解员为同学们进行的"社会大课堂"和"原理"课教师进行的现场"思政小课堂"的教育教学时数分别不少于原计划。"行走的最强思想"实践教学创新课在时间、地点、学生队伍、教学流程、教学内容等方面精准实施,以保证思政小课堂同社会大课堂融合教学不走过场,取得实效。

3. 接力学习和教育

"行走的最强思想"实践教学创新课所实施的思政小课堂同社会大课堂融合

教学的教育不是一次性的,而是连续和持续的。同时,学生之间的相互影响也是巨大的。因此,在参与完成实践教学创新课的现场教育教学后,学生在实践的基础上进一步搜集资料,用所学的马克思主义基本原理分析在实践基地感受到的最直接、最现实的理论和实践问题,撰写参与实践教学创新课的心得体会,以论文、微视频等形式,完成一份作业并在课堂上宣传、分享给同学们。不仅以此调动、培养学生自主研究学习的主体意识,锻炼和提高学生运用马克思主义基本原理关注现实、分析和解决实际问题的能力,实现"学以致用"的最终目的,还能够以此激发学生自我教育、接力教育的良性互动与同频共振。

三、思政小课堂同社会大课堂融合教学的效果

"行走的最强思想"实践教学创新课的精心设计和精准实施,增强了"原理"课的亲和力、针对性,广受学生好评。无论是教师还是学生在参加了实践教学基地的活动后,都认为比单纯的思政小课堂效果显著。尤其是学生,认为生动直观的实践教学让抽象的马克思主义的基本观点和原理鲜活起来,更便于理解;对马克思主义普遍真理与中国具体实际融合而产生的伟大成就和对共产党执政规律、社会主义建设规律等有了确定性认识,满满的获得感。这说明思政小课堂同社会大课堂融合教学的实践教学成效实实在在。

在觉悟社纪念馆、马克思主义传播史展览馆,在纪念馆讲解员生动的讲解及引导下,学生们通过近距离接触图文并茂的史料,详细地了解了马克思主义在中国翻译、传播、发展,特别是在天津的传播与实践斗争的光辉历程。在教师启发和引导下,又深刻认识马克思主义在中国大地生根、发芽、开花、结果的历史必然性,认识到《马克思主义基本原理概论》导论部分关于马克思主义的强大生命力和当代价值,以及"只有社会主义才能救中国、只有中国特色社会主义才能发展中国"观点的正确性。在天津市蓟州区毛家峪村,学生们通过参观村容村貌和村史馆以及听取村党支部书记的介绍,充分了解了毛家峪村党支部心系群众、依靠群众,从实际出发,克服资源条件限制,发挥主观能动性,组织带领群众脱贫致富奔小康的真实历程,深刻理解第一章世界的物质性及发展规律中关于物质和意识的辩证关系、主观能动性和客观规律性相统一的原理,第三章人类社会及其发展规律中关于经济基础和上层建筑的辩证关系及人民群众是历史创造者的原理,对习近平新时代中国特色社会主义思想强调加强基层党组织建设、振兴农村战略也有了更直观的认识。在天津电力科技博物馆,同学们既亲身体验用声、光、电等多媒体高新技术手段展示的电力科学原理和科技成果,又充分认识到电力科技革命和电力工业发展对推动我国经济社会发展和改善人民生活的巨大贡献,还能够理解第二章马克思主义关于实践和认识的辩证关系原理,以及第三章"科技革命是推动经济和社会发展的强大杠杆"这一重要思想。在桂发祥十八街麻花文化馆,感受中华老字号桂发祥企业的成长与发展,学生们着重理解教材第三章中的"生产力与生产关系矛盾运动""经济基础与上层建筑矛盾运动"等历史唯物主义基本原理。在天津金融博物馆,同学们通过近距离接触中国及世界各个时期的货币、金融票据和大量金融实物,了解到世界金融发展史、中国金融发展史、天津金融发展史,深刻理解了第四章货币的本质及形态演进、资本的作用及职能、经济危机等马克思主义政治经济学原理,以及金融资本对我国经济社会发展和变革的重要作用。在"大顺国际花卉股份有限公司",学生们通过参观花卉展览大厅、研发实验室、智能化玻璃连体温室和潮汐式灌溉系统,近距离地感受了世界最先进的高档盆栽花卉的研发和培育、生产和物流技术等,也在教师引导下,通过"大顺国际"这个高科技民营企业的创立和发展,深刻认识到第五章关于中国改革开放融入经济全球化的重要意义。在天津市和平区行政许可中心,学生详细地了解了政府行政审批制度改革历程及便民服务的各项事宜与流程,切身体会了"以人民为中心"的发展理念,深刻理解第六章科学社会主义的一般原则,及其在中国特色社会主义的实践探索。在天津杨柳青石家大院中华人民共和国反腐败第一大案展览暨反腐倡廉教育基地,学生们不仅在现场详细地了解了刘青山、张子善由革命功臣堕落成历史罪人的过程,而且在教师的启发下,更深刻理解了马克思主义量变质变的辩证关系以及共产主义远大理想与中国特色社会主义共同理想关系、坚定理想信念的重要性等。

总之,"行走的最强思想"实践教学创新课实现了思政小课堂同社会大课堂的结合,以问题为导向,以马克思主义在社会实际和实践的"在场"方式,对学生的思想迷茫、理论困惑等进行释疑解惑和价值引导,加强了学生们对马克思主义思想性、理论性的理解和对中国特色社会主义道路认同、理论认同、情感认同,展现了思政小课堂同社会大课堂融合教学在启迪和教育学生方面的巨大魅力和实效。

项目基金：

1. 本文系北京高校中国特色社会主义理论研究协同创新中心项目（北京外国语大学）阶段性成果。

2. 本文系天津市高校"新时代"思想政治理论课实践教学创新课"行走的最强思想"项目阶段性成果。

3. 本文系"原理"课"正确认识中国特色和国际比较"实践教学模式探究（2017年度市教委科研计划项目2017SK171）阶段性成果。

论"原理"课教学中理论性与实践性相统一的协同路径

——以"行走的最强思想"思政创新课为例

张　健

摘　要：加强思政小课堂和社会大课堂的协同是优化高校思想政治理论课教学改革效果的有效举措。本文以"马克思主义基本原理"课的教学为研究对象，用"行走的最强思想"创新教学课中的"毛家峪村"实践教学设计为素材，依据其教学规律归纳出教师引导与学生主导、问题导向与调研求证、理论认同与实践认知的协同关系，从而探索一条"原理"课教学中理论性和实践性相统一的协同路径。

关键词："马克思主义基本原理"课程　理论性　实践性　协同路径

一谈到高校开设思想政治理论通识课，学生们普遍感到学习"马克思主义基本原理"课程（以下简称为"原理"课）对自己观察世界、认识世界、解释世界特别实用，而教材中充斥的大量抽象概念和作用机理让学生学习起来倍感"压力山大"，所以对"原理"课是既爱又怵。基于此，"行走的最强思想"思政创新实践教学课正是从学生们学习中普遍存在的困惑问题切入，充分运用实践教学基地的优势，深入挖掘思政教育元素，使学生在认识社会、了解国情的同时达到对马克思主义基本原理和立场消化、吸收、应用的效果，使之潜移默化成为学生认识世界和改造世界、认识社会和改造社会的世界观和方法论。习近平同志指出①:"推动思想政治理论课改革创新,要坚持理论性和实践性相统一,用科学理论培养人,重视思政课的实践性,把思政小课堂同社会大课堂结合起来,教育引导学生立鸿鹄志,做奋斗者。"可见,加强思政课改革中理论性和实践性统一的协同效果,是提高思政理论课教学改革的有效举措,力求实现"1+1>2"的协同效果。

本文以"原理"课的教学为研究对象,用"行走的最强思想"创新教学课中的毛家峪村②实践教学设计为素材,立足于毛家峪村实践教学基地的教学实例,通过考察毛家峪村的改革发展,帮助学生探寻符合毛家峪村客观实际的致富规律,通过教师引导与学生主导相协同、问题导向与调研求证相协同、理论认同与实践认知相协同的路径,来实现"原理"课教学改革中理论性和实践性的协同。通过实地走访和村民访谈的方式,学生联系对"原理"课关于马克思主义唯物论的内容,对毛家峪村的乡村发展之路进行调研,运用辩证唯物主义的立场分析和解决问题,不断提高思维能力。

一、教师引导与学生主导相协同

思政教育的主导性就是保持教育主体始终起主导和支配地位。课堂教学是让学生理解马克思主义基本原理前世今生、来龙去脉的主渠道,而实践教学则加强了思政教学中主客体的互动。这就需要教师引导和学生主导相协同。同时,坚持守正和创新相统一,落实新时代思政课改革创新要求,不断增强思政课的思想性、理论性和亲和力、针对性③。

以毛家峪村实践教学为例,教师首先讲清楚世界的物质统一性的原理,这是马克思主义理论的思想基石,一切从实际出发则是在生活实践中的生动体现,是中想问题、办事情的根本立足点。在此基础上,教师引导学生探究毛家峪村在改革开放之初面对的客观实际到底是什么,让他们自己找到毛家峪村民在实践中

---

① 习近平主持召开学校思想政治理论课教师座谈会[EB/OL]. www. 81cn/sydbt/2019 – 03/18/content_9452111htm.

② 毛家峪村坐落于天津市蓟州区城东16公里处的穿芳峪乡,已打造成华北地区目前唯一的长寿品牌度假村,成为了新时代乡村振兴之路的"毛家峪版本"、农村精准扶贫的"毛家峪方案"、生态文明致富的"毛家峪经验"、先进基层党组织引领的"毛家峪典型"。

③ 中共中央办公厅、国务院办公厅:《关于深化新时代学校思想政治理论课改革创新的若干意见》。

认识规律、发挥主观能动性的"钥匙"。学生通过访谈了解到，毛家峪村1986年只有46户，村民168人，村民蜗居深山，交通不便，村子仅一条狭窄小路通往山外，人均耕地少，农业产出不大，是当地有名的光棍村。面对这样的客观实际，教师可以引导学生进行独立思考，毛家峪村到底适合走发展农业之路呢？借助自发形成的团队小组"头脑风暴式"的探讨，学生很快就得出了答案，并进一步探究了农业、工业与交通运输业存在的"级差"规律。从毛家峪村的自然环境看，发展农业很难在短时间内见效，因此不能选择以农业为主导的发展之路。从实践教学设计上看，教师引导的重点是让学生学会用马克思主义基本观点、基本立场分析问题，坚持以学生为本的主体地位，让学生多元化、多视角、全方位、全过程的参与到实践教学各个环节。

二、问题导向和调研求证相协同

学生通过全程参与实践教学，就是在这个过程中亲自证实和接受理论的正确性，提高科学理论素养的过程。面对处在"拔节孕穗期"的大学生，教师坚持以问题为导向，充分展现马克思主义理论的"力量"和"甜美"，学生则是在生动的实践教学中去调研求证后才更加对理论信服，这是筑牢理想信念认同教育的"生命线"。如何实现呢？关键是看问题导向和调研求证的协同效果。

在毛家峪村的实践教学中，教师通过一系列问题设计，让学生思考党支部在基层脱贫致富、乡村振兴、全面建成小康社会中的作用。通过学生的细致调研发现，毛家峪村正是在党支部书记李锁的带领下，从一个偏僻落后的小山村，变成了享誉京津地区的长寿旅游度假专业村和全国农业旅游示范点。回顾发展历程，他和党支部干部带领全村群众修路，改建上下水路，修建新的景点项目，积极开办农家旅店，不断提高景区的品位和吸引力。而后，与天津永泰红磡集团合作成立了旅游公司，一举进入到商业化运作、专业化管理、集团化发展的快速轨道。在这过程中，李锁书记始终坚持以民为本、服务群众的工作理念，千方百计让群众切实共享新农村建设成果。通过实践教学问题导向，学生实地深入调研求证，了解领会基层党支部的战斗堡垒和密切联系群众的桥梁纽带作用，让学生坚信中国特色社会主义最本质的特征是中国共产党领导，中国特色社会主义制度的最大优势是中国共产党领导，从而更坚定了自己的政治信仰。坚持问题导向和调研求证的协同,就是深化学生对社会实践及其客观成效的社会调查和研究,把个人观察和集体观察结合起来,从而加深对指导和推动社会实践的思想理论的正确性的认知。

三、理论认同和实践认知相协同

在"原理"课教学中,如何让学生用物质的概念来理解马克思主义的实践观是一个难点。实践是感性的物质活动,是在意识之外的客观实在的活动,这就决定了改造世界的主观能动性的发挥并不是随意的,是受到客观规律和条件制约。只有从实际出发、充分认识反映的客观规律,才是正确的认识;只有以正确的认识为指导,才能形成正确的行动,只有充分发挥主观能动性才能正确认识客观规律。江家城和寇清杰认为,高校思想政治理论课理论性和实践性相统一的内在要求体现为,在教学过程中实现理论性和实践性的相互渗透,在对具体问题具体分析中把握理论性和实践性的动态平衡,在坚持理论性和实践性相统一的基础上更加突出理论性。

通过毛家峪村的实践教学,学生可以实现对辩证唯物主义基本原理认同和实践认知的协同统一。具体说来,从发展节点看,毛家峪村坚持了物质第一性的马克思主义基本原理,结合村落环境和优势资源,实现主观能动性和客观规律性的辩证统一,从而实现乡村振兴战略的实施和发展。从发展过程看,毛家峪村发展休闲娱乐业经历了"村民不理解——村干部引领——村民效仿"几个阶段,让学生认识到事物矛盾运动的基本规律。从发展阶段看,认识到毛家峪村遵循了传统农业—交通运输业—工业—旅游休闲业的产业升级发展,凸显了从依靠自然寻求生计(肯定阶段)到依靠工业实现局部脱贫(否定阶段),再到了利用自然实现转型升级(否定之否定)的毛家峪村自身螺旋式发展轨迹,这对于稳步推进乡村振兴改革有着重要意义。从方法论来看,学生通过毛家峪的实践认知,感受到了马克思主义唯物论分析问题的有用性,增强问题意识,提高用马克思主义基本原理解决问题的信心和理论自觉性。

理论性与实践性都是高校思想政治理论课的本质属性,其教学效果同社会实践有着本质的、必然的联系,社会实践是思政教育的重要根源,以理论守正为前提基础,以实践创新为活力之源。在"马克思主义基本原理"课程教学中,坚持理论性与实践性辩证统一是两者的应然关系,实际上就是把社会实践嵌入至教学全过程,不断拓展思政教育的实践渠道,不断强化思政教育功能,这对于学生信仰马克思主义理论,活用驾驭复杂问题的"法宝",实现个人的全面、自由发展起到至关重要的作用。

参考文献:

[1]　江家城,寇清杰. 高校思想政治理论课理论性和实践性相统一的基本依据、推进路径与内在要求[J]. 思想教育研究,2019,(07).

[2]　张雷声. 在改进中加强思想政治理论课建设的协同研究[J]. 思想理论教育导刊,2017,(07).

[3]　骆郁廷. 思想政治教育引论[M]. 北京:中国人民大学出版社,2018.

项目基金:

本文系北京高校中国特色社会主义理论研究协同创新中心(北京外国语大学)的阶段性成果和天津市高校"新时代"思想政治理论课实践教学创新课项目"行走的最强思想"阶段性成果。

马克思主义经典著作研读在"原理"课教学中的运用思考

原　宙

摘　要: 研读马克思主义经典著作是"马克思主义基本原理概论"课课堂教学与课内实践的重要方法。在教学中我们既可以精读文本,也可以摘章引句。在运用经典时我们要准确理解,还要对学生启发引导。

关键词: 经典著作　基本原理　课堂教学

马克思主义经典著作的研读是"马克思主义基本原理概论"课(以下简称"原理"课)教学的重要方式,对于提高原理课的学理性和学生理解原理的透彻性具有重要意义。

一、问题的引出

马克思主义基本原理是中学思想政治课和大学"原理"课都要讲授的内容。对于学生而言,特别是文科生,内容的重复,而理科生又觉得内容枯燥无趣,再加上"原理"课教材本身的抽象性,"原理"课的吸引力和接受度大大降低。因此,我们需要考虑高中和大学原理课教材的衔接点。这个衔接联通之处就在于如何解释原理、讲透原理。在教学中,我们除了运用故事、案例讲好原理增加兴趣之外,经典的研读也是必不可少的,它对于学生学好学透原理的重要性不言而喻。

二、经典研读对于上好"原理"课的重要性

1. 研读经典,有助于知识点的深入理解

马克思主义基本原理概论教材的内容体系具有抽象概念,为使学生理解这些抽象概念,我们需要去讲故事、举例子让学生来理解原理的内涵和意义。然而,学生的这种理解往往是浮于表面,难达其本质。再者,原理的相关概念、观点之间的逻辑性、概念产生和发展的历史性是难以通过举例说明的。如生产力和生产关系、经济基础和上层建筑这两对概念在中学政治课本中有重点讲解,通过列举历史和现实生活中的事例,学生可以理解这几个概念,至于这几个概念有什么内在逻辑,中学课本就没有深入下去了。大学"原理"教材中重点放在了概念的内涵和关系的解读上,系统化阐释了人类社会矛盾运动两大规律。但如何理解课本中的抽象论述,还需要我们借助马克思主义经典来进一步回答。马克思在《哲学的贫困》一书中写道:"人们是在一定的生产关系中制造呢绒、麻布和丝织品的。但是他不明白,这些一定的社会关系,同麻布、亚麻等一样,也是人们生产出来的。社会关系和生产力密切相联。随着新生产力的获得,人们改变自己的生产方式,随着生产方式即谋生的方式的改变,人们也就会改变自己的一切社会关系。手推磨产生的是封建主的社会,蒸汽磨产生的是工业资本家的社会。人们按照自己的物质生产率建立相应的社会关系,正是这些人又按照自己的社会关系创造了相应的原理、观念和范畴。所以,这些观念、范畴也同它们所表现的关系一样,不是永恒的。它们是历史的、暂时的产物。生产力的增长、社会关系的破坏、观念的形成都是不断运动的,只有运动的抽象即'不死的死'才是停滞不动的。"①这一小段在课堂的讲解是有助于同学们加深理解生产力决定生产关系原理的。

2. 研读经典,有利于讲授内容的学理化

马克思主义经典著作和马克思主义基本原理从根本上讲是"源"和"流"的关系。对马克思主义经典著作的研读,有助于深入讲解基本原理,把基本原理讲

---

① 中共中央马克思恩格斯列宁斯大林著作编译局编:《马克思恩格斯文集》第一卷,人民出版社2009 年版,第 602～603 页。

深讲透,从而提升讲授基本原理的学理化。无疑,作为原理课教师是需要花功夫对经典原著进行文本分析的。"原理"课作为理论性很强的课程是需要讲清楚理论与观点产生的时代背景、核心意涵和当代价值的。因而,我们需要结合经典文本,去梳理马克思主义基本原理的内在逻辑,特别是那些关键性概念。比如"意识形态"这一个概念,教材中是没有清晰解释的,这就需要我们结合经典文本来分析意识形态的本质内涵。在《德意志意识形态》这一文本中就从不同层面赋予了"意识形态"概念的丰富内涵:一是意识形态的社会性。在马克思的唯物史观中,社会存在决定社会意识。因为,"意识一开始就是社会的产物,而且只要人们存在着,它就仍然是这种产物"①;二是意识形态的阶级性。意识形态的阶级性是它区别于其他意识形式的重要特征。根据唯物史观,只要社会制度依然采取阶级统治的形式,意识形态就必然具有阶级性。三是意识形态是抽象性的观念体系。结合经典著作的文本分析,是可以提升教材讲授内容的学理性的。

三、经典研读融入"原理"课程教学的模式

马克思主义基本原理是从马克思主义浩瀚的著述中提炼出来的。经典研读的教学方式也是服务于学生对基本原理的理解和掌握的。从原理课程的教学来看,经典研读一般有两种模式:

1. 文本精读

马克思主义的著作繁多,不是专业工作者,是不可能有大量时间和精力对这些经典著作充分研究的。故我们需要精读其中非常重要的篇章,也是易于同学们阅读理解的经典文本。文本精读的导向是要与教材观点的充分融合。如绪论一章,重点问题是理解"什么是马克思主义"和"马克思主义的鲜明特征",如何让学生深入理解这两个问题呢,《共产党宣言》可以说是一个非常适合绪论一章整体教学的文本。在对《共产党宣言》的文本分析中,我们通过它的诞生来认知马克思主义的时代背景和产生的历史必然性;通过它对资本主义生产方式的辩证式批判来理解马克思主义的科学性、革命性;通过它对无产阶级任务和使命的

---

① 中共中央马克思恩格斯列宁斯大林著作编译局编:《马克思恩格斯文集》第一卷,人民出版社2009年版,第533页。

科学阐释来理解马克思主义的政治立场和远大理想。可以说,《共产党宣言》的文本精读有利于同学理解马克思主义的整体性内涵和其深远的时代价值。此外,《共产党宣言》思想深邃、语言流畅、文风犀利也非常适合学生们阅读。

2. 话语融合

马克思主义经典著作的传播和研究过程中,大量经典性的话语、金句被人们广泛引用。这些经典话语也成为我们理解马克思主义基本原理和观点的重要根据。如在讲授历史唯心主义错误和根源时,可以引用《神圣家族》中的语句,"它也把历史同自然科学和工业分开,认为历史的诞生地不是地上的粗糙的物质生产,而是天上的迷蒙的云兴雾聚之处"①,从而强调认识历史应该从社会的物质生产方式出发。再如在讲授无产阶级和人类解放时,可以结合"对宗教的批判最后归结为人是人的最高本质这样一个学说,从而也归结为这样的绝对命令:必须推翻使人成为被侮辱、被奴役、被遗弃和被蔑视的东西的一切关系"②"无产者在这个革命中失去的只是锁链。他们获得的将是整个世界"③等语句,这些话语传达了马克思主义的价值立场,学生们对于"解放"一词也有了更深刻的理解。

四、经典研读融入"原理"课教学应注意的几个问题

"原理"课程教学内容多,时间有限,如何有效运用经典文本和经典话语,发挥好经典研读的重要价值,还需要注意以下几个问题。

1. 运用经典要准确

准确性是研读经典、运用经典的第一原则,误读、错解经典会给学生带来理解上的混乱和思想上的困惑。因此,准确性是在"原理"课教学中务必要注意的,在运用和研读经典时要特别重视选用文本的时代背景和话语语境,准确地传达出语句和概念词语的核心含义和深层意思。如《关于费尔巴哈的提纲》中的"关于思维——离开实践的思维——的现实性或非现实性的争论,是一个纯粹经院

---

① 中共中央马克思恩格斯列宁斯大林著作编译局编:《马克思恩格斯文集》第一卷,人民出版社2009年版,第350页。

② 中共中央马克思恩格斯列宁斯大林著作编译局编:《马克思恩格斯文集》,人民出版社2009年版,第11页。

③ 中共中央马克思恩格斯列宁斯大林著作编译局编:《马克思恩格斯文集》第二卷,人民出版社2009年版,第66页。

哲学的问题"①,我们就需要解释清楚"经院哲学"所包含的主要内容。对于一些基本概念,如生产力、生产关系、资本等更需要全面正确考虑在不同经典文本中的表述,在不同的表述中有不同的语境,也就有了不同的所指。此外,在版本上要选用最新出版的中文文本,尽量不采用老旧本。

2.研读经典靠启发

启发性是引导学生研读经典、理解经典的基本方法,让学生带着问题去阅读文本,去探讨和研究相关问题,从而真正领悟学习经典、学习马克思主义的真谛。对于经典研读要从时代背景、中心大意、观点剖析、现实意义等不同层面启发和引导学生,从而让学生有的放失,提高研读经典的实效性。如学生在阅读《资本论》第一卷"商品"一章时,就可以设问:马克思是怎么分析商品在市场经济中的地位和作用的,马克思对商品是一种什么态度,肯定还是否定,怎么理解马克思提出的"商品"拜物教等相关问题,通过设计这些问题,来启发学生思考,加深对马克思主义商品理论的理解。

总之,研读和运用马克思主义经典著作对于提升"原理"课程教学水平具有重要意义,既是提高学生掌握马克思主义基本原理的有效教学方法,也是原理课程课内实践教学的重要形式。

项目基金:

本文系北京高校中国特色社会主义理论研究协同创新中心(北京外国语大学)和天津外国语大学本科教学质量与教学改革研究计划项目(课题编号:TJWD18D04)阶段性成果

---

① 中共中央马克思恩格斯列宁斯大林著作编译局编:《马克思恩格斯文集》第一卷,人民出版社2009年版,第500页。

"概论"课专题教学的典型案例剖析

——"新时代社会主义协商民主的思想和实践"示范课

吴 倩

摘 要: 社会主义协商民主是新时代中国特色社会主义民主政治的特有形式和独特优势,它植根于中华民族的优秀传统文化和中国共产党的民主政治实践探索。社会主义协商民主在本质属性上是人民当家作主的无产阶级民主,在实践传统上是党领导的政治协商实践的接续和发展。社会主义协商民主的政治实践有助于超越西方民主政治。

关键词: 新时代 民主 协商民主 政党制度

为充分发挥思政课教学在阐释习近平新时代中国特色社会主义思想中的主渠道作用,天津外国语大学"毛泽东思想和中国特色社会主义概论"课(以下简称"概论"课)教学安排了以此为主题的专题教学课程。本节专题示范课基于教师近五年研究社会主义协商民主的研究专长,旨在阐释以协商民主为典范的中国特色社会主义民主政治的独特优势。通过明确的问题意识、层层深入的启发引导、多样化的教学方法和良好的师生互动引导学生理解问题的深层意涵,深化其对新时代社会主义协商民主制度的理解,提升其对中国特色社会主义民主的理论自信、制度自信。

一、中西比较视野下的社会主义协商民主

本节专题课对应"概论"教材第十章第二节第二目"健全人民当家做主制度体系"。教材上讲,我国的中国特色社会主义民主是人民民主专政国体和中国特色社会主义根本政治制度、基本政治制度的统一。从总体上讲,我国人民当家做主制度体系的制度框架包括国体(人民民主专政制度)、政体(人民代表大会制度)、政党制度(中国共产党领导的多党合作和政治协商制度)以及民族区域自治制度、基层群众自治制度。"新时代社会主义协商民主的思想和实践"是教材改版后新增的一块儿内容,着重突出社会主义协商民主的独特实践和独特优势。

当今世界,关于民主的讨论众说纷纭。大家都认同民主是世界政治文明发展的大方向,但是民主的道路则是多种多样的。在不同国家摸索出的不同的民主道路中,中国人的民主道路的一个典型特点是协商民主。

虽然在我们国家,"协商民主"这个词出现的比较晚,但是在党的治国理政实践中,与各民主党派协商议政的做法是很早就出现了。早在中华人民共和国成立之前,毛泽东同志就讲到:"一个党同一个人一样,耳边很需要听到不同的声音。"[1]这里"不同的声音"讲的就是不同意见的理性协商对于党中央决策的重要作用。在此基础上,党的协商民主的理论和实践探索不断向前发展,到了十九大报告,给出了关于协商民主的最质朴的解释:"有事好商量,众人的事情由众人商量,是人民民主的真谛。"[2]

所谓协商民主,指的就是用商量的方式来参与国家决策,对国家大事和老百姓关心的问题做出决策。

下面这则材料是 2017 年 3 月 4 日,两会期间,习近平同志第一次下团组看望参加全国政协十三届一次会议的民盟、致公党、无党派人士、侨联界委员,并于联组会时发表重要讲话。这则材料后来被收入《习近平新时代中国特色社会主义思想学习纲要》。"中国共产党领导的多党合作和政治协商制度作为我国一项基

---

[1] 毛泽东:《关于正确处理人民内部矛盾的问题》,《毛泽东文集》第七卷,人民出版社 1999 年版,第235 页。

[2] 习近平:《决胜全面建成小康社会,夺取新时代中国特色社会主义伟大胜利——在中国共产党第十九次全国代表大会上的讲话》,人民出版社 2017 年版。

本政治制度,是中国共产党、中国人民和各民主党派、无党派人士的伟大政治创造,是从中国土壤中生长出来的新型政党制度。"①

中国特色社会主义协商民主作为植根于中华民族的优秀传统文化和中国共产党的民主政治实践探索的新型政党制度,一方面体现出中国实践、中国文化的独特性,另一方面也从中国经验的角度为世界范围内的民主政治难题贡献出中国方案。

说到世界范围内的民主政治难题,我们不得不谈到西方,西方作为民主政治的发源地,西方式的民主制度一度被很多人和很多国家视为民主政治的典范模式。那么,是不是这样呢?西方民主是完美无缺的政治制度吗?是放之四海而皆准的普遍真理吗?其他国家要实行民主政治就只有照搬西方国家民主制这一条路线可走吗?我们来看这段文献,这段话很有针对性地提出了协商民主的三个"新就新在",我们认为这三个"新就新在"非常明确地讲清了新时代中国特色社会主义协商民主的优势,尤其是相对于西方国家民主政治的弊端、在比较之中凸显出来的我国协商民主的优势。

"说它是新型政党制度,新就新在它是马克思主义政党理论同中国实际相结合的产物,能够真实、广泛、持久代表和实现最广大人民根本利益、全国各族各界根本利益,有效避免了旧式政党制度代表少数人、少数利益集团的弊端;新就新在它把各个政党和无党派人士紧密团结起来、为着共同目标而奋斗,有效避免了一党缺乏监督或者多党轮流坐庄、恶性竞争的弊端;新就新在它通过制度化、程序化、规范化的安排集中各种意见和建议,推动决策科学化民主化,有效避免了旧式政党制度囿于党派利益、阶级利益、区域和集团利益决策施政导致社会撕裂的弊端。"②

那么,请大家进一步思考:什么叫多党轮流坐庄?什么叫多党恶性竞争?为何会引发社会撕裂?实际上,这种陈述背后体现出的正是西方世界正在运行选

---

① 中共中央宣传部:《习近平新时代中国特色社会主义思想学习纲要》,学习出版社、人民出版社2019 年版,第 128 页。

② 中共中央宣传部:《习近平新时代中国特色社会主义思想学习纲要》,学习出版社、人民出版社2019 年版,第 128 页。

举民主制这种主流民主方案的缺陷和问题。那么,为什么说协商民主能够对这些问题有所贡献呢? 我们认为,协商民主在一定意义上能够克服西方民主制的上述弊端。

西方民主制作为一个源远流长的政治制度确实有其优势所在,但是随着历次总统大选、各种选举怪相的发生,我们也慢慢发现,西方民主制并不是完美无缺的。美国 2016 年总统大选暴露出西方民主制度的两个弊端:一是多党博弈、相互拆台导致恶性竞争、效率低下,从而引发社会撕裂;二是多党竞争难以代表全体人民,实为富人游戏,依然代表资产阶级少数派。

分析起来,多党竞争表面代表人民,但实质上是富人游戏,只有拥有巨额财富支持的候选人才能上位,所以说选举是资产阶级利益集团竞力角逐的工具,其本质是权钱交易。那么在这个意义上我们可以进一步去分析,西方国家自从资产阶级掌握政权后,始终是试图通过制度设计、意识形态建构、思想观念驯化等多种方式掩盖国家的阶级本质,伪装其政权具有人民性、政治具有公平性。民主选举就是这样一种制度设计,通过授权的方式把人民的权力转变为少数代理者的权力,实现后者统治的合法化,并以形式上的平等自由参与掩盖选举过程的不公平和结果的不公正。但它的实质依然是代表少数人和少数利益集团的利益的。由此,我们进一步明确我们的观点:新时代中国特色社会主义的协商民主在一定意义上是针对西方民主政治的弊端提出来的。

二、社会主义协商民主的独特优势

这个问题,我们可以从它的本质属性、实践传统和历史渊源三个方面来讲解。

首先,从本质属性上看,我们的社会主义协商民主是人民当家作主的无产阶级民主。

协商民主是中国特色社会主义民主的一部分,是以马克思主义为指导的无产阶级民主。我们深入分析民主的理论和实践就会发现,世界上并不存在统一的民主理论,也不存在普遍适用的民主实践。马克思主义认为,民主是有阶级性的,它作为一种政治制度归根到底是由一定的经济基础所决定。如果我们从历史过程去追溯,很明显西方现代民主政治建立的过程就是资产阶级的夺权历程。

17 世纪后期大约两百年时间里,资产阶级代议制民主在英、美、法、德等国先后建立。比如最早的英国资产阶级革命为了资产阶级的话语权发动一系列斗争,最终通过了《权利法案》,通过设置议会的方式来限制君主权力,把国家主要权力掌握在资产阶级手中,确立资产阶级民主政治。马克思早就一针见血地指出,国家本质上是阶级统治工具。自从资产阶级掌握政权后,就一直通过制度设计、意识形态建构、思想观念驯化等多种方式掩盖国家的阶级本质,伪装其政权具有人民性、政治具有公平性。民主选举就是这样一种制度设计,通过授权的方式把人民的权力转变为少数代理者的权力,实现后者统治的合法化,并以形式上的平等自由参与掩盖选举过程的不公平和结果的不公正。与此相比,社会主义协商民主建立在生产资料公有制基础上,是无产阶级的民主、多数人的民主。我们知道社会主义社会的建立不是用一种剥削制度取代另一种剥削制度,而是消灭剥削,使无产阶级上升为统治阶级,使劳动人民成为国家的主人。因此社会主义的协商民主是在党的领导下实现人民当家做主,能够真实、广泛、持久代表和实现最广大人民根本利益、全国各族各界根本利益,能够有效避免旧式政党制度代表少数人、少数利益集团的弊端。

其次,从实践传统来看,社会主义协商民主是党领导的政治协商实践的接续和发展。

1. 抗战时期延安的"三三制"民主政权是协商民主的最初形式

1940 年,中共中央发出《抗日根据地的政权问题》,指出抗日时期我们的政权是民族统一战线的,它的构成实行"三三制",即"共产党员占三分之一,非党的左派进步分子占三分之一,不左不右的中间派占三分之一",从而发展进步势力、争取中间势力、孤立顽固势力。中国共产党与其他党派平等对话,有事情大家商量、有困难共同面对,在民主协商中求同存异、实现团结。

2. 第一届政治协商会议宣告中华人民共和国成立是协商民主的重要成就

新时代中国特色社会主义协商民主接续了近代以来党领导的多党合作和政治协商制度。我国社会主义协商民主具有深厚的实践基础和丰富的实践经验,在中国革命、建设和改革的历史进程中发挥了重要作用。解放战争时期,中国共产党与各民主党派平等交流,通过民主协商共同讨论建立了民主联合政府;1949

年中华人民共和国成立前夕,中国人民政治协商会议第一届全体会议代行全国人民代表大会的职权,讨论通过了中华人民共和国的国都、国旗、国歌等重要决议,宣告了中华人民共和国的成立;1954 年我国召开全国人民代表大会之后,党中央决定保留人民政协,由此形成了我国独特的选举民主与协商民主相结合的"两会"这一中国特色社会主义民主政治的重要形式;1993 年,中国共产党领导的多党合作和政治协商制度作为一项基本政治制度被庄严写入宪法;21 世纪以来,中国共产党继续领导各民主党派推进协商民主实践,党的十八大报告提出"健全社会主义协商民主制度",党的十九大报告进一步阐明"协商民主是实现党的领导的重要方式,是我国社会主义民主政治的特有形式和独特优势。"

3. 社会主义协商民主的现代发展

在当代中国,社会主义协商民主的实践形式主要有政党协商、政府协商、政协协商、人大协商、基层协商、人民团体协商、社会组织协商。总的发展趋势是广泛、多层、制度化。

我们在这儿需要强调一个概念是:协商民主不等同于"中国共产党领导的多党合作和政治协商制度",虽然这种政党制度是协商民主的重要内容之一。可以说协商民主包括但并不局限于政党制度。所以说,不仅仅我们的政协会议叫作协商民主,协商民主还有很多其他方式,我们课本上讲到了政党协商、人大协商、政府协商、政协协商、人民团体协商、基层协商和社会组织协商等方面。也就是说,协商民主是中国政治运行过程中形成决策的一种独特方式,可以用于政党之间、政府部门之间、政府和人大之间、人大内部、社会组织之间,以及基层社区或乡村等领域。

项目基金:

本文系"北京高校中国特色社会主义理论研究协同创新中心"(北京外国语大学)阶段性成果。

"三因"理念融入思想政治理论课教学探析

——以"新民主主义革命理论"一章教学为例

吴 松

摘 要:以"新民主主义革命理论"一章为例,分析阐述在思想政治理论课实践教学过程中如何运用习近平同志提出的"三因"理论指导教学,达到不断提高学生的理论思维能力、辩证地分析事物的能力以及塑造学生正确的价值观的目的。

关键词:"三因" 思想政治理论课 新民主主义革命理论

习近平同志在全国高校思想政治工作会议上指出:"做好高校思想政治工作,要因事而化、因时而进、因势而新……思想政治理论课要坚持在改进中加强,提升思想政治教育亲和力和针对性,满足学生成长发展需要的期待。"众所周知,思想政治理论课是高校思想政治工作的主阵地,科学地认识社会现实、深入地把握思政课教学规律、用先进的教学理念指导教学实践是思政课教学的内在要求。习近平同志的"三因"理论是新时代高校思想政治工作的指南,为破解高校思想思想政治工作中的难题指明了方向。

所谓"因事而化"指的是运用马克思主义的基本观点对某一时期社会中的突发事件、热点事件和人民群众关心事件作出积极合理的呼应。侧重于思想政治理论课的时效性与实效性的统一。

所谓"因时而进"指的思想政治理论课要随着时代的变迁,社会的进步,积极运用新的教学手段,新的社会实践阐释马克思主义理论,赋予其时代意义,侧重于思想政治理论课的继承性与开拓性的统一。

所谓"因势而新"指的思想政治理论课要准确判断社会历史发展方向,教育学生认清人类社会和社会主义建设发展的大势,不仅要把个人理想追求融入国家民族事业中,更要勇于在符合社会历史发展规律的基础上从事实践活动,这样才能实现人生价值。侧重于思想政治课实践性与时代性的统一。

把习近平同志"三因"理念融入思想政治理论课教学中,是新时代思想政治课教师应该学会和掌握的基本方法之一。下面试以"毛泽东思想和中国特色社会主义理论体系概论"中的"新民主主义革命理论"一章为例,分析如何把"三因"理念运用到实际的教学中。

"新民主主义革命理论"是毛泽东思想重要构成部分,是毛泽东思想成熟的主要标志,其思想博大精深,意义深远持久。这一章包含三个主要内容:其一是新民主主义革命理论形成的条件,近代以来中国沦为半殖民地半封建社会,帝国主义和中华民族的矛盾,封建主义和人民大众的矛盾成为当时中国社会的主要矛盾。由此拉开了中国人民挽救民族危亡,争取民族独立和人民民主的史诗般的革命运动。毛泽东新民主主义革命理论就是在此基础上形成的。其二是新民主主义革命的总路线和基本纲领。毛泽东深刻地指出新民主主义革命是"就是对外推翻帝国主义压迫的民族革命和对内推翻封建地主压迫的民主革命,而最主要的任务是推翻帝国主义的民族革命",深入阐释了新民主主义革命的政治纲领、经济纲领和文化纲领。其三是新民主主义革命的道路和基本经验。毛泽东带领中国人民找到了一条不同于苏联的革命道路,即农村包围城市武装夺取政权,并为革命胜利提供了三个法宝:统一战线、武装斗争和党的建设。

新民主主义革命理论绝不能仅仅停留在对文本的解读,局限于彼时彼刻。教学过程中,既要向学生讲清历史语境中的理论内涵,又要发掘理论本身的张力和生命力,以便用于分析理解此时此刻的社会现实,让学生切身体会到思想的力量。还要通过教学进一步塑造学生的理论思维能力、辩证地分析事物的能力,形成正确的价值观。

一、"因事而化"化解社会焦点问题,解析典型事例

我国高校思想政治理论课教学不仅承担传授马克思主义理论知识的任务,还承担着培养学生辩证思维习惯,正确认识世界的能力,帮助学生树立正确的价值观,坚定理想信念,勇于投身改革开放的伟大实践,做坚定的社会主义事业接班人的任务。将"培养什么样的人""为谁培养人"的标尺贯穿整个教育教学活动中。

社会实践瞬息万变,突发事件层出不穷,焦点热点问题时常困惑着成长中的青少年。化解学生成长中遇到的社会重大问题和自身成长中的小问题,是思想政治教育理论工作者经常性的工作。思政课教师应该善于做到理论联系实际,用鲜活的实际生活为灰色艰涩的理论赋予美丽的色彩,尤其是分析学生成长中的典型社会事例,用理论的力量帮助学生稀释不良情绪,完善人格品质,牢固理想信念,坚定政治立场这就基本做到了"因事而化"。

"新民主主义革命理论"这一章的核心部分就是讲解新民主主义革命总路线。新民主主义总路线是毛泽东同志在 1948 年《在晋绥干部会议上的讲话》完整表述出来的,即"在无产阶级领导之下的人民大众的反帝反封建的革命"。文章虽然简短,却包含着丰富的内容,它指出了新民主主义革命的领导阶级、革命的动力、革命的对象和革命的性质。毛泽东在《中国社会各阶级的分析》开门见山地指出:"谁是我们的敌人?谁是我们的朋友?这个问题是革命的首要问题。"在整个新民主主义革命期间,我们主要的敌人就是帝国主义、封建主义和官僚资本主义。其中帝国主义是造成旧中国贫困落后的根源所在,是我们最主要的敌人。

帝国主义发动的侵略战争是非正义的,给中国带来了严重的灾难,中国人民长期生活在水深火热之中。在反对帝国主义的斗争中,中国人民涌现出了无数可歌可泣的英雄人物,他们为了国家独立、人民富强抛头颅洒热血,而中国共产党人就是其中最杰出的代表。分析和理解帝国主义侵略战争的非正义性和掠夺性是比较容易的,详实的史料足以支撑论点。然而进一步从理论上厘清帝国主义侵略战争的两面性就相对困难了,学生就容易出现困惑。

马克思在《大不列颠在印度的统治》一文中指出殖民主义充当了"历史的不

自觉的工具",也就是承认帝国主义在对外侵略的过程中,在一定程度上确实起到了进步的作用,虽然是"不自觉的"。但此种进步性不能从根本否定侵略战争的非正义性和反人类性。马克思尖锐地指出资产阶级"难道它不使个人和整个民族遭受流血与污秽、蒙受苦难与屈辱就实现过什么进步吗?"时至今日,我国社会出现了一股"历史虚无主义"思潮,大肆美化侵略战争、宣传"侵略有功论",其中"精日"分子的言行就是历史的照妖镜,他们看似言之凿凿,实际早已谬之千里。因此,结合新民主主义革命总路线完成对历史虚无主义的批判就显得十分之必要了,正如习近平同志指出的"我们不是历史虚无主义者,也不是文化虚无主义者,不能数典忘祖、妄自菲薄"。

二、"因时而进"跟进时代脚步,架构历史桥梁

关于世界是不断发展和普遍联系的思想是马克思主义的基本观点。习近平同志强调"纵观世界文明发展史,人类先后经历了农业革命、工业革命、信息革命。每一次产业技术革命,都给人类生产生活带来巨大而深刻的影响。现在,以互联网为代表的信息技术日新月异,引领了社会生产新变革,创造了人类生活新空间,拓展了国家治理新领域,极大提高了人类认识水平,认识世界、改造世界的能力得到了极大提高"。科技的巨大进步,推动着时代的发展,社会的变迁,这就要求思想政治理论课教师不能因循守旧,要紧跟时代步伐,不仅要关注科技的进步,更要关注国际国内的最新思潮,坚持用马克思主义的立场、观点、方法分析研究解决新时代的新问题,使马克思主义永葆时代气息。正如习近平同志在学校思想政治理论课教师座谈会强调那样,思政课教师"思维要新,学会辩证唯物主义和历史唯物主义,创新课堂教学,给学生深刻的学习体验,引导学生树立正确的理想信念、学会正确的思维方法"。

"新民主主义革命理论"讲述的主要是1919年到1949年新民主主义革命时期的党的理论成就。因此有人认为理论时间久远,进而忽视甚至否定学习新民主主义理论的重要性。其实无论是教授理论还是学习理论,都不是为了理论而理论。通过学习,我们要达到既要掌握理论本身,还要用理论指导我们的实践,在历史与现实、理论与实践架起逻辑桥梁的目的。

从炮火纷飞的战争年代到欣欣向荣的社会主义建设时期,我们党的历史地位已经发生了重要变化。正如党的十六大报告指出："我们党历经革命、建设和改革，已经从领导人民为夺取全国政权而奋斗的党，成为领导人民掌握全国政权并长期执政的党，已经从受到外部封锁和实行计划经济条件下领导国家建设的党，成为对外开放和发展社会主义市场经济条件下领导国家建设的党。"中国取得了举世瞩目的成就，尤其是党的十八大以来，以习近平同志为核心的党中央带领全国各族人民，在新理念、新思想、新战略的指导下，克服重重困难，推动着社会主义事业不断前进，解决了许多长期想解决而没有解决的难题，办成了许多过去想办而没有办成的大事。然而面对成绩，部分党员干部出现了思想松懈，作风懒散、纪律松弛的现象，尤其是形式主义、官僚主义、享乐主义和奢靡之风为内容的"四风"大有愈演愈烈之势。正如习近平同志指出："这么多年，作风问题我们一直在抓，但很多问题不仅没有解决、反而愈演愈烈，一些不良作风像割韭菜一样，割了一茬长一茬。"面对党所面临的新形势，时代的新问题，习近平同志在庆祝中国共产党成立 95 周年大会上，深刻阐述不忘初心、继续前进的重要思想。

初心的始基在哪儿呢？这就必须追溯到建党之初，而新民主主义革命理论恰是这一时期党的最重要的理论成果。习近平同志指出"我们看世界，不能被乱花迷眼，也不能被浮云遮眼，而要端起历史规律的望远镜去细心观望。"学习新民主主义革命理论就要和新时代联系起来，就要和党的初心联系起来，才能使我们更好理解党的初心、坚持党的初心、践行党的初心。新民主主义革命理论以丰富的内容，严谨的结构，透过纷繁复杂的历史现实，从理论的高度阐释了中国共产党人建党初心，即领导人民大众，推翻"三座大山"的黑暗统治，谋求国家独立和人民幸福。"建成社会主义现代化强国，实现中华民族伟大复兴，是一场接力跑。"我们党凝神聚力初心不改，坚持为中国人民谋幸福，为中华民族谋复兴，"一棒接着一棒跑下去，每一代人都要为下一代人跑出一个好成绩"。

在"新民主主义革命理论"一章中给学生揭示出中国共产党的初心的形成，不仅增强了理解掌握新时代新习近平同志提出的"不忘初心，牢记使命"思想的历史厚重感，同时也为新民主主义革命理论增加了强烈的时代气息，架好了历史通往现实的桥梁，有利于学生树立正确的历史观、价值观。

三、"因势而新"把脉历史大势,顺应社会潮流

马克思通过对资本主义社会的研究,深刻阐释了人类社会发展的动力,揭示出"两个必然"的历史规律的。所谓规律是事物运动发展过程中固有的、本质的、必然的、稳定的联系。唯物辩证法的规律揭示了事物发展的态势和方向,这就是中国传统文化和哲学中一个重要的概念"势",用以说明在内外因素影响下形成的一个环境、一种趋向。

习近平同志指出,我们要"观大势、谋大事,牢牢把握工作主动权";要"增强世界眼光、历史眼光,提高观大势、定大局、谋大事的能力";要"谋划大棋局,既要谋子更要谋势"。我们只有用马克思主义的宽广视野观察社会,才能真正地理解把握社会主义建设发展的大势,人类社会发展的大势,才能顺势而为,推陈出新,迎来中华民族的伟大复兴。思想政治理论课教学就要引导学生认识社会发展的大势,顺应大势,而不是逆潮流而动,把个人的理想和祖国和社会的发展需要结合起来才能有所作为,实现人生价值。

1919 年"五四运动"以来,中国工人阶级作为独立的政治力量登上了历史舞台,表现出了巨大的革新力量,成了领导中国新民主主义革命的领导力量。面对山河破碎,国家危亡,各种社会思潮风起云涌,保守主义、自由主义、新村主义、无政府主义等纷纷粉墨登场,都希望在未来中国的发展中占有一席之地。然而只有马克思主义能够科学的判断社会发展规律,能够掌握群众。"理论一经掌握群众,也会变成物质的力量。"自从中国人民找到了马克思主义,中国革命的面貌便焕然一新了。一大批杰出的知识青年成为了马克思主义者,陈独秀、李大钊、毛泽东、蔡和森、周恩来、恽代英都先后走上了无产阶级革命的道路,把推翻旧制度作为自己的奋斗目标。

新民主主义革命时期,一大批热血青年拥抱时代,在赢得国家民族独立的过程中,实现了个人理想,为我们树立了光辉典范。新时代,广大青年学生应该继承先辈遗志,发扬光荣传统,正确处理个人和集体的关系,主动把自己汇入到社会主义建设的洪流中,这样才能成为推动社会前进的进步力量。

参考文献:

[1] 毛泽东.毛泽东选集:第2卷[M].北京:人民出版社,1991.

[2] 毛泽东.毛泽东选集:第2卷[M].北京:人民出版社,1991.

[3] 毛泽东.毛泽东选集:第1卷[M].北京,人民出版社,1991.

[4] 习近平在第二届世界互联网大会开幕式上的讲话 http://www. xinhua-net. com//world/2015 – 12/16/c_1117481089. htm.

[5] 习近平在学校思想政治理论课教师座谈会并发表重要讲话 http://www. qstheory. cn/zhuanqu/2019 – 03/19/c_1124254866. htm.

[6] 习近平在党的群众路线教育实践活动总结大会上的讲话 http://www. xinhuanet. com/politics/2014 – 10/08/c_1112740663_5. htm.

[7] 习近平在中央外事工作会议的讲话 http://www. xinhuanet. com/politics/2014 – 11/29/c_1113457723. htm.

[8] 习近平:在庆祝改革开放40周年大会上的讲话 http://www. xinhuanet. com/politics/leaders/2018 – 12/18/c_1123868586. htm? baike.

[9] 马克思,恩格斯.马克思恩格斯选集:第1卷[M].北京:人民出版社,1995.

试论如何打造"配方新颖、工艺精湛、包装时尚"的思政课金课

郑海呐

摘　要: 为贯彻落实习近平同志在全国高校思想政治工作会议上的重要讲话精神,教育部党组书记、部长陈宝生提出使思政课教学的"配方"更加新颖,"工艺"更加精湛,"包装"更加时尚有特色,本文探讨了其提出的历史背景、科学内涵及打造的路径,提出要发挥思想政治理论课教师积极性、主动性、创造性,用好课堂教学主渠道,提高亲和力和针对性及探索思政课与现代信息技术高度融合的方式。

关键词: 思政课金课

一、"配方新颖、工艺精湛、包装时尚"思政课金课的提出

1. 党和国家对思政课的高度重视

党的十八大以来,以习近平同志为核心的党中央高度重视高校思政课建设,作出一系列重要指示,为思政课建设指明前进方向。2016年底,党中央召开全国高校思想政治工作会议,习近平同志出席会议并发表重要讲话,进一步明确指出,要用好课堂教学这个主渠道,思政课要坚持在改进中加强,提升思想政治教育亲和力和针对性,满足学生成长发展需求和期待。为贯彻落实习近平同志在全国高校思想政治工作会议上的重要讲话精神,教育部党组书记、部长陈宝生提

出要打三场战役,其中至关重要的一场就是提高高校思政课质量和水平的攻坚战。打赢攻坚战要以思路攻坚、师资攻坚、教材攻坚、教法攻坚、机制攻坚"五个攻坚"为突破口,使思政课教学的"配方"更加新颖,"工艺"更加精湛,"包装"更加时尚有特色,从而不断提高思政课教学的亲和力和针对性,不断提高学生的到课率,抬头率和满意率,增强学生的获得感。2019 年 3 月 18 日,习近平同志在学校思政课教师座谈会上发表重要讲话,提出了推动思政课改革创新的"八个统一"的要求,思政课建设只能加强,不能削弱,全面提高思政课质量和水平。

2. 当前高校思政课建设存在的问题

(1)教学内容不能满足大学生的需求,拥有获得感

由于思想政治理论课是国家规定课程,统一使用中央马克思主义理论研究和建设工程统编教材,因此,一些思想政治理论课教师在思想上存在误解,认为自己上课的任务就是把中央马克思主义理论研究与建设工程教材内容在课堂进行系统阐述,把教材体系转化为教学体系,存在着由概念而概念,从理论到理论的枯燥,没有在透彻讲解、循循善诱中让学生感受到思想理论的穿透力、牵引力,难以满足青年学生的理论学习与信仰教育的需求。同时存在理论与现实相脱节的问题,一些教师照本宣科,自说自话,缺乏对现实问题的关注,脱离学生实际大谈世界观、人生观、价值观等,教学内容不能从深层次解决学生成长过程中的思想理论困惑。

(2)教学方法缺乏多样性和创新性

作为思政课教学的重要载体和途径,教学方法是联结思政课教材与大学生的桥梁与纽带,直接影响思政课的教学效果。然而长期以来,高校思政课单一的教学方法阻碍了思政课的发展,缺乏多样性和创新性的教学方法使得教师和学生在教学过程中丧失热情。"教师灌,学生受"的填鸭式教学方法一直未有突破。虽然广大思政课教师在教学过程中经过不断摸索实践,采用了案例教学法、探究教学法、体验式教学、互动式教学、专题式教学、分众教学等,取得了一定的成效。但是在一些思政课上仍然存在着沿用单一的传统教学教学方法为主的现象,主要是灌输的教学方法,教师在上面讲,学生在下面听,不提问,不作答,不讨论,部分教师课堂成了教师个人展示的舞台,学生的主体性和积极性都淹没其中。缺

乏教师与学生间互动,学生与学生间互动。教学方法习惯大火猛攻,不善于小火慢炖。教学方式简单直接,缺少人文关怀的力量和温度。教师忙着上完课,学生忙着干自己的"私事",彼此互不打扰,相安无事,课堂也可能平平静静,但是毫无生机,教学没有吸引力,效果就差。

(3)教学手段较为单一,多媒体应用欠合理

随着信息化教学时代的来临,多媒体被运用到课堂上以辅助教学,但同时传统的粉笔教学手段几乎不再使用,现行教学手段依旧较为单一。多媒体教学手段的应用除了较为单一外,也有欠合理之处。一是多媒体的出现直接代替了教师成为课堂的主导,知识的灌输者只是从教师变为多媒体。部分教师更是过分依赖多媒体技术,将教学内容生硬地搬上多媒体,而没有考虑如何通过多媒体的利用来提高学生的参与性与教学的有效性。二是多媒体使用效率不高。将多媒体引入教学的根本目的是为了使知识能够通过一种新的形式更加有效地传递给学生以提高课堂的教学效果。而目前思政课堂上多媒体的应用仅仅局限于教学课件的展示,或是多媒体只是被当作吸引学生注意力的一个工具。

二、"配方新颖、工艺精湛、包装时尚"思政课金课的内涵

2019年8月,教育部专门印发了《关于狠抓新时代全国高等学校本科教育工作会议精神落实的通知》(教高函〔2018〕8号),提出高校应全面梳理各门课程的教学内容,淘汰"水课"、打造"金课",合理提升学业挑战度、增加课程难度、拓展课程深度,切实提高课程教学质量。那么,什么是"金课"?可以归结为"两性一度":高阶性、创新性和挑战度。所谓高阶性,就是知识、能力、素质有机融合,培养学生解决复杂问题的综合能力与高级思维。课程教学的过程并不只是单一的传授过程,且不只是简单的知识、能力、素质的结合。所谓创新性,主要体现在三个方面,一是课程内容有前沿性和时代性;要紧密结合时政与社会潮流,做到"不过时"。二是教学形式体现先进性和互动性,不是满堂灌,不是我讲你听。三是学习结果具有探究性和个性化,不是简单告诉你什么是对的、什么是错的,而是培养学生去探究,能够把学生的个性特点发挥出来。所谓挑战度,就是指课程一定要有一定难度,需要学生和老师一起"跳一跳"才能够得着,底线目标要树立的高一些,老师要认真花时间、花精力、花情感备课讲课,学生课上课下要有较多的

学习时间和思考作为保障。

"配方新颖、工艺精湛、包装时尚"思政课金课除了具备一般课程金课的特点之外,由于其本身的特殊性,还应该具备如下内涵:

1. 紧扣新时代,解决新问题

党的十九大指出,中国进入了新时代,面临百年未有之大变局,实现中华民族伟大复兴的历史重任。思想政治理论课是落实立德树人根本任务的关键课程,要求其教学内容要紧扣新时代新问题新现象。新时代国际国内出现的重大问题、思想潮流、社会现象等为思想政治理论课教学提出了"新的挑战"和"新的要求",要求教学内容及时回应、有效阐释,引导学生客观、理性地分析,从而最大程度地凝聚共识,增强大学生的时代担当。高校思想政治理论课教学内容贴近经济社会发展的实际,关注、回应新时代的重大理论与现实问题,是思想政治理论课教学坚持"问题导向"和强化"问题意识"的要求,也是彰显马克思主义的时代性和真理性的要求。教学内容着力化解学生的思想困惑,提升其思想理论素养。高校思想政治理论课教学须以学生的思想困惑为切入点进行内容设计,及时为学生"传道授业解惑",提高学生的思维能力、理论素养和思想觉悟,充分体现"学马列要精,要管用"的要求。以透彻的学理分析回应学生,以彻底的思想理论说服学生,用真理的强大力量引导学生,寓价值观引导于知识传授之中,传导主流意识形态,并敢于直面各种错误观点和思潮。

2. 探索新办法,增强吸引力

习近平同志在全国高校思政工作会议上指出:"好的思政工作应该像盐,但不能光吃盐,最好的方式是将盐溶解到各种食物中自然而然吸收。"办好思政课,就要在"放盐"的技术和艺术上多琢磨。让思政课"有滋有味"。如何"放盐"实际上就是解决思政课"工艺精湛"的问题。要坚持理论性和实践性相统一,统一性和多样性相统一,主导性和主体性相统一,灌输性和启发性相统一,显性教育和隐性教育相统一。要重视思政课的实践性,把思政小课堂同社会大课堂结合起来;要加大对学生的认知规律和接受特点的研究,创新方式、拓展渠道引导学生参与教学讨论,深入思考,水到渠成得出结论。

3. 利用新手段，激发新活力

当今时代，互联网突破了课堂和知识的传统边界，思政课创新改革，要树立"互联网＋"的教学理念，充分运用新媒体新技术，将思政工作的传统优势同信息技术高度融合，联通网上网下、课内课外，增强时代感和吸引力，新的历史条件下，互联网技术、新媒体技术迅速发展，学校教育教学也发生了巨大变化，多媒体设备、电子课件的运用逐渐改变着"一支粉笔写春秋"的单一的传统授课形式，视频、音频等音像材料的使用丰富了教学形式，增强了教学的直观感受。思想政治理论课从多媒体运用、教学资源库建设，到精品视频资源建设、网络 E 班，到微视频、微电影、微课程，到"慕课"，再到 SPOC（小规模限制性在线课程）平台建设和混合式教学模式探索等，都从一个方面见证了改革开放以来思想政治理论课教学方法与现代技术结合的轨迹。

三、打造"配方新颖、工艺精湛、包装时尚"思政课金课的路径

1. 关键要发挥思想政治理论课教师积极性、主动性、创造性

习近平同志在主持召开的学校思想政治理论课教师座谈会讲话中指出：办好思想政治理论课关键在教师，关键在发挥教师的积极性、主动性、创造性。思想政治理论课教师是课程的主要承担者，思想政治理论课教学活动中固然有很多"物"的因素，相比教材、教学大纲、学科知识体系、教学环境和条件等"物"的因素，教师是积极活动的主体。因此，办好思想政治理论课，主动权在思想政治理论课教师。打造"配方新颖、工艺精湛、包装时尚"思政课金课的关键是发挥思政课教师的主体性。"积极性"主要表征是教师工作的动力机制，"主动性"主要表征是教师工作的精神状态，"创造性"主要表征是教师工作的思路方法。

发挥思政课教师的积极性、主动性和创造性，首先体现在对统一教材内容的多样化、合理性诠释方面。思政课教材由国家统编，教师必须按照既定的教材内容开展教学活动。但是课堂教学则由不同的教师团队面对不同的学生群体，区域差异、校际差异、专业差异等都较为显著，具有明显的差异性与特殊性。教师就可以基于教材内容主题，选择不同视角进行多样化解读和诠释，从而将统一的教材内容转化为多样化的教学体系，通过创新丰富多彩的教学形式，激发学生学习兴趣。但是学生掌握知识只是做到了让思政知识"入脑"，让其"入心"才是最

终目标,只有"入心"才能够让思想政治理论内化于心、外化于行。

2. 用好课堂教学主渠道,提高亲和力和针对性

课堂教学是高等教育的最基本环节,学生获取知识的途径固然很多,但课堂学习更具基础性和系统性。高校要履行人才培养的职责,首先教师要回归课堂、用足用好课堂。思想政治理论课要坚持在改进中加强,在创新中提高,及时更新教学内容,丰富教学手段,不断改善课堂教学状况,防止形式化、表面化。正如习近平同志提出:"提升思想政治教育亲和力和针对性,满足学生成长发展需求和期待。"①

提升课堂的挑战性,激发学生的自主性。课堂教学有五重境界——沉默、问答、对话、质疑和辩论,质疑和辩论是高境界的课堂。用好主渠道就是要提升课堂的境界,改变课堂的沉默,追求以质疑、辩论形式为主的高境界课堂,帮助学生实现深度学习。教师可以开展"翻转课堂",进行混合式教学,充分调动学生的积极性和主动性。"翻转课堂"将课前、课中、课后等环节进行统一考虑,以师生之间的互动性作为课堂教学的重点内容。课前要求学生事先学习课程内容,协作完成学习任务;课中教师不再多做知识讲解,而是留出时间围绕有关问题或理论进行深入阐释、组织交流辩论或开展学生作品汇报等,实现深度学习。这种课堂"翻转"的教学模式能够让思政课教师有更多的精力,针对学生特点开展课堂交流活动,实现教学模式和教学流程再造,培养学生的高阶能力和高阶思维。同时注重联系学生思想实际。有针对性地回答一些深层次的认识问题,从"四个正确认识"的方面,即"正确认识世界和中国发展大势""正确认识中国特色和国际比较""正确认识时代责任和历史使命""正确认识远大抱负和脚踏实地"进行有针对性地回应。

3. 探索思政课与现代信息技术高度融合的方式

今天的思政课堂已全面进入网络化、移动化、数据化、个性化时代,微电影、微信公众号、"慕课"、微课、手机软件等形式让课上课下、线上线下融为一体。思

---

① 《习近平全国高校思想政治工作会议上强调:把思想政治工作贯穿教育教学全过程开创我国高等教育事业发展新局面》,《人民日报》2016 年 12 月 9 日。

政课应与现代信息技术高度融合,增强时代感和吸引力,真正成为高校思想政治教育"主渠道"。用网络助力教学,开展信息化条件下线上线下相结合的教学实践。着力加强新型互联网教学载体和新型教学媒介应用,将互联网平台和移动互联网平台有机结合助力思政课教学,实现现实与虚拟空间融合的多渠道、多手段理论教学和实践教学。推进信息化条件下的新式教学资源库和互动平台建设,打造服务于思政课教学的网络微课程和师生互动平台,以此实现思政课线下教学和线上教学的融通互补。一方面,能充分利用学生的碎片时间;另一方面,可以在网络和社交平台开辟思政教育教学的新领域,有利于营造轻松愉快的学习氛围。同时,为学生对思政教学理念和要求的实践提供便利条件。有了师生互动环节的出现,教师不再是教育教学开展中的单一力量。从学生的角度来说,教学方式的拓展使教学形式更加灵活,学生能更加便利结合自身情况进行思政课程学习,有目的地在学习和交流中提出问题、解决问题,取得切实的教育教学效果。而从教师的角度来说,互动教学模式为教师了解和观察学生思想道德水平和思想意识动态提供了一个良好的途径,能帮助教师在日常与学生的交流中获得更多信息反馈,保证教师通过科学的指导和帮助,切实解决学生遇到的实际问题。

参考文献:

[1] 习近平主持召开学校思想政治理论课教师座谈会强调:用新时代中国特色社会主义思想铸魂育人贯彻党的教育方针落实立德树人根本任务[N].人民日报,2019-03-19.

项目基金:

天津市哲学社会科学思政课专项,《新媒体微信融入思政课课堂教学的实践路径及优化研究》TJSZZX17-029,北京高校中国特色社会主义理论研究协同创新中心(北京外国语大学)项目阶段性成果。

借助"移动的课堂"，传播新时代中国特色社会主义思想

陈海平

摘　要：学习和传播新时代中国特色社会主义思想，是广大思政课教师和当代大学生的政治使命。借助微信公众号"天外思政课"——"移动的课堂"，做到课堂上下结合、线上线下互补，透过中华优秀传统文化，领会和传播新时代中国特色社会主义思想。

关键词：微信公众号　"移动的课堂"　习近平用典

中华文化博大精深、源远流长，习近平同志善于引经据典，运用传统文化典故和古人的智慧，阐释新时代中国特色社会主义思想，赋予中华优秀传统文化以鲜活的当代价值和时代意义的同时，使得新时代中国特色社会主义思想得以生动、形象的表达和传播。

为了学习传播新时代中国特色社会主义思想，增强思想政治理论课的生动性、深刻性、历史性，天津外国语大学马克思主义学院"毛泽东思想和中国特色社会主义理论体系概论"（以下简称"概论"）课程组积极尝试新的教学方式方法。"概论"课程组于 2018 年以"习近平用典与思政课专题式教学改革"为题目申报了天津外国语大学 2018 年度"本科教学质量与教学改革研究计划项目"，获批为学校重点教改项目。自课题立项以来，在课题组成员和同学们的共同努力下，积

极进行思想政治理论课教学方式方法的改革,在教学实践中以习近平用典为授课切入点,利用微信公众号,开设"习近平用典"与思想政治理论课有机结合的途径。

一、结合学生实际情况,推送专题式学习"用典"

我们结合大学生的思想状况,把习近平同志近年来在不同场合引用的古诗文,分门别类做成专题式"习近平用典",继而把这种专题式教学资源,分期分批地推送到"移动的课堂"——"天外思政课"微信公众号。

1. 读原著、学原文、悟原理

认真研读习近平同志文章和讲话,找出"用典"的原文出处,重点阅读《习近平谈治国理政》(外文出版社 2016 年版)、《习近平谈治国理政》(第二卷,外文出版社 2018 年版)、《摆脱贫困》(习近平著,福建人民出版社 1992 年版)、《之江新语》(习近平著,江苏人民出版社,2007 年版)、《干在实处、走在前列》《习近平在正定》等,把党的十八大以来习近平同志的重要讲话,尤其以《十九大报告》作为我们参考学习的重要依据,找出习近平同志引经据典的具体"场合",比如在学习研读《共同构建人类命运共同体》(《习近平谈治国理政》第二卷)中发现习近平同志"单者易折,众则难摧"用典,在学习研读《携手追寻民族复兴梦——在印度世界事物委员会的演讲》等文中引用了"己欲立而立人,己欲达而达人"古语等。

2. 分门别类

把习近平用典作专题式分门别类,大致分为"敬民篇""为政篇""立德篇""修身篇""笃行篇""劝学篇""团结篇""天下篇""廉政篇""信念篇""创新篇""法治篇""辩证篇"等 13 个专题组成,比如,我们把"单者易折,众则难摧"用典归类为"团结篇",把"己欲立而立人,己欲达而达人"古语归类为"立德篇"等。这一环节的分门别类工作,是为上联古诗文、下接新思想做准备。目的是在习近平用典—传统古诗文—习近平新时代中国特色社会主义思想,这三者找到对应点和契合点。

3. 尊重原文,防止断章取义

把"用典"所在的原文段落,相对完整得复制出来,复制"用典"段落的目的是争取在原文中结合上下文,学习解读习近平同志引用古诗文的目的和想表达的含义。比如,"单者易折,众则难摧"用典在习近平同志的讲话中是这样表述的:"——坚持共建共享,建设一个普遍安全的世界。世上没有绝对安全的世外桃源,一国的安全不能建立在别国的动荡之上,他国的威胁也可能成为本国的挑战。邻居出了问题,不能光想着扎好自家篱笆,而应该去帮一把。'单者易折,众则难摧。'各方应该树立共同、综合、合作、可持续的安全观。"我们把这个段落完整复制过来,目的是让同学们在学习习近平同志讲话中,能够承上启下,防止断章取义。

4. 找出古诗文的原典及其释义,做成专题定期推送

习近平同志对我国传统经典著作学习研究广泛深入,功底深厚,"用典"涉及《论语》《礼记》《孟子》《荀子》《尚书》《二程集》等多部传统经典著作。我们围绕推送的专题,有针对性地查找"用典"原籍,并找出原典的释义,把习近平用典划分为13个不同的专题,一期一个专题,每周推送一期"学习用典",每个专题推送一篇,每篇内容结构包括:用典及场合、原典解读、原典出处、学生学习感悟等五个环节,每篇留给学生的作业是要求学生写出学习体会和感悟。例如:

习近平用典"敬民篇":"人视水见形,视民知治不。"

使用场合:2014年1月20日习近平《在党的群众路线教育实践活动第一批总结暨第二批部署会议上的讲话》

原典解读:"司马迁在《史记》上说'人视水见行,视民知治不。'说的是人从水中能看到自己的形象,观察人民就能知道治理的好不好,每个党员干部都要主动把自己置于社会和群众监督之下,改什么,怎么改,改得怎么样,要让群众看清楚。"

原典出处:(西汉)司马迁《史记·殷本纪》:"汤征诸侯。葛伯不祀,汤始伐之。汤曰:'予有言:人视水见形,视民知治不。伊尹曰:'明哉!言能听,道乃进。君国子民,为善者皆在王官。勉哉,勉哉!'汤曰:'汝不能敬命,予大罚殛之,无有攸赦。'作汤征。"

学习感悟:请同学们谈谈学习感悟。(标注班级姓名)

二、借助"移动的课堂",充分利用现代科技创新教学手段

通过微信公众号"天外思政课"平台推送上线,让学生充分利用自媒体手段,实现对习近平新时代中国特色社会主义的时空错位学习,大大提高了学习的灵活性。微信公众号"天外思政课"是我们在主课堂之外传播马克思主义的另一个重要平台,利用这个会"移动的课堂",为同学们学习"习近平用典"提供帮助,在教学实践中取得了良好的教学效果。

人人关注微信公众号,全员参与互动交流。对于"天外思政课"微信公众号,我们强调"人人关注、关注四年",把"天外思政课"公众号做成师生互动的线上媒介和平台,做成学生借助网络学习思想政治理论的重要平台。我们在大一新生开始上课的第一周,就要求学生必须人人关注微信公众号"天外思政课",为此我们动态开设有"学习园地""时事政治""榜样的力量""学习体会"等栏目,最近我们又增开了"习近平用典"学习栏目,目的是充分利用自媒体技术手段,将传统文化与习近平新时代中国特色社会主义思想,有机结合起来。同时错开学习时间和空间,有利于学生把零星时间、课外时间、闲散时间、上网时间充分转移到学习上来。

三、借助"移动的课堂",学习新时代中国特色社会主义思想的收获

1. 实现了教学方式的创新

利用微信公众号这一会"移动的课堂"学习习近平用典,发挥了课堂教学与课下教学、线下学习与线上学习的优势互补作用,拓宽了教学渠道,增加了学习的灵活性。从学生角度讲,能够使学生的课下时间、零星时间得到充分合理利用;从教学模式讲,打破了时空一体的传统教学模式,实现了错位时空条件下教学活动的完成。不在同一个时间和同一个空间,也可以进行教学活动、也可以完成教学任务;从教学手段看,利用自媒体技术和工具,实现了线上与线下的结合、网上与网下的联动,激发了学生的学习兴趣,增强了学生学习的积极性和主动性。

2. 在传承与创新中对新思想的理解得到升华

充分利用"移动的课堂",将中国优秀传统文化、习近平新时代中国特色社会主义思想、思想政治理论课三者有机结合起来。继承了传统优秀文化,又创新了

思政课教学，又实现了新时代中国特色社会主义思想生动融入头脑的目的，实现了三者的有机结合。这个对接过程是将新时代中国特色社会主义思想生动诠释并传播的过程，同时还是将博大精深的中国优秀传统文化发扬光大的过程，在这个过程中师生一起悉心研读大量古诗文和新时代中国特色社会主义思想的原文，使得政治觉悟和理论水平得到显著提升。

第三，初步体现了教材体系与教学体系的针对性对接。我们在"习近平用典"与"概论"教材"习近平新时代中国特色社会主义思想"之间，进行专题式对接，将教材体系转化为教学体系。如："习近平用典"的"执政篇"与教材"全面增强党的执政本领"对接，"习近平用典"的"创新篇"与教材"贯彻新发展理念"对接，"习近平用典"的"敬民篇"与教材"以人民为中心的思想"对接，"习近平用典"的"法治篇"与教材"全面依法治国"对接，"习近平用典"的"劝学篇"与教材"增强学习本领"对接，习近平用典的"廉政篇"与教材"全面从严治党"对接，习近平用典的"修身篇"与教材"把党的政治建设摆在首位"对接，习近平用典的"笃行篇"与"实现中华民族伟大复兴的中国梦"对接等。通过有针对性的对接，将《概论》课程的教材体系转化为生动鲜活的教学体系，使得"八个明确""十四个坚持"等核心内容能够更加生动形象具体鲜活地得以传播，实现新时代中国特色社会主义思想进教材、进课堂、进头脑。

综上所述，借助微信公众号这一"移动的课堂"，开辟了学习新时代中国特色社会主义思想的新渠道、新方式、新途径，使学习方式更加灵活；通过学习古诗文，使学生体会到中国优秀传统文化的博大精深，增强了文化自信；通过学习"习近平用典"，使学生在传统优秀文化的滋养中学习和传播了习近平新时代中国特色社会主义思想。

参考文献：

[1] 习近平.习近平谈治国理政:第一卷,第二卷[M].北京:外文出版社2015,2018.

[2] 习近平.决胜全面建成小康社会,夺取新时代中国特色社会主义伟大胜利——在中国共产党第十九次全国代表大会上的报告[M].北京:人民出版

社,2017.

    [3]   习近平.摆脱贫困[M].福州:福建人民出版社1992.

    [4]   习近平.之江新语[M].南京:江苏人民出版社,2007.

    [5]   人民日报评论部.习近平用典:第一辑,第二辑[M].北京人民出版社2015,2018.

项目基金:

本文为天津市哲学社会科学重点项目《习近平"人类命运共同体"思想的哲学基础及其当代价值》TJZX18 -003、天津市哲学社会科学思政课专项项目《新媒体微信融入思政课课堂教学的实践路径及优化研究》TJSZZX17 -029、天津外国语大学2018年度本科教学质量与教学改革研究计划重点项目《习近平用典与思政课专题式教学改革》TJWD18A01、天津市教育委员会科研项目《习近平治国理政思想海外传播和影响力研究》2017SK172、北京高校中国特色社会主义理论研究协同创新中心(北京外国语大学)项目阶段性成果。

刍议高校思想政治理论课
如何坚持八个"相统一"

唐　卓

摘　要：为了更好地领会贯彻落实习近平同志在学校思想政治理论课教师座谈会上提出的坚持八个"相统一"要求，实现在改进中加强，在创新中提高，本文结合我国高校思想政治理论课教育现状，对如何在教学中运用八个"相统一"，从而更好地提高思想政治理论课实效性进行了分析思考。

关键词：高校思想政治理论课　八个"相统一"　教学改革

为了有效应对多元思想文化冲击，巩固马克思主义在高校意识形态领域指导地位，高校思想政治理论课必须充分发挥主渠道、主阵地作用。2019年3月18日，习近平同志主持召开学校思想政治理论课教师座谈会并发表重要讲话，提出了"六个方面素养"和坚持八个"相统一"的要求，为思政课教师不断提高自身素质指明了努力方向，为新时代高校思想政治理论课改革和建设提出了新要求。

一、坚持价值性和知识性相统一

习近平强调，"我们办中国特色社会主义教育，就是要理直气壮开好思政课，用新时代中国特色社会主义思想铸魂育人，引导学生增强中国特色社会主义道路自信、理论自信、制度自信、文化自信，厚植爱国主义情怀，把爱国情、强国志、报国行自觉融入坚持和发展中国特色社会主义事业、建设社会主义现代化强国、实现中华民族伟大复兴的奋斗之中。"①

价值性和知识性相统一是思政课教学应当遵循的基本原则,片面强调知识性是错误。思政课教师要时刻牢记"为谁培养人"的问题。用马克思主义立场、观点、方法分析问题,不能在教学中片面强调知识性而忽视价值观引导。思政课的对象是学生,思政课的成败直接影响到我国上层建筑的建设与完善。因此,在传授知识的同时必须注重对学生价值观的引导。培育学生坚定马克思主义信仰,为祖国和民族培养堪当大任的建设者和接班人。同样,只是片面强调价值性而缺乏对知识的传授也是不当的。因为面对学生提出的尖锐热点问题,许多不搞研究型教学的教师不能从科学的角度而只是片面强调阶级性的回答很难令学生信服。这使学生怀疑思政课的教育目的就是教化,就是对受教育者进行思想控制,从而产生逆反心理。这就要求教师自身学马信马,能运用马克思主义立场观点和方法解决具体实践难题,坚持价值性和知识性相统一,寓价值观引导于知识传授之中。

二、坚持建设性和批判性相统一

习近平同志指出高校思想政治工作,要因事而化、因时而进、因势而新。这就要求把时代进步和实践发展作为教学内容改革与时俱进发展的根本依据。时代在不断进步,实践也在不断发展,思想和理论随之不断更新。中国特色社会主义已经进入了新时代,我们要用新的思维方式来观察和思考新时代的现实问题,与时俱进地将中国化的马克思主义时代化。要使我们的教学内容符合时代要求,这样才能在思想上与学生达成共识引起共鸣。

第二次世界大战以来意识形态领域的斗争一直是异常激烈的。东欧剧变,苏联解体,资本主义学者大肆鼓吹意识形态终结论。如今已经扩展到社会、个人生活的方方面面,渗透方式更加多元、灵活与隐蔽,技术更加成熟、先进。毛泽东说过,思想是块阵地,你不占领别人就会占领。思政教师要有明确的阵地意识。课堂作为思想政治教育的主战场,教师要有使命担当意识,守好这块作为"主渠

---

① 《习近平主持召开学校思想政治理论课教师座谈会强调用新时代中国特色社会主义思想铸魂育人贯彻党的教育方针落实立德树人根本任务》,《人民日报》2019 年 3 月 19 日。

道"的阵地。这就要求思政课教师在坚持建设性和批判性相统一的前提下传导主流意识形态,有直面各种错误思潮的勇气和决心。把精力和重点放在对大学生中存在的思想认识问题、对现实感到困惑的问题、理论上的难点和疑点问题的攻关和研究,使教学内容贴近学生思想、贴近客观现实、具有时代特征。

三、坚持政治性和学理性相统一

习近平同志强调:"教师是人类灵魂的工程师,承担着神圣使命。传道者自己首先要明道、信道。高校教师要坚持教育者先受教育,努力成为先进思想文化的传播者、党执政的坚定支持者,更好担起学生健康成长指导者和引路人的责任。"①

老师要想以透彻的学理分析回应学生,以彻底的思想理论说服学生,用真理的强大力量引导学生,其自身就必须潜心问道,认真学习和研究马克思主义理论,在读原著上下苦功,真正做到学懂学通学透,领会其精髓和要义,这样才能用马克思主义理论来解释理论困惑,解读社会现象,解决现实问题。

要做到政治性和学理性相统一,以透彻的学理分析回应学生,以彻底的思想理论说服学生,用真理的强大力量引导学生,进而培养学生对中国特色社会主义的政治认同。有的老师觉得科研和教学是不可调和的矛盾,搞科研就没时间搞教学,搞教学就没心思搞科研。实际上,好的教学不是缺乏说服力和有效性的照本宣科,而应是以科研做支撑并与科研紧密联系在一起的研究型教学。要将对问题的深入研究贯穿并应用于教学内容之中,使教学内容高于教材内容,直面现实问题和学生直接对话,达到让学生认同接受的效果。

四、坚持理论性和实践性相统一

马克思曾经说过,"哲学家们只是用不同的方式解释世界,问题在于改变世界。"②事实上,马克思主义不仅深刻改变了世界,也深刻改变了中国。它的科学性和真理性在中国得到了充分检验。习近平同志指出:"时代是思想之母,实践是理论之源。实践发展永无止境,我们认识真理、进行理论创新就永无止境。今

---

① 《习近平出席全国高校思想政治工作会议并发表重要讲话》,《人民日报》2016年12月9日。

② 中共中央马克思恩格斯列宁斯大林著作编译局编译:《马克思恩格斯文集》第一卷,人民出版社2009年版,502页。

天,时代变化和我国发展的广度和深度远远超出了马克思主义经典作家当时的想象。同时,我国社会主义只有几十年实践、还处在初级阶段,事业越发展新情况新问题就越多,也就越需要我们在实践上大胆探索、在理论上不断突破。"①习近平同志从时代和实践两个方面论述了思想和理论发展的客观规律和源泉。

思政课是一门现实性很强的课程,我们开设这门课的目的也是要培养学生通过深入学习马克思主义相关理论知识学会用马克思主义的立场、观点和方法来分析和解决社会现实问题。通过中国特色社会主义的伟大实践丰富和发展中国特色社会主义理论,发展提升为马克思主义基本理论,实现马克思主义中国化。在坚持和发展中国特色社会主义道路、理论、制度、文化的实践中丰富和发展中国化的马克思主义。离开了中国化就不能解释今天中国的实际。只有与具体的中国国情相结合的马克思主义,才能够指导中国发展实践,才能坚定大学生对中国特色社会主义道路、理论、制度、文化的自信。因此,在授课中要坚持理论性和实践性相统一,用科学理论培养人。重视思政课的实践性。把思政小课堂同社会大课堂结合起来,教育引导学生立鸿鹄志,做奋斗者。要以现实问题为切入点,将理论联系实际作为根本方法。实现教材体系向教学体系转换,聚焦于现实生活中的热点问题、深层次问题,将其与教学内容紧密联系,用深刻的理论阐释说明现实问题,揭示其出现的深层次原因。让学生切实感受到理论的价值,提高理论学习兴趣和动力,增强学生的获得感。

五、坚持统一性和多样性相统一

习近平同志强调,推动思想政治理论课改革创新,要不断增强思政课的思想性、理论性和亲和力、针对性。这就需要在实现思政课教学目标的过程中,将教学思想内容的统一性和教学手段载体的多样性相统一。要坚持马克思主义在本课程中的指导地位,以全国统一的"马工程"重点教材为依据,依据国内外发展形势和教学科研动态集体备课,丰富内容、突出重点,直面学生困惑,结合课时数确立专题数量。每个专题下设三级标题,形成较为详细的专题教学内容体系。通过专题教学模式统一教学内容体系、教学目标、课时设置等,通过深入分析探讨

---

① 习近平:《在庆祝中国共产党成立 95 周年大会上的讲话》,人民出版社 2016 年版。

帮助学生拨开思想迷雾。同时,为了让思政课真正走进学生内心,引起学生共鸣,引发学生思考,在充分尊重学生对思想的认知规律的基础上要实现教学手段载体的多样性。授课中穿插长短适宜、契合主题的精彩视频讨论并总结;可以开展以学生为主体的"我来说新闻"活动;结合教学内容组织学生通过演讲、舞台剧、朗诵、拍摄微视频形式展示等;利用微信公众号进行混合式教学模式的探索;开发签约实践教学基地,打造具有本校特色的实践实地教学模式等。通过一系列活动把学生由思政课的客人,变成思政课的主人,提高学生学习的主动性创造性。

六、坚持主导性和主体性相统一

习近平同志指出:"思想政治工作从根本上说是做人的工作,必须围绕学生、关照学生、服务学生,不断提高学生思想水平、政治觉悟、道德品质、文化素养,让学生成为德才兼备、全面发展的人才。"[1]

通过调查,不难发现很多大学生觉得思政课程"内容单调,形式单一,枯燥乏味""大学思政课是重复高中的内容""书本上的理论很难与现实结合起来",认为"思政课是说教,对求职就业没有帮助"等。不同专业学生对思政课感受差异较大,总体说来文科背景学生觉得学习内容与中学重复,没有新意,理科背景学生觉得自己没有历史细胞,不感兴趣也学不好。这些都反映出高校思政课教学内容、方式及效果上存在的诸多问题。这就需要在教学过程中坚持主导性和主体性相统一。思政课教学离不开教师的主导,为了更好地发挥主导性作用,教师要提升自身理论素养水平,加深对马克思主义基本原理和中国特色社会主义理论的深刻理解,提高用理论分析解释客观现象的能力。同时,思政课教师要坚持"以学生为本"的原则,针对学生的认知规律和接受特点,运用学生喜闻乐见的语言,提出同学关心关注的问题引发思考讨论导,并通过丰富多彩的实践教学形式调动学生参与热情,发挥学生主体性作用。面对历史问题,让同学想象自己身临其境会做出怎样的判断和抉择,培养学生站在历史的角度看问题,通过循循善诱的引导以较为柔性的方式逐渐达到教学目的。

---

[1] 《习近平出席全国高校思想政治工作会议并发表重要讲话》,《人民日报》2016 年 12 月 9 日。

七、坚持灌输性和启发性相统一

习近平同志指出:"坚持问题导向是马克思主义的鲜明特点。问题是创新的起点,也是创新的动力源。只有聆听时代的声音,回应时代的呼唤,认真研究解决重大而紧迫的问题,才能真正把握住历史脉络、找到发展规律,推动理论创新。坚持以马克思主义为指导,必须落到研究我国发展和我们党执政面临的重大理论和实践问题上来,落到提出解决问题的正确思路和有效办法上来。"①

思政课的政治性和意识形态性决定了在教育教学中要以原理阐释和说理灌输为主。思政课教师要认识到坚守思政课堂这个主渠道、主阵地对学生进行马克思主义理论和新时代中国特色社会主义思想的灌输是必要且必须的。但是要想真正做到入脑入心,就需要对传统的单向灌输模式予以创新。正像韩愈说的"师者,所以传道授业解惑也。"教师是要解释疑惑的。思政课要想增加学生的获得感就要直面学生的思想困惑,触动学生的心灵。因此课堂讲授要有问题意识,课前精心选择学生关注的热点和教材重难点设计一系列问题,从解决问题入手,吸引学生、引发思考讨论,引导学生在不断的追问和深入思考中得出正确结论,树立坚定信仰。这种启发式教学避免了对教材内容面面俱到的简单罗列,实现了对理论的彻底解读,解决了学生的思想困惑,深化了教学内容,提升了课堂教学质量和实效性。

八、坚持显性教育和隐性教育相统一

习近平同志指出,思想政治理论课是落实教育立德树人根本任务的关键课程。要想实现"立德树人"这个根本任务,需要将显性教育和隐性教育有机结合发挥作用。由于大学生主体意识强烈、思维活跃、价值观多元化,如果教师一味采用正面灌输的显性教育方式,容易使学生产生排斥、逆反心理,从而拒绝接受。为了使思政课教育深入人心,触动灵魂,引发思考和共鸣,必须在显性教育的基础上辅之以"潜移默化""润物无声"的隐性教育。熏陶、感染、激励和示范的隐性教育减少了个体心理抗拒的可能性,是显性教育的必要的有益的补充。隐性教育的载体具体来说,在课内外教学活动中可以采用主题演讲、案例讨论、社会

———————

① 《习近平在哲学社会科学工作座谈会上的讲话》,《人民日报》2016 年 5 月 19 日。

调查、访谈参观等。在这些活动中学生要查阅资料、主动思考,要交流讨论、展示发言。既有知识的输入,又有思想的输出,而且是学生的主动行为,这种教育效果将是深刻长效的。另外,教师本身就是隐性教育的载体,学生普遍比较关注教师的言行、学识、道德和人格魅力等。教师的教育教学过程也是人格外化的过程,教师在阐释教学内容和进行师生互动的过程中就会展露出自身的理论素养、人生态度和理想追求,这些都会使学生在无意识中受到影响。正像习近平同志深情地回忆起上初中时,一位政治课老师讲授焦裕禄的事迹数度哽咽,给他带来的心灵震撼,"这节课在我的一生中留下深刻印记,对我树立坚定的理想信念也有很重要的影响"①。所以,思政课教师要有坚定的理想信念,高尚的道德情操,良好的意志品质,这对学生潜移默化的影响是异常深刻的。因此,显性教育和隐性教育不是割裂对立的,而是相互融合、相互促进、相互统一的。

项目基金:

本文系北京高校中国特色社会主义理论研究协同创新中心(北京外国语大学)阶段性成果。

---

① 转引自吴晶、胡浩《一堂特殊而难忘的思政课》,《光明日报》2019 年 3 月 19 日。

"新时代中国特色与国际比较"
课程设置的意义与要求

张秀英

摘　要："新时代中国特色与国际比较"课程通过对中国与现实的社会主义国家及当代资本主义国家在背景、制度、文化等方面的比较，实现在国际比较中认识中国特色，开阔国际视野，增强大学生新时代跨文化交际能力，坚定"四个自信"，借鉴他国经验推进国家治理体系和治理能力现代化的目的。

关键词：新时代中国特色

2016 年 12 月 8 日，在全国高校思想政治工作会议上，习近平强调："要教育引导学生正确认识世界和中国发展大势，从我们党探索中国特色社会主义历史发展和伟大实践中，认识和把握人类社会发展的历史必然性，认识和把握中国特色社会主义的历史必然性，不断树立为共产主义远大理想和中国特色社会主义共同理想而奋斗的信念和信心；正确认识中国特色和国际比较，全面客观认识当代中国、看待外部世界；正确认识时代责任和历史使命，用中国梦激扬青春梦，为学生点亮理想的灯、照亮前行的路，激励学生自觉把个人的理想追求融入国家和民族的事业中，勇做走在时代前列的奋进者、开拓者；正确认识远大抱负和脚踏实地，珍惜韶华、脚踏实地，把远大抱负落实到实际行动中，让勤奋学习成为青春飞扬的动力,让增长本领成为青春搏击的能量。"①2018 年,为贯彻落实天津市委教育工委《关于推进新时代高校思想政治工作改革攻坚的实施意见》的精神,天津外国语大学马克思主义学院牵头创立了"新时代中国特色与国际比较"思想政治选修品牌课,意在引导大学生"正确认识中国特色和国际比较",增强跨文化交际能力,坚定"四个自信",更好建设新时代中国特色社会主义。

一、"新时代中国特色与国际比较"课程设置的现实意义

1. 新时代需要增强跨文化交际能力

2017 年 10 月 18 日,在中国共产党第十九次全国代表大会上,习近平同志宣布:"经过长期努力,中国特色社会主义进入了新时代,这是我国发展新的历史方位。"

中国共产党是为中国人民谋幸福的政党,也是为人类进步事业而奋斗的政党。中国共产党始终把为人类做出新的更大的贡献作为自己的使命。新的时代,新的起点。我们要建设社会主义现代化强国,要逐步实现全体人民共同富裕,全体中华儿女要勠力同心、奋力实现中华民族伟大复兴中国梦,要日益走近世界舞台中央、不断为人类做出更大贡献。我们为中国梦的实现而奋斗,也愿意助力各国人民为自己的梦想而奋斗。

截至 2018 年,中国是 120 多个国家和地区的最大贸易伙伴。欧盟、美国、东盟、日本、韩国、澳大利亚、巴西、俄罗斯等国家和地区,均位居中国贸易伙伴前列。已与中华人民共和国建交的国家达到了 178 个。新时代全方位、多层次、立体化的外交布局深入展开。实施共建"一带一路"倡议,发起创办亚洲基础设施投资银行,设立丝路基金,举办两届"一带一路"国际合作高峰论坛、亚太经合组织领导人非正式会议、二十国集团领导人杭州峰会、金砖国家领导人厦门会晤、亚信峰会。倡导构建人类命运共同体,促进全球治理体系变革。

在中国将为世界做出更大贡献之际,迫切需要青年人具有跨文化交际能力。国家、民族、地区之间在经济、政治、文化、科技、贸易等方面的交往可以表现为合作、援助,也可以表现为交涉、斡旋,乃至于冲突、战争,这些所谓的"外交"都是典

---

① 《习近平在全国高校思想政治工作会议上强调把思想政治工作贯穿教育教学全过程开创我国高等教育事业发展新局面》,《人民日报》2016 年 12 月 9 日第 1 版。

型的跨文化交际。尽管现代科技的发展拉近了人们之间的距离,却无法拉近人们之间的心理距离。不同的国家、民族由于不同的历史渊源,不同的社会习俗,形成了特定的文化背景,特定的文化背景又形成了不同的价值取向、思维方式、社会规范、语用规则,这些因素给跨文化交际带来的潜在的障碍、低效率的沟通、相互间的误解以及可能导致的文化冲突,都会给人类带来不必要的灾难。

所以,习近平同志在十九大报告中呼吁各国人民同心协力,构建人类命运共同体,要尊重世界文明多样性,以文明交流超越文明隔阂、文明互鉴超越文明冲突、文明共存超越文明优越。

"新时代中国特色与国际比较"课程从"一带一路"视域下的国际政治和文化建设、新时代中国的国际形象与话语权、国际比较视域下的中国制度优势三个板块组织专题讲座,试图帮助学生认识跨文化交际所遇到的国际环境,审视中国对外交流的努力与效度,中西方经济政治制度模式的不同,在呈现文明的多样性的同时,激励学生更好地进行文明的交流。

2. 在国际比较中认识中国特色,增强"四个自信"

中华人民共和国成立后,用几十年的时间赶追了西方发达国家一二百年才走完的发展历程,中国特色社会主义道路使中国面貌发生翻天覆地的变化。综合国力实现历史性跨越,国民生产总值(GDP),总量稳居世界第二,经济保持中高速增长,在世界主要国家中名列前茅,对世界经济增长贡献率超过30%;人民生活发生翻天覆地变化,中华人民共和国成立70年来,我国人民生活从温饱不足到实现总体小康,正在迈向全面小康。贫困发生率从1978年的97.5%大幅度下降到2017年的3.1%,远低于世界平均水平;教育普及程度大幅提高,总体水平跃居世界中上行列。2018年,全社会研究与试验发展经费支出19657亿元,超过欧盟15国平均水平。我国医疗卫生长足进步,居民健康水平总体上优于中高收入国家平均水平。产业结构持续优化升级,农业生产条件持续改善,综合生产能力快速提升。目前,我国已成为拥有联合国产业分类中全部工业门类的国家,200多种工业品产量居世界第一,制造业增加值自2010年起稳居世界首位。服务业蓬勃发展。基础产业和基础设施建设实现重大飞跃,建成了世界最大的高速公路网、高铁运营网和移动宽带网。此外,政治建设、文化建设、社会建设、生态文明建设都取得了长足的进步。

"新时代中国特色与国际比较"基于中国模式创造中国奇迹的基础,对中国特色社会主义道路、理论、制度、文化,进行自我反思,比较中国与发达资本主义国家,与其他社会主义国家在经济、政治、文化、社会、生态各方面建设发展中的理论与实践。"中国自己探索出来的发展道路已经深刻地改变了中国,并将影响整个世界未来的走向"①,为世界提供了中国智慧和中国方案。

通过国际比较,可以让学生认识到,中国之所以能在全球化的浪潮中独领风骚,关键就在于一切从实际出发,解放思想,实事求是,从中国处于社会主义初级阶段的实际国情出发,学习借鉴发达国家先进经验,独立自主探索中国特色社会主义道路,不断以理论创新与实践创新来丰富和发展科学社会主义。对共产党执政规律、社会主义建设规律、人类社会发展规律的认识和把握不断深入,开辟了中国特色社会主义理论和实践发展新境界,中国特色社会主义道路具有极大优越性,我们应该坚定中国特色社会主义道路自信、理论自信、制度自信、文化自信,承担起新时代赋予的责任和使命。

3. 在国际比较中开阔视野、借鉴他国经验,推进国家治理体系和治理能力现代化

"正确认识中国特色和国际比较",能够帮助我们开阔视野、借鉴他国经验,弥补自身不足。我们党和国家取得了改革和建设的巨大成就,然而,这与当今中国经济社会发展的现实要求相比还有一定差距。毫无疑问,我们党和政府在国家治理方面有自己的特点,有其他国家执政党不可比拟的优势。作为社会主义中国的执政党,我们党及其所领导的各级政府的治理活动,既要遵循社会主义国家治理的一般规律,也要借鉴和参考其他国家在治理中的共性要求和具有普遍意义的做法,要揭示、认识和把握国家治理体系和治理能力现代化的客观逻辑及其发展的客观规律。在研究、认识并遵循社会主义国家发展一般规律的前提下,同时对包括我们党在内的世界上各种类型的执政党的治国理政实践进行比较研究,尤其是对世界上其他有影响和取得一定成绩的政党进行比较研究,借鉴其执政经验、吸取其执政教训,形成我们党和国家的现代化治理理论,推进我们国家

---

① 张维为:《在国际比较中解读中国道路》,《求是》2012 年第 21 期。

治理体系和治理能力现代化。

二、中国特色与国际比较的内涵与外延

1. 中国特色与国际比较的思想内涵

第一,"新时代中国特色与国际比较"课程中的"中国特色"内涵。本课程中的"中国特色",较"中国特色社会主义"更为宽泛,其主要内涵,不仅包含"中国特色社会主义",而且还将包括其他如生活方式、教育理念等具有"中国特色"的方面。

当代中国的特色,既有决定于社会主义初级阶段的特色,又有继承于中国历史文化的特色。一方面的"中国特色"决定于社会主义初级阶段。"中国特色社会主义"与马克思、恩格斯所设想的社会主义有所不同,其历史起点,是一个没有经过资本主义充分发展的、生产力极其低下的半殖民地半封建的农业大国,所以中国要经过一个独特的"社会主义初级阶段"。中国共产党人依据中国国情,在建设、发展和巩固社会主义的进程中,不断以理论创新与实践创新来丰富和发展科学社会主义。社会主义初级阶段的中国特色主要表现是:在经济上,实行以公有制为主体、多种所有制经济共同发展的基本经济制度;实行以按劳分配为主体、多种分配方式为补充的分配制度;既让社会主义因素占主体,也包容、利用、整合非社会主义因素,使其为社会主义经济服务。在国体上,实行中国工人阶级领导的(经过共产党)、以工农联盟为基础的人民民主专政。在政治制度上,实行全国人民代表大会制的根本政治制度、中国共产党领导的多党合作和政治协商制度等。在思想文化上,是以马克思主义为指导,用社会主义核心价值体系引领社会思潮,发展社会主义先进文化。另一方面的"中国特色"继承于中国历史文化。中国是四大文明古国中唯一一个文明没有出现过断层的国家,五千多年文明创造的丰富哲学思想、人文精神、价值理念、道德规范等已经融入中国人的思维方式。习近平同志指出:"中国特色社会主义文化,源自于中华民族五千多年文明历史所孕育的中华优秀传统文化,熔铸于党领导人民在革命、建设、改革中创造的革命文化和社会主义先进文化,植根于中国特色社会主义伟大实践。"[①]

---

① 习近平:《决胜全面建成小康社会夺取新时代中国特色社会主义伟大胜利——在中国共产党第十九次全国代表大会上的报告》,人民出版社 2017 年 10 月第 1 版,第 41 页。

第二,新时代中国特色"国际比较"的内涵。比较,就是对照、分析,就是通过思考,看出事物之间的异中之同和同中之异。比较方法是一种人们认识客观世界,改造客观世界,确定对象之间存在共性与差异的重要方法。"新时代中国特色与国际比较"课中的国际比较,主要进行如下:一是背景比较。即分析类比对象产生的特定社会环境和历史条件,在比较中揭示类比对象产生、发展的原因,论证其历史必然性。二是制度比较。要在比较中找出我国与别国在制度、法律、规则、政策的异同点,看到我们社会主义制度的先进性和优势,但是也要找出中国特色社会主义所面对的各种挑战,便于进一步完善我国现有制度、法律、规则、政策。三是文化比较。文化是民族生存和发展的精神力量,要从文化维度,对整个比较对象形成和发展的文化传统予以说明,阐释其文化特性,呈现文明共存,以图交流互鉴。

2."新时代中国特色与国际比较"的外延

正确认识中国特色与国际比较,需要确定"与谁比"的问题。邓小平同志当年提出的中国特色社会主义,是与马克思主义经典作家设想的完全的充分的社会主义相比较而言的。今天,习近平同志所说的"中国特色与国际比较",其比较的对象更广泛,不仅包括现实的社会主义国家,还包括当代资本主义国家。其比较的层次更复杂、范围更广泛、内容更丰富、思想更深刻。"新时代中国特色与国际比较"主要注重如下比较:

第一,与其他社会主义国家进行比较,既要彰显"中国特色"又要注重借鉴其经验教训。其他社会主义国家又可细分为两种类型:一种是已经成为历史的社会主义国家,如苏联;另一种是正在进行社会主义实践探索的社会主义国家,如越南、老挝、朝鲜、古巴。我们将主要比较现行的社会主义国家。

在比较中对当代各国现实社会主义的全面客观认识,应做到:一是要清醒地认识到社会主义国家的发展模式具有多样性。对于越南、老挝、朝鲜、古巴各具发展特色的社会主义建设实践,我们要从社会主义多样性的视角加以理解,要尊重各国改革的具体探索。二是要肯定社会主义制度的优越性。各社会主义国家建设的目标是不断解放和发展社会生产力,最终达到共同富裕。三是承认各社会主义国家在具体体制机制上存在的缺陷。要在比较中找出具体体制机制的不足,探索如何完善社会主义制度及其实现形式,使社会主义制度更为优越。但是也要认识到在社会主义进程中产生的种种问题的根源并不在于制度本身,而相当程度上在于人们没有认识和掌握社会主义建设规律。

第二,与资本主义国家进行比较,"中国特色社会主义"探索出一条独特的现代化发展道路。在经济全球化和我国全面对外开放的背景下,当代中国的社会主义,不惧国际比较,因为,只有在国际比较中才能凸显"中国特色社会主义"的优越性。资本主义国家可细分为两种类型:一种是以现代化为目标的资本主义国家;另一种是已经实现了现代化的发达资本主义国家。同以现代化为目标的资本主义国家比,我国与这类国家的共同目标都是发展本国经济、实现现代化、争取平等的发展权;但国情不同,文化背景不同,各国所走的发展道路也不相同。与发达资本主义国家相比,毋庸置疑,资本主义现代化是人类文明发展的巨大历史进步,其在长期的发展中探索出了许多积极成果,我们需要借鉴学习。在与西方现代化的比较中,对于西方有益的文明成果,我们既要有文化自信,敢于敞开胸怀,大胆借鉴和吸纳;也应努力避免西方在现代化进程中出现的种种问题。

三、"新时代中国特色与国际比较"课比较的原则

被比较的两个国家或其中被比较的两个事物之间应该既具有一定的相似性,同时也具有一定的相异性,这是比较的基础。同时,国际比较,还要遵循正确的基本原则,坚持正确立场。

1. 遵循事物的可比性原则

比如,若要比较两种社会制度、两个国家发展道路的优劣,选择印度与中华人民共和国就最有可比性,这是因为,两国建国的时间相近,人口总数都超过十亿。中国和美国也具有可比性,因为两个国家 GDP 总量一个第一,一个第二。只要对中国与印度进行客观的比较,社会主义制度的优越性就不言而喻了。与美国相比,中华人民共和国是在一穷二白的基础上实现的逆袭,其制度、历史文化传统必在其中发挥了巨大推进作用。除了社会主义的根本制度比较之外,我们还可以比较具体体制,如比较中美两国领导人产生机制,美国共和党和民主党虽然轮流执政,但同属于资产阶级政党,但其代表的根本利益一致。两个国家都是间接选举,不同在于两个国家执政党的领导人在获选之前是否有选拔、培养,获

选之后执政目的是否完全从人民利益出发,政策是否具有连续性,由此导致执政效果的差异。

可见,在进行国际比较时,每一部分的比较,其前提都是要有可比性,因而每个比较,都应在一定的范围、层次和意义上才可比较。包括社会主义国家间的比较,社会主义国家与同时代的资本主义国家间的比较,其立足点和可比的东西,是不同的,因为国家的性质和历史方位不同。

2. 遵循事物的本质性比较原则

事物不仅有现象的异同,更有本质的异同。在比较中若只看表象而忽视事物的本质,就难以准确地认识事物。为此,我们在进行"中国特色和国际比较"时,不能只看类比对象的表象,被其表象所迷惑;而要通过大量的典型材料及数据分析,从历史、经济、政治、社会、风俗等角度进行探讨;要抓住不同类比对象之间的本质差异,对类比对象之间的本质进行分析、比较,找出两者之间的异中之同和同中之异,从而得出正确的结论。

3. 端正比较的政治立场

认识具有主观性,对于同一事物,不同的人、不同的视角,会得出不同的结论。我们应站在人民、国家、完善中国特色社会主义的立场上进行比较。要坚决反对那种站在西方资本主义立场进行比较的错误做法。如在中国与西方国家现代化的比较中,有观点认为,西方列强入侵中国固然带来了伤害,但却有利于中国现代化,因此,殖民有理,侵略有功。我们要坚决反对这种荒谬的历史观。事实上,西方列强的入侵,并不必然造就"中国现代化",比如英国对印度的殖民并没有为印度带来现代化。我们要感谢的,从来就不是苦难,而是那个面对苦难没有倒下的自己。西方现代化对中国现代化的影响和某种推动是外生的,并非主要动力。事物的内因是发展的根据,是推动事物发展的决定性因素;外因仅是条件,不是决定性力量。

4. 反对几种有关的错误观点

(1)反对并批判那种视西方式多党制为"民主特色"的错误观点。一个国家是否民主,并非取决于是否实行西方式的多党制,而是取决于该国的根本制度、具体制度和执政党的性质。我们党历来重视党内民主建设,发展人民民主,愿意接受各民主党派、人民群众及新闻舆论的监督。

（2）反对那种把西方民主制度视为中国未来发展方向的错误观点。资本主义制度代替封建制度是历史的进步，但相对于无产阶级的社会主义革命时期来说，资产阶级共和国的"主权在民"，从来都是写在纸上、虚伪的，从未真正属于过"人民"，从本质上说，它历来都是服务于资产阶级雇佣剥削、掠夺和对外扩张的资产阶级专政国家。尽管我们承认中国特色社会主义制度还不够完美，但其方向是正确的，具有先进性和优越性，我们应坚定中国特色社会主义的制度自信，努力为构建系统完备、科学规范、运行有效的中国特色社会主义制度体系，砥砺前行。

（3）反对那种夜郎自大的观点。社会主义制度对于资本主义制度的优越性，是建立在充分"吸取资本主义的全部对社会主义有益的文化"基础上的。中华人民共和国成立初期，毛泽东就主张共产党人应向包括资产阶级在内的"一切内行的人们学经济工作"。因此，对待外国的技术、设备、管理和其他有益经验等，我们要联系我国的实际，要"虚心学习借鉴人类社会创造的一切文明成果"。

参考文献：

[1] 习近平.决胜全面建成小康社会 夺取新时代中国特色社会主义伟大胜利——在中国共产党第十九次全国代表大会上的报告[M].北京：人民出版社，2017.

[2] 国家统计局.沧桑巨变七十载，民族复兴铸辉煌——中华人民共和国成立 70 周年经济社会发展成就系列报告之一[EB/OL].http://www.stats.gov.cn/ztjc/zthd/sjtjrldloj/70cj/20190906_1696306.html.

[3] 刘光峰."正确认识中国特色和国际比较"解读[J].马克思主义研究 2017，（06）.

项目基金：

本文系天津市高校"一校一品""新时代"思想政治理论课选修课品牌建设项目"新时代中国特色与国际比较"的阶段性成果，北京高校中国特色社会主义理论研究协同创新中心（北京外国语大学）阶段性成果。

基于外语院校特色的"课程思政"
建设方案探究

——以"新时代中国特色与国际比较"
思政选修品牌课建设为例

何伶俐

摘　要：为响应天津市教育两委思政改革攻坚有关工作，我校根据外语院校特点申报了"新时代中国特色与国际比较"思政选修品牌课，并进行了为期一年的建设。本文从该思政选修品牌课程的设立背景、课程性质、建设方案、具体实施过程、取得的主要成果及社会影响与授课效果等几个方面具体介绍了课程建设的进程及取得的效果，对今后的课程思政建设项目有一定的借鉴和参考意义。

关键词：中国特色　国际比较　课程思政

一、"新时代中国特色与国际比较"思政选修品牌课设立背景

2018年，天津市教育两委启动了思政改革攻坚有关工作，制定并下发了《关于推进新时代高校思想政治工作改革攻坚的实施意见》，要求"各高校根据自身办学定位和学科专业优势特点，统筹全校资源，发挥相关学科带头人和领军人才作用，集中建设一批主题鲜明、内涵丰富、理论性指导性强的'新时代'系列思想政治选修品牌课，使之成为思想政治课的有益补充和有力拓展"。在此背景下，思政部根据外语院校的特点申报了"新时代中国特色与国际比较"思政选修品牌课。

2018年3月,学校多次召开思政工作改革攻坚布置及推动会,并提出了建设思路:一不能将此课程理解为单纯的思政课,要拓宽思路,学习上海外国语大学经验;二授课人不限于双肩挑干部,也可以引入合适的学科带头人、专家、学者,或者借助外力;三通过专题教学为学生提供高水平、有吸引力的思政课,提高学生学习兴趣,取得好的教学效果;四向着评上天津市的品牌选修课方向努力。

二、"新时代中国特色与国际比较"思政选修品牌课的课程性质

天津市《关于推进新时代高校思想政治工作改革攻坚的实施意见》提出"大思政"格局下的"课程思政"创新改革是"一核三环":

"一核"指思想政治理论必修课,创新改革课分两类:一是"混合教学示范思想政治课",二是"思想政治课实践教学创新课";

"三环"指"课程思政"系列优质课,由三部分组成:"一环"是"新时代"思想政治选修课(含品牌课),"二环"和"三环"是"课程思政"改革课,分为综合素养精品课、专业育人特色课。

因此,从课程性质来看,"新时代中国特色与国际比较"思政选修品牌课不是纯粹的思政课,它要求以专业教师的视角来讲思想政治课,发挥大思政的作用。首先,作为各学科的领军人物,学高为师,身正为范,日常工作生活中就以敬业、爱生、为人师表的表现散发着思政教育的光芒,其次,语言和社会科学本身就有政治蕴含其中,从语言学习的角度总会有比较,有比较就会涉及到经济、政治、文化、社会、生态,当我们追溯文化渊源时,就会涉及到经济、政治、文化的比较。

三、"新时代中国特色与国际比较"思政选修品牌课建设方案

1. 设置目的

充分发挥外语院校多语种的学科优势,组织相关专家学者,通过"中国特色"与其他社会主义国家的比较以及"中国特色"与资本主义国家的比较,培养学生的跨文化交际能力,增强学生对中国特色社会主义的"四个自信"。

2. 教学内容设计原则

(1)要贯穿"为何比较、与谁比较、如何进行比较"的主线,分析新时代中国特色社会主义的背景、民族性、制度、思想和文化,消除学生对中外文化和意识形态的认知偏差,要让学生感受到中西文化的碰撞,通过深入的思考,澄清价值观念,坚定政治理想信仰。

(2)体现学校人才培养总目标,培养具有自主学习能力和跨文化交际能力的高素质复合型国际化人才。在跨文化交际中一方面要正确认识国际社会对中国特色的认知,学习运用辩证思维方法,在批判吸取中坚定对中国特色社会主义的自信,另一方面要合理运用不同民族的思维与表达习惯,更好地传递中国声音、讲好中国故事。

(3)教学内容要生动鲜活富有吸引力。

(4)教学形式要新颖、有创新。

3. 课程组成形式、学时及内容安排建议

本课程为系列讲座课,每个讲座不超过 90 分钟,总学时不少于 16 学时。

拟从经济、政治、文化、社会、生态、外交几个方面设置 8 个以上系列专题讲座。

首先,教师要从自己的专业出发,从小处着眼,选择一个事件、一篇外国人的文章、或者专业研究课题,引出中外比较,进而扩展到一个领域。

其次,教学内容隐含的主线和最后要升华或者价值指引的方向,是习近平新时代中国特色社会主义思想,简单来说指向经济、政治、文化、社会、生态、外交的思想即可。

4. 课程建设流程

(1)第一阶段:2018 年 3 月底 4 月初,确定教师和选题。申报讲座题目,讲座大纲,思政部、教务处组织专家学者进行论证,推荐教师和选题,提交天津外国语大学思想政治工作委员会审核,确定讲座教师与选题。

(2)第二阶段:4 月,教师写出教案,制作课件。思政部提供思想政治方面的支持。

(3)第三阶段:5—9 月,思政部、教务处组织对学生面授,组织录制全程课程视频制作光盘,留存课程教学资料,思政部、宣传部负责宣传。

(4)第四阶段:10 月,思政部撰写课程总结,上报市教委。

视频要求如下:

①视频采取讲课实录形式进行,穿插结合 PPT 课件展示。

②视频画面清楚,不抖动、不倾斜,像素不少于720×576PIX。

③音频要求发音清晰,内容与视频画面保持同步。

④视频前面包括30秒片头,标注学校、主讲人姓名、课程章节等。

四、"新时代中国特色与国际比较"思政选修品牌课具体实施过程

1. 校领导高度重视思政改革攻坚工作,定期督促检查,提出建设见

校长陈法春亲自主持召开课程动员会,指出一是"新时代中国特色与国际比较"选修课作为贯彻落实全国思政工作会议和天津市《关于推进新时代高校思想政治工作改革攻坚的实施意见》的重要载体,课程建设要以习近平新时代中国特色社会主义思想为导向,充分利用天津外国语大学的办学特色,发挥区域国别研究优势,从比较中体现"新时代的中国特色";二是要精心组织我校各专业学科带头人、教学骨干及校外专家学者参加课程建设,集思广益、齐心聚力,把"新时代中国特色与国际比较"选修课建设成为我校品牌课程。

根据陈法春校长提出本课程建设的方向为"利用天津外国语大学的办学特色,发挥区域国别研究优势,从比较中体现'新时代的中国特色'"的指导思想,"新时代中国特色与国际比较"思政选修品牌课设计了"一带一路"视域下的国际政治和文化建设""新时代中国的国际形象与话语权""国际比较视域下的中国制度优势"三大板块。重点讲授了"一带一路"的国际环境、孔子学院在"一带一路"国际合作中的作用,新时代中国与东北亚国家、美国的关系;翻译好《习近平谈治国理政》,讲好中国故事的外宣策略,国际比较视域下中国的领导人产生、社会主义协商民主、经济等制度、模式的优势。

2. 打造"新时代中国特色与国际比较"思政品牌选修课系列讲座

2018年5月9日,校长陈法春为我校不同学院180余名同学做了题为《中美枪支管理之比较》的精彩讲座,启动了选修课系列讲座,以生动的案例和详实的数据分析了中美管理枪支的法律规定、历史文化渊源以及实际成效的差异,总结出中国对枪支的严格管理是中国治安状况要明显优于美国的重要原因之一。他指出,中美枪支管理的差异是理解中美在立法、政府信任等政治制度差异的有益视角。

随后,副校长王铭玉讲授《"一带一路"建设所面临的国际环境》、副校长余

江讲授《中外公共外交文化机构比较——以孔子学院及其之于"一带一路"的作用为中心》,讲座内容直击国际热点,将理论与实践相结合,通过鲜活案例,在不同领域比较中外差异。

校领导们开阔的研究视野、丰富的知识传授、启发式的教学方法和接地气的授课语言,给学生们留下了深刻的印象,他们纷纷表示受益匪浅,从中既获得了跨文化交际的知识,又增强了对新时代中国特色社会主义的自信。

各学院专业课教师和专家积极从各自专业课程中挖掘思政元素,认真备课,不断激发学生的头脑风暴。其中,涉外法政学院院长姜龙范教授作《朝鲜半岛局势的新变化与中国的应对》讲座,国际传媒学院刘洋副教授作《新媒体时代中国大国形象的建构》讲座,日语学院赵冬茜副教授作《新时代中日环境治理的理念与实践之比较》讲座,英语学院张馨元副教授作《中美新型大国关系》讲座,亚非语学院院长赵华教授作《从外宣翻译视角,谈如何讲好中国故事》讲座,中国人民大学俄罗斯研究中心主任王宪举研究员作《"一带一路"倡议下的中俄关系——展望普京的第四个总统任期》讲座,国际传媒学院常务副院长马兰州教授作《新时代国学思想的中外传播》讲座,国际传媒学院副院长王芳副教授作《"一带一路"倡议与中国对外传播策略》讲座,马克思主义学院何伶俐副教授作《中美领导人产生机制比较》讲座。

五、"新时代中国特色与国际比较"思政选修品牌课取得的主要成果

经过电教中心老师录制、编辑和思政课教师的校对,我们依据选题、内容及录制质量,选择十几个讲座编辑组成校级思政选修课,再从中精选9名专家学者的优质授课视频组成"《新时代中国特色与国际比较》思政选修品牌课"上报课程,大大地推进了具有天外特色的、学生真心受益的"课程思政"建设。

依照本课程所涉及的主题和内容,可分为以下3类讲座:

1."一带一路"视域下的国际政治和文化建设

(1)《"一带一路"建设所面临的国际环境》(主讲人:天津外国语大学副校长王铭玉教授)

(2)《"一带一路"倡议下的中俄关系——展望普京的第四个总统任期》(主讲人:中国人民大学俄罗斯研究中心主任王宪举研究员)

（3）《中外公共外交文化机构比较——以孔子学院及其之于"一带一路"的作用为中心》（主讲人：天津外国语大学副校长余江教授）

（4）《朝鲜半岛局势的新变化与中国的应对》（主讲人：涉外法政学院院长姜龙范教授）

（5）《中美新型大国关系》（主讲人：英语学院张馨元副教授）

2. 新时代中国的国际形象与话语权

（1）《新时代国学思想的中外传播》（主讲人：国际传媒学院常务副院长马兰州教授）

（2）《"一带一路"倡议与中国对外传播策略》（主讲人：国际传媒学院副院长王芳副教授）

（3）《新媒体时代中国大国形象的建构》（主讲人：国际传媒学院刘洋副教授作）

（4）《从外宣翻译视角，谈如何讲好中国故事》（主讲人：亚非语学院院长赵华教授）

3. 国际比较视域下的中国制度优势

（1）《中美枪支管理之比较》（主讲人：天津外国语大学校长陈法春教授）

（2）《中美领导人产生机制比较》（主讲人：马克思主义学院何伶俐副教授）

（3）《中西比较视野下的社会主义协商民主》（主讲人：马克思主义学院吴倩副教授）

六、"新时代中国特色与国际比较"思政选修品牌课社会影响与授课效果

"新时代中国特色与国际比较"课程充分利用我校人才资源，结合我校学生特点，打造了具有天津外国语大学特色的思政选修品牌课。课程结合学校外语学科的优势，以国际视野和比较视域来阐释习近平新时代中国特色社会主义思想，既使课程建设更贴近学生的学习和生活，又加深了课程建设的广度和深度；课程发挥专家学者的优长，加强思政课教师与专业课教师的互动，以透彻的学理分析推进知识传授与价值引领的共赢；课程根据学术前沿和社会热点设计选题，以问题为抓手，及时回应学生的思想困惑，真正提升了学生的获得感，获得了良好的教学效果。

专家和教授们结合课程内容和特色也产出了更多的研究成果,部分成果发表在《人民论坛》和光明网上,这使得教学与科研相得益彰。2018 年 3 月 27 日,吴倩副教授以《新时代中国特色社会主义协商民主的独特优势》为题,指出新时代中国特色社会主义协商民主是人民当家做主的无产阶级民主,接续了近代以来党领导的多党合作和政治协商制度,继承了中华民族的优秀政治协商传统,因此,新时代中国特色社会主义协商民主具有鲜明的中国特色。2018 年 5 月,副校长王铭玉教授在《学术前沿》和人民论坛网上发表文章《"一带一路"语言战略规划与政策实践》,认为"一带一路"语言战略是中国特色大国外交理论体系的重要组成部分;2018 年第 26 期的《人民论坛》杂志发表王铭玉教授文章《"一带一路"话语体系的构建路径》,提出要具备战略眼光,树立全球视野,着力阐释好"一带一路"倡议的话语内容,关注话语体系的主体和客体因素,认真分析制约话语表达的外因和内因,通过构建话语体系,将"一带一路"倡议的理念、理论讲好、用好。

本课程自开设以来,覆盖面超过了 2000 名学生,引起同学们的极大反响,他们表示"触动很深,感受到了中国制度的优越性、先进性""通过两个国家的对比,我们认为中国就应该坚持走适合自己发展的中国特色社会主义道路"。

2017 级学生杨丽佳说:"我对何伶俐老师主讲的《中美领导人产生机制比较》印象深刻,老师对中美国家和政党领导人的产生制度、历史沿革、领导人执政效果等方面做了充分的对比研究,让同学们看到了中国特色社会主义民主政治制度的独特优势与优越性,展示出了对中国制度的充分自信。这种课程既有学理分析又有价值引导,我们也在潜移默化中对树立中国特色社会主义"道路自信、理论自信、制度自信、文化自信"。

"作为'天(津)外(国语大学)学子',外语是我们的优势,跨文化是我们的基本素养,但面对蜂拥而至的西方思潮和文化,我们该如何自处、该如何定位自身,这是一直困扰我们思想的重要问题,'中国特色和国际比较'系列讲座的各位专家和老师,利用他们的专业知识和风趣语言,以国际视野和比较视域来阐释习近平新时代中国特色社会主义思想,使得课程建设更贴近外语院校学生的学习和生活,很接地气,更重要的是真的解决了困扰我许久的思想问题。"2017 级学生裴劭璇语气中充满着肯定与惊喜。

"我校过半数的专任教师都有海外留学或访学经历,对国外的社会现状和文化生活既有深刻的理论研究,又有感性的生活体念,能用双语授课,我们还聘请了国内外的知名学者教授为学生授课、讲座。学生不仅有机会透彻的学理分析了解本专业的学术热点和研究前沿,还可以通过以国际视野和比较视域来学习和了解习近平新时代中国特色社会主义思想,加深了思政课程建设的广度和深度,实现了知识传授与价值引领的共赢。"马克思主义学院院长张秀英说。

正如 2017 级本科生李慧所言:"思政课在这里不再只是教科书上的枯燥抽象的理论、软件上的案例分析,'新时代中国特色和国际比较'思政选修品牌课让我们从书本里抬起头来,开始关注中国的成就和发展,开始用辩证的眼光去看外面的世界,我们受益匪浅。"

经过为期一年的建设,"新时代中国特色与国际比较"思政选修品牌课形成了较为完整的教学体系。课程的系列讲座多视角呈现了当代中国发展的外部环境和内部变化,展现了中国既谋求自身发展,又为世界和平与发展所做的努力和担当。课程有助于大学生们正确认识世界和中国的发展大势,坚定了对中国特色社会主义的"四个自信",要把建设祖国的远大抱负落实到当前脚踏实地的学习行动中。同时,该课程的在全校学生中的顺利开展,也为今后的课程思政建设项目提供了一定的借鉴意义和参考价值。

项目基金:

1. 本文系天津市高等学校思想政治理论课专项项目《促进中国梦"三进"的有效方式研究》阶段性成果;

2. 本文系北京高校中国特色社会主义理论研究协同创新中心(北京外国语大学)项目阶段性成果;

3. 本文系天津市高校"新时代"思想政治理论课实践教学创新课项目—"行走的最强思想"阶段性成果;

4. 本文系"原理"课"正确认识中国特色和国际比较"实践教学模式探究(2017 年度天津市教委科研计划项目 2017sk171)阶段性成果。

学生篇

天津"五大道":中国近现代史的"万花筒"

朱春林

摘　要:百年历史看天津。天津从一个水陆码头到九国租界,再到新时期飞速发展的"哏都"。在这里,政治、经济、文化的历史名人你来我往,演绎了一出百年大戏。而天津的"五大道"地区,更是这部大戏中最浓墨重彩的一笔,堪称中国近现代史的"万花筒"。

关键词:"五大道"　中国近现代史　实践教学

天津"五大道"堪称是中国近现代史的"万花筒",从这里您既可以领略世界各国的风貌建筑,又可以感知不同国家的文化氛围;既可以与不同国度的政治家们在不同空间与维度进行头脑风暴,又可以同来自五湖四海的商贾大咖在商海任意驰骋翱翔,还可以在静谧一隅与文化名人窃窃私语进行不受时空阻隔的心灵交汇。天津"五大道"就是这么一个神奇之地。

一、"五大道"的由来

1860 年,第二次鸦片战争进入白热化,10 月英法联军攻入北京,奕䜣与英、法签订《北京条约》作为《天津条约》的补充,12 月 17 日天津英租界开辟,"五大道"地区被划为英租界。此时的"五大道"地区还只是天津城南一片坑洼塘淀,却已成为天津"九国租界"屈辱史最早的见证者。

"五大道"狭义上指马场道、睦南道、大理道、常德道、重庆道这五条街道,广义上指由马场道、南京路、成都道、贵州路、西康路合围而成的一片街区。随着2011年"五大道"近代建筑群"成为第七批国家重点文物保护单位,越来越多的游人也用其泛指原英租界。

"五大道"有400余幢西方不同时期、不同风格的历史风貌建筑,在这里,游客们能够欣赏到古典主义、折中主义、巴洛克式、庭院式以及中式等各种建筑风格。因此,"五大道"又被称为万国建筑博览会。

二、政治:风起云涌的寓居之地

从政治上来看,这是一处风起云涌的寓居之地。因为身为租界的特殊情况,"五大道"成为前朝政治势力、北洋势力和外国势力交汇的中心。

一方面,清政府被推翻后,曾经的王公贵胄、遗老遗少纷纷逃往天津。这其中不乏末代皇帝溥仪这样的人物。溥仪在天津的故居位于鞍山道70号静园内。静园原名"乾园",是陆宗舆在1921年建造的中西混合庭院式住宅。1929年至1931年,溥仪携皇后婉容、淑妃文绣在这里居住。1931年,溥仪在土肥原贤二的帮助下逃往旅顺。短短两年,这座住宅里来往着土肥原贤二、张作霖、段祺瑞、吴佩孚等在近代中国掀起轩然大波的人物,这段时期又被称作天津静园溥仪小朝廷时期。同溥仪一样,前来天津躲避革命党的还有摄政王载沣、庆亲王奕劻、两广总督张鸣岐,江南提督张勋等。静园见证了王公贵胄、遗老遗少在此的最后的挣扎。

另一方面,北洋时期,政局动荡,不少下野的政客都选择相对安全的租界,或不问政事,或等待良机以求东山再起。行走在"五大道",若是有心,便能看到黎元洪、冯国璋、曹锟、徐世昌四位大总统在此生活的足迹,其中徐世昌之女的故居更是与天津外国语大学近在咫尺,每每路过便会想到那段动荡的民国岁月。据不完全统计,在天津居住过的北洋及民国时期风云人物共有4位大总统、14位总理、13位总长或部长、33位督军及将领。这些数字以及背后的人物故事就足以使人震撼。他们构成了一张纵横交错的巨网,将那段沉于滚滚历史长河的岁月打捞起,展现给世人。对每一位醉心于中国近现代史的人来说,随处可见的院落,宅院门口对所居住的名人的描述,红墙绿树掩映间,似乎一转身便能捕捉到名人们尚未走远的身影,令人不禁心神摇曳。

三、经济：阵痛中的转型之路

历史的舞台从来不是只有政治在唱独角戏，经济在其中起着至关重要的作用。一声炮响、一纸协议使得天津被迫转过身子，来到世界面前。中西贸易往来增多，加上洋务运动轰轰烈烈地开展，天津很快成为北方经济中心。自然，汇集各方群英的"五大道"也少不了相关人才的身影。

"自天津开埠，外国洋行陆续进驻，买办就开始出现在历史舞台上。"梁炎卿、郑翼之、吴调卿、王槐铭，这四位便是天津四大买办。而买办是指"1800—1910年，帮助欧美国家与中国进行双边贸易的中国商人。这类被外方雇用之商人，通常外语能力很强，一方面可作为欧美商人与中国商人的翻译，也可处理欧美国家商界与中国政府之双向沟通。除此，这类型商人还可自营商铺，因此致富者颇众。"它是特殊历史时期经济发展的畸形产物，买办在天津的快速兴起与消亡更是天津租界经济的一个历史缩影。

提到中国近现代经济，不得不提由李鸿章主持的洋务运动。天津正是北方洋务运动的中心，在此背景下，涌现了大批实业家，他们在这里的奋斗故事，也使天津多了一种不屈不挠的奋斗气息。其中，实业家唐廷枢、周学熙、范旭东正是其中翘楚。这三位皆是在近代中国转型时期有着巨大影响的风云人物，唐廷枢开创了中国保险业的先河，周学熙更是中国近代工业发展史上"南张北周"中的"北周"，华北新式工商业的开创者。历史长河滚滚逝去，他们的影响却始终存在于中国近现代经济的发展历程中。

四、教育：风雨兼程的树人之旅

建设教育强国是中华民族伟大复兴的基础工程，教育家张伯苓和严修先生正是中国现代教育史上不得不提的两位推进教育现代化的先驱。

"十年树木，百年树人。"郁郁葱葱的绿树间，张伯苓故居静静地坐在"五大道"之中，一如先生其人，宁静致远。张伯苓故居是一处典雅的砖木结构折中主义建筑，幽静的院落中依稀可见旧时岁月。

"渤海之滨，白河之津；汲汲骎骎，月异日新""允公允能，日新月异"是南开大学的校训，也凝结着张伯苓和严修先生的殷殷期盼。从筹设私立敬业中学堂、兴办南开系列学校，到建立南开大学，两位先生穷尽毕生心血，一反旧式教育的种种束缚,开时代先声,实行了众多如男女同校的良策等,培育了像周恩来总理这样的杰出人才,为中华民族振兴和国家富强做出了不可磨灭的重要贡献。

五、外交：碧血丹心写就的外交史

想要在国际舞台上立足,外交是其中必不可少的一个重要环节,良好的外交能够促进国与国之间互通有无,和谐发展。但是近代中国的外交工作却是一段艰难的险途。晚清孱弱的国力和被暴力打破的闭关锁国政策无不是阻碍中国外交发展的绊脚石,外有列强们虎视眈眈,内有错综复杂的国内形势,就在这样风雨交加的时刻,河北路 267 号的红砖楼里却常亮着一盏明灯,这便是中国外交家顾维钧先生的住处。

不知有多少学子在读到顾维钧先生 1919 年巴黎和会上拒绝签字,为山东主权问题据理力争的时候泪盈于睫。20 世纪 30 年代,有外国作家这样描述他:"中国很少有比顾维钧博士更堪作为典型的人了。平易近人,有修养,无比耐心和温文尔雅,没有哪一位西方世界的外交家在沉着与和蔼方面能够超过他。"先生的一生堪称现代中国的一部外交史,毕生致力维护中国在国际舞台上的尊严,这也是他始终未忘的爱国初心。而那幢砖红色的小楼同样矗立在来往的车水马龙中,宁静优雅,亦如当年。

六、文化：国粹艺术的转型之地

风云际会间,自有人杰显行迹。近代中国的转型从不限于一隅,而是深入社会的各个方面。

京剧,这一国粹正是文化转型中的一个重要角色。而"四大须生"之一的马连良便是致力京剧改革的一位大家。其故居位于"五大道"中的河北道 283 号,因外表布满不规则的疙瘩砖又被称为"疙瘩楼"。它见证了马连良先生与梅兰芳、周信芳等诸位京剧大师联袂演出的盛况,也留下了先生一丝不苟钻研、编排新剧时的背影。从 1964 年时先生以 64 岁高龄参演现代戏《杜鹃山》便可一窥先生对京剧的挚爱。"德艺双馨、桃李芬芳"无疑是先生一生的忠实写照。

一言难尽风云路,一笔难书百年事。《五大道》纪录片的导演便曾感叹,"五大道"是天津租界的代表,解读一个独特的历史街区,破解一座城市的人文密码,翻检一段苦难与辉煌的历史岁月,有助于让人们了解百年中国。而在这方圆 1.4

平方公里的土地上发生了太多风云事,往来着太多的各界人物,可以说,天津是百年中国的缩影,而"五大道"便是百年天津的缩影,它独特的魅力吸引着我们的目光,行走其间对内心的触动,是这篇短短的小文难以道尽的。

参考文献:

[1] 祖光.从"九国租界"再读"百年中国"纪录片《五大道》导演创作手记[J].中国电视(纪录),2014,(10):27-31.

[2] 王轩.天津五大道:万国建筑博览会[J].民主,2011,(08):39-40,57.

国际交流学院 160902 班　朱春林

指导教师　王淑莉

探寻"五大道"历史人物故居所蕴含的人文精神

王冉馨

摘　要:天津市"五大道"风景区是中国近代众多历史人物的故居所在,正是这些曾经在"五大道"万国建筑生活过的人物,引领了近代历史潮流,因此,"五大道"也成为近代中国百年历史风云变幻的缩影。通过实践考察,作为实践教学的总结,借助代表性人物故居,探寻其中蕴含的人文精神,增强当代大学生对近代历史人文精神的领会。

关键词:"五大道"　人物故居　人文精神

驻足"五大道",品味小洋楼,实际上是漫步在建筑艺术长廊的一次体验。老子曾说,"埏埴以为器,当其无,有器之用;凿户牖以为室,当其无,有室之用。故有之为利,无之以为用。"站在"五大道",如同站在穿越百年的时光机上,中西文化在这里交融荟萃,浑然天成,每一条林荫小路都承载着一段历史,每一幢名人旧居都演绎过一段故事。就像梭罗在《瓦尔登湖》中所说,"文明改变了人类的住房,但没有同时改变住房里的人"。

一、为人至诚,为事笃行的实干精神

当夏花开在道路两旁,配合着古典复式洋楼,大理道 39 号——张伯苓旧居。这是一栋淳朴厚重,线条简洁的三层英式别墅,属于折中主义建筑风格,室内装潢均为菲律宾原产的木制地板,门窗和楼梯,并配有巴洛克式壁炉,房屋前后有

宽敞的庭院,张伯苓夫妇于 1950 年 9 月 15 日从北京回到天津,租住于此,张伯苓是南开大学、南开中学等学校的创始人,著名教育家,在将近半个世纪的岁月里,他从传授"新学"的家馆开始,有人称他为"孔后办学第一人"。

张伯苓先生所处的时代是一个危机四伏、灾难丛生的乱世,在这样的环境中办学,如果没有一颗奉献于教育的赤诚之心,是不可能成就如此伟大的教育事业的。早在 1898 年,22 岁的青年张伯苓决定放弃海军军官的职位,改行从事教育事业。张伯苓先生曾向他妻子王淑贞诚恳地表达了献身教育事业的心愿:"教育工作是艰苦的,不会发财,要有一辈子甘于清贫的思想准备。"张伯苓获得了夫人的全力支持,从此开始了终其一生的教育事业。在日军侵占天津,炸毁南开大学,破坏了张伯苓先生苦心经营了 34 年的学校时,张伯苓先生在愤慨之余依然坦然相对,他说:"教育是立在精神上的,而不是立在物质上的。""敌人此次轰炸南开,被毁者为南开之物质,而南开之精神,将因此挫败而愈益奋励。故本人对此南开物质上所遭受之损失,绝不挂怀,更当本创校一贯精神,而重为南开树立一新生命。"患难见真心,张伯苓先生全身心奉献教育事业的诚心,在其事业遭受灭顶之灾时经受住了严峻的考验。

张伯苓先生在教育上是笃行的。他为南开制定了"允公允能,日新月异"的校训。公,即公德、道德,公在首位,一方面继承了中国教育中重道德与修身齐家治国平天下的优良传统,同时又结合当时国难当头的历史条件,强调爱国心,转化一己之私心,学习要为振兴中华而努力。能,即能力、才能,学生除了要有爱国之心,还要拥有救国之力,这就要努力学习现代科学技术,具有服务社会之才能,方能拯救中国。无论爱国之心与救国之力,都要与时俱进,不断创新。学校是创造知识,培养创新人才的场所。需要月月创新,日日创新,才能跟上时代的步伐。正是"允公允能,日新月异"这种传统与现实之间的定位,兼顾优秀传统与时代进步,不仅在当时得到学生与社会各界的推崇,即使在今天仍然具有不朽的价值。

1951 年当张伯苓先生走完人生之路的时候,在他衣服口袋中仅发现 7 元钱及过期戏票两张,这就是他留下的个人遗产。但他的精神是永存的,他用一生的事迹向世人证明了他奉献教育的诚心。这种忠诚教育事业的精神是今天我们最需要学习的。

二、临危担当的责任精神

1971年,当中华人民共和国即将重返联合国时,毛泽东主席对代表团长乔冠华说:"我们在纽约还有一位老朋友,别忘了去看看他。"共产党人的这位老朋友就是顾维钧。在民园旁边有一处不太起眼的楼房,其实这曾是一处真正意义的豪宅,三层带地下室,具西洋古典式风格,设备考究,共有楼房45间、平房2间,面前有一对巴洛克式麻花形水泥立柱,建筑面积达1400多平方米,"民国第一外交家"顾维钧曾是这里的主人。

顾维钧,中国近现代史上最卓越的外交家之一,1912年任袁世凯总统英文秘书,后任中华民国国务总理摄行大总统职,国民政府驻法、英大使,联合国首席代表、驻美大使,海牙国际法院副院长。来到顾维钧旧居,看到西洋古典式建筑风格,红缸砖墙面,木楼板楼梯,楼门前一对巴洛克式麻花柱,站在院子里,不由地想起这位伟大外交官让人以惊讶开始,以赞美告终,似星星般光芒四射的一生。他当年在合约会场上的断然拒绝,显示出了我国独立外交的勇气。

三、誓死卫国的爱国精神

在院门的不远处就是张自忠故居了,这座旧居处于一处宽大院落内,是一座庭院式的小洋楼,当年就是在这座幽静的院落里,张自忠将军忍辱负重,一心抗战。院内有几棵粗壮的大树,进门左手一株为张自忠亲手所种,斯人虽去,但这棵见证了百年历史的古树仍生机盎然。

1940年5月16日晚,汉口日寇切断正常广播,对中国一位刚刚牺牲的抗日将军大加赞赏,称他为"壮烈战死的绝代勇将";同样是这一晚,国民党第38师师长亲自端着轻机枪率领敢死队突袭南瓜村只为抢回他的遗体;随后,十万军民恭送他的灵柩至江岸,日军三次飞临上空,群众却无一人躲避。

他是位名副其实的忠烈将才,度过了戎马彪悍,气吞山河的一生。他像是一抹流星,一捧夏花,生命虽然短暂,但蕴含的能量却永存于天地间。

1933年1月10日,张自忠有生以来第一次同日军相接触。1938年台儿庄战役惨烈地进行,张自忠亲率五十九军与敌鏖战七昼夜,粉碎日军向台儿庄前线增援的战略企图,使日军号称"铁军"的板垣师团首尾不能相顾,成为这场战役胜利的直接推动者。

曾几何时,沸腾的舆论使得张自忠彻底成了众矢之的,成了叛徒、大汉奸、卖国贼的代名词。1937年后半年的报纸,多在痛骂他"卖国变节",一律称之为"张逆自忠"。那时的中国文人,凡喜欢发表言论的,谁没有骂过张自忠,讽刺过张将军"自以为忠"、是"张邦昌之后"。在一片痛骂声中,张自忠始终缄默着,默默承受这压力,这时他认为如果想改变公众看法,最有效的办法便是"粉身碎骨,以事实曲直于天下"。

1940年5月1日,张自忠亲笔昭告各部队、各将领:"国家到了如此地步,除我等为其死,毫无其他办法。更相信,只要我等能本此决心,我们国家及我五千年历史之民族,决不至亡于区区三岛倭奴之手。为国家民族死之决心,海不清,石不烂,决不半点改变。"在日寇猛攻湖北襄樊时,张自忠准备以死殉国。他一反朴素的习惯,穿上了黄呢军装,率领两个团将日军第13师团拦腰切断。面对数倍于自己的敌人,张自忠用自己的生命证明了自己的清白,这至关重要的惨烈一死,扫荡了将军身上的所有阴霾,使张将军在所有爱国的同胞那里,都成了名垂千古的民族忠烈代名词,甚至于在日本人那里,也成了值得敬佩的英雄范本。周总理说:"其忠义之志,壮烈之气,直可以为中国抗战军人之魂。"我死则国生,我生则国死。不禁想到我党领袖董必武对张将军的悼念:"汉水东流逝不还,将军忠勇震瀛寰。裹尸马革南瓜店,三载平芜血尚斑。"

总结

通过对"五大道"历史人物故居的探寻,不禁感慨:中国共产党领导下的中国教育向人民证明了当年张伯苓先生的努力是值得的;中国共产党领导下的中国外交向世界证明了当年顾维钧先生的坚持是有意义的。中国共产党领导下的中国国防向历史证明了当年张自忠将军的牺牲是有价值的。

此次活动,我们以实际行动感受了那风云变幻中历史人物,践行了党理论知识,正将"两学一做"等先进思想实际运用到了现实生活中,更深入地了解津门文化。

建筑不是冰冷的存在,看着一座座被藤蔓缠绕,被花荫映照着旧宅,总会让人忍不住去想象那时代的风雨历史的变迁,而在那时代的变迁中,也是我党成长的重要时期。各旧居不一样的风格与园艺设计,折射着房子主人不同的心理与性格。草木本无意,荣枯自有时。

　　读书不觉深,一寸光阴一寸金。漫步其中,学习前辈,细细品味,感悟此刻。穿行于过去与现在,能够读懂一座城市的前世今生,更能看到一座城市的未来。古来青史谁不见,今见功名胜古人。莫道桑榆晚,为霞尚满天。少年强、青年强则国强,我们一定会勇于担当,奋力开拓。功崇惟志,业广惟勤。不忘初心,砥砺前行。

参考文献:

[1]　金彭育,金朝.五大道[M].天津:天津人民出版社,2015.

[2]　天津市档案馆,天津市和平区档案馆.五大道名人轶事[M].天津:天津人民出版社,2008.

[3]　冬月.五大道名门世家[M].天津:天津人民出版社,2013.

[4]　王新玲.悠悠百年五大道[J].中国报道,2009,(07).

[5]　赵晖."北五大道":历史与现代的交响[N].天津日报,2004-06-11.

国际交流学院 160902 班　王冉馨

指导教师　王淑莉

寻访"五大道"历史建筑背后的人物与历史

陈 晶

摘 要:天津市的"五大道"地区,南北方向起始于马场道,由睦南道、大理道、常德道、重庆道等道路构成。在这片区域内,包罗中国近代历史的风云变幻,在极具特色的各式建筑背后,是人物和历史的演绎。通过实践考察,主要从睦南道、马场道、大理道这三条街道展开叙述,描述从近代到现代的时光中"五大道"建筑背后的人物和历史。

关键词:"五大道" 历史建筑 人物 历史

"五大道"上一座座独立的小洋楼,看似多年无人来惊扰,弥漫着浓郁的旧时气息,是这个城市独有的宁静。那些小小的、旧旧的房子,斑驳掉漆的窗棱有岁月留下的划痕,仿佛诉说着一段段布满灰尘的往事。我们只是路人和过客,只有遐想和假想,那些故人,卷进岁月的漩涡里,一去不复返。逝者如斯,留给有心人去追念。

一、睦南道:青灰深院,故人往事

1929 年建成的睦南道全长约两公里,原名香港道,有风貌建筑 74 幢,名人故居 22 处。睦南道上的小洋楼多为高墙大院,常见的青灰色围墙黑色铁门,院内绿树丛生,还有很多红色的人字形屋顶,具有英国庭院别墅风格。

睦南道,以睦南花园为界,南半段大多是建于 20 世纪五六十年代的三到四层,颇具时代特质的宿舍楼,北半段则以风格迥异的小洋楼为主,但整条道路仍给人一种整体的和谐感,道路、围墙、院落、建筑井然有序。睦南道的特别之处——幽雅沉静,狭长的路、浓密的树、精致的房。庭院与花园交相辉映。和谐的空间尺度让人置身其中很舒适。曾经发生在这里的故事,可以串起一张民国穿越图。

走过桂林路,在交叉口处,有四栋占地面积相等,具有德国风格的庭院式别墅,这里的主人是实业家李希明。睦南道74号之所以建筑4座一模一样的别墅,是李希明要分别留给4个儿女的财产,1994年5月时任和平区政协名誉主席的李慎之(李希明之女,新华中学的创始人),将属于自己的一幢楼无偿捐赠给和平区政协,这所洋楼是李希明在1937年,亲自聘请奥地利建筑师盖苓设计建造的,说起盖苓他跟天津有着很深的渊源,盖苓一家在天津住了30年。其间他在天津设计建造了约250座楼宇,其中坐落在马场道的香港大楼,坐落在重庆道上的民园大楼等著名建筑都出自盖苓之手。

睦南道97号是"月季夫人"蒋恩钿故居,这幢朴素的三层灰楼和清静的小院,渐渐幻化出主人的美丽一生以及曾经的满园芳菲,她从20世纪50年代开始研究月季,是中华人民共和国最早研究月季的专家。

睦南道109号是著名骨科专家方先之的旧宅,他创办天津首家骨科医院。红顶阁楼点缀、白水泥饰面,装点不规则条纹,远远望去,这座二层小楼外观简洁明快,格外醒目,据介绍该楼装修一般,但壁炉、楼梯、门窗都很有特色。为医者,先发大慈恻隐之心,誓愿普救含灵之苦。方老的住处,让人时时感受到仁心之意。

与昆明路交口的睦南道141号,是爱国将领高树勋旧居,这座二层别墅小楼,红砖墙、红瓦坡顶,左侧突出一伞状塔楼,造型小巧别致、风格独特,高树勋早年在冯玉祥部任职,抗战期间,被誉为"飞虎将军",抗战胜利后,在蒋介石发动全面内战的紧要关头,他率部在邯郸起义,弃暗投明,实为真将军也。

岁月用了近百年的耐心,把这些红墙灰瓦、洋楼庭院,变为历史、变为文化,变为我们对这座城的爱和怀念,每一次走进睦南道,都仿佛穿越了一次时空,所有的喧嚣似乎都被隔在历史的大门之外,空气里弥漫着的是另一个时代的气息,历史的零星碎片犹如一片片拼图,拼凑出一段沧桑往事百年前的那人、那物,达官显贵的没落人生仿佛就在墙内与如今却已相隔一个世纪。

二、马场道:洋楼林中,学府景然

一条蜿蜒的马场道,自它建成之日起就刻满了近代天津的历史符号,它是"五大道"中最早建成的一条,也是最长、最宽的一条。这是最为天津人熟知的和平区与河西区的分界道路,路长3.2公里,宽约20米并设街心花坛,见证当年赛马运动的赛马场附属建筑,在历经百年沧桑后仍完好地保存了下来。

与睦南道的寂静不同,这是一条喧嚣热闹的大路,俗世繁华的最佳演绎者,这里居住着殖民者、商人,更多的则是那些"寓公",这样"五大道"便逐渐形成了,如此算来已有近120年的历史了,这里的小洋楼太多了,每一幢都有一段故事。

位于马场道中段南侧的天津外国语大学,曾经是建于1921年的法国工商学院,教学主楼建于1925年,它占地面积4917平方米,包括了校办工厂、一所小教堂等。这个建筑群体现了那一时期中高等教育的较高水平,也反映出那时这座城市的文化品位和开放的风姿。

原北洋政府海军总长刘冠雄故居,是一所雄伟气派风格的建筑,也是原本三座建筑中仅剩的一座,楼的平面形态寓意双筒望远镜,展示了主人的军人志向,屋顶大尺度的挑檐、曲线的大台阶、精美的阳台栏板,配以红白相间的装饰墙面,彰显建筑的稳重、平和、端庄。

曾留洋海外的刘冠雄,北洋海军成军后曾为"靖远"舰帮带大副,甲午海战中他表现神勇,在关键时刻建议由"靖远"舰升旗集队,使北洋海军最终转危为安,厥功甚伟,然而威海海战中北洋海军全军覆没,"靖远"舰也被日军击沉,刘冠雄劫后幸存,其在中国海军中的地位可见一斑,在辛亥革命后出任9届内阁的海军总长,成为中华民国的第一位海军上将,1923年辞职后寓居天津,不再过问世事,整日以种花植树自遣,马场道路南的"豪宅"今天大多已经不见踪迹,只剩下刘冠雄旧居依稀可见当年奢华生活的影子。

在天津儿童医院对面,有一座小洋楼名"蠖园",是朱启钤在天津的故居,朱启钤的号为"蠖公","蠖"是一种虫子,"尺蠖之屈,以求信也",以蠖屈比喻人在不遇时的屈身隐退,这是一所具有哥特建筑特征的庭院式别墅,与精美的小洋楼相比,更值得一提的是朱启钤的传奇一生,朱启钤一生波澜壮阔,经历了清朝末年、民国北洋政府、民国南京政府、日伪等历史时期,一直到当代。他在津生活的那段日子是其生命中少有的清静时光,以"蠖"名园大概恰好能反映朱启钤当时的心境。

时光流转,那段觥筹交错、众宾喧哗的岁月早已散尽,如今这里已是同学少年们的琅琅书音,那座历经风云的小洋楼,却依然在讲述着一段不能被忘却的岁月传奇,一条条林荫小路,流淌着岁月时光,一座座西式洋楼,珍藏着历史故事,马场道是古老的又是年轻的,是严谨的又是繁华的,它烙印着殖民统治的屈辱的记忆,又是人类文明精华的一部分,它是这座城市风貌的一角,是天津不可再生的历史。

三、大理道:高墙外邃,静谧其内

曾住在"五大道"的冯骥才说过,无论是寓公式的军政要人,还是成功的实业家们,在当时吉凶难卜的社会背景下,全都希图安逸,不事张扬,这体现在建筑上,就是实墙深院,在大理道表现得尤为明显,比起马场道、睦南道,大理道上的院落"墙更高,院更深"。

大理道有着不同于其他的独特个性,高墙深院,看起来神秘深邃,也最为静谧,今天的大理道,全长1745米,平均宽度8.5米,这条路上既居住着下野军阀,也居住着巨商富贾,还有教育家、翻译家、藏书家、医生等,甚至还有特务。

在大理道18号,曾经居住过西北军名将鹿钟麟,这座联排式楼房,线条简洁,朴实无华,鹿钟麟自北洋新军兵营与冯玉祥相识后,便追随冯玉祥,此后建功立业步步升迁,作为冯玉祥的主要助手参加滦州起义,北京政变推倒曹锟,驱逐清逊帝溥仪出宫,迎接孙中山北上,访苏会见斯大林,著名的中原大战,一件件被载入史册的重大事件中,都写有鹿钟麟的名字。

大理道66号是和平宾馆,这是大理道上最著名的建筑,宾馆门前钉着一块大牌子,上面列着一长串党和国家领导人的名字,都是曾在这里下榻过的,这是民国时期天津实业家孙震方的故居,建于1931年,是国内少见的西班牙风格庭院式别墅,建筑主体两场、局部三层,整体对称,风格典雅,外墙面采用白色水泥抹灰拉毛处理,即便在今天看来也显得很时尚,来自安徽寿县的孙氏是清末民初新兴的家庭实业集团,其后人孙震方于1931年在英租界新加坡道建豪宅一所,就是和平宾馆的前身,虽然现在陈设显得有些老旧,但住在这样的老建筑里私密又安静,这里是毛泽东到天津下榻过的宾馆,宾馆内仍保留着毛主席当年住房的原貌陈设以及特意为主席修筑的游泳池,毛泽东字润之,取名"润园",就是为了纪念他。

总结

"五大道"在历史不经意的应和中,将那个时代的背影静默成了一栋栋别致的小洋楼,曾经的车马喧嚣,百年间曾经动人心魄的过往,虽已物是人非,但浮行于每栋建筑砖瓦藤蔓间的,一段段悲欢离合似乎从未停止过诉说,人文历史在于人关注,在乎人关注。

遥远的历史,复杂的人生,时光一去不返,往事只能回味,希望这些建筑,能够唤起属于我们的珍贵回忆,让我们得以在现代社会中,依旧可以了解到"五大道"历史建筑背后的人物和历史,感受到这些历史建筑所遗留给我们的温情。

参考文献:

[1] 冬月.五大道风云人物[M].天津:天津人民出版社,2012.

[2] 津普.万国建筑"五大道"[J].中国地名,2017,(08).

[3] 胡春萌.找回老洋房里的韵律[N].天津日报,2009-11-07(05).

[4] 金澎育.天津五大道[J].建筑创作,2006,(09).

国际交流学院160902班 陈 晶

指导教师 王淑莉

姥姥和邻居奶奶的家庭生活变奏曲

杨　帆

摘　要:老人们自觉不自觉间流露出的对我们党和国家的赞许,最为让我们感到开心和欣慰,国家的富强,社会的进步,正可以从农民的生活变化中得到最真实、最充分的体现。

关键词:发展　家庭变化　生活

"以铜为镜可以正衣冠,以史为镜可以知兴废,以人为镜可以明得失。"感谢思政部的老师给了我们这样一个暑期主题实践机会,让我们能够紧跟着先辈的步伐,感受中国的过去和现在,在历史的前进中,看清中国的发展大势,通过自己的实践调研,加深自己的理解,以求接近社会变化发展的真相。为了落实以人为本的思想,笔者选择了更加贴近要求的"家庭生活变奏曲"这一主题,从我们身边看起,从细节中发现社会的进步。

首先,通过对实践活动通知的认真学习,笔者拟定了通过确定实践主题;自行设计采访思路及问题;采访身边长辈并录制视频;自行查阅资料;整合资料,总结归纳;形成调研报告的思路并在此基础上完成了本次的实践活动。

一、收集资料

在收集资料的过程中,笔者借助网络查阅了家乡山东泰安市宁阳县的发展历史,然而对于这样一个普通的小县城来说,能被记载下来的历史并不多,能够在网络上找到的资料更是寥寥无几。虽然在网上资料中看到宁阳县的历史源于五帝中的少昊时代,然而并没有关于其兴衰变迁的详细记载。在有限的资料中,只能了解到本县虽然历史悠久,但因地理位置较为偏僻,发展程度一直不高,然而生活在这片并非肥沃的土地上的人们,却还是生生不息、世世代代尽力书写着它的历史,在这个小城里留下生命的痕迹。

二、寻找典型案例

在资料搜集较为困难的情况下,笔者更愿意从身边的长辈出发,借助他们的视野,来了解近几十年来这个小城社会的变化。为了选择具有典型性的例子,笔者经过决定采访邻居家年近 70 岁的奶奶和笔者自己年已 84 岁的姥姥,一方面,笔者从小就喜欢听她们讲过去的故事,她们都经过岁月沧桑,对生活有自己的敏锐感受;另一方面,邻居奶奶她读过书,是她那个年代为数不多的高中生,毕业后做了我们村里的信贷员,一辈子勤勤恳恳,认真负责,两个孩子中儿子先是考入专科,又自考了专升本,女儿也上了职专,因此她对知识所拥有的改变命运的力量更是有着深刻的理解。姥姥虽然没有上过学,但却明事理、识大体,在姥爷早逝的不幸中坚强地把七个孩子养大,四代同堂的她是全家的榜样,而她的经历对我们有一定启迪。

三、采访过程

两次采访分别是在邻居奶奶家和笔者舅舅家进行的,在采访邻居奶奶之前,笔者先说明来意,并把采访的主题向奶奶解释清楚,因为担心她不明白笔者的采访主题而影响采访效果,但其实是笔者多虑了,奶奶不仅在很多问题上都有自己的见解,不厌其烦地给我讲她的学生时代,还建议笔者直接用普通话和她对话,免得录制视频后大家看了听不明白。很感谢奶奶讲了那么多,让笔者真切地看到了这些年来家庭在她眼中的发展变化。采访姥姥时,笔者提前到了舅舅家,跟姥姥讲明白了主题,考虑到姥姥不会讲普通话,在采访姥姥的时候,笔者只有在向大家解释时使用普通话,和姥姥说话时则采用方言,不过因为笔者的家乡方言与普通话比较接近,大家应该是都可以听明白的,姥姥 84 岁的年龄,见证了很多我们在近代历史书上才能学到的东西,人生这本大书,是她当之无愧的老师。

四、采访记录（重点）

（注："答 1" 为邻居家奶奶，"答 2" 为姥姥）

问：您觉得我们农村的生活在近几十年来的变化大不大，主要体现在哪些方面呢？

答 1：变化太大了，笼统地说，以前我们都是住着旧房子，而现在的新房子都装修得很好，生活条件也改善了，现在一般的家庭一顿饭至少能吃上两个菜了，以前的时候孩子多，吃不上穿不上的，上学都是难题，现在孩子的上学条件好了，都富裕起来了。

问：您在抚育您的孩子上学的过程中有没有遇到一些直接的经济困难呢？

答 1：那个时候大概是 20 世纪 80 年代，孩子上学没有现在这样的幼儿园，直接上小学，那个时候条件很不好，学费虽然数额不多，但是人们都穷呀，工分挣得少的连饭都吃不上，吃个馒头都是好饭，那时候还是人民公社时期，之后才是家庭联产承包责任制，人们才有生产积极性，多浇水施肥，收的粮食就多些了。上学的时候因为儿女年龄离得近，供不起两个人上大学，儿子先考上大学了，女儿最后只能上了职业学校。我做着信贷员，每个月 100 多的工资供他们两个人读书，儿子当时的学费一年就 3000 多，每月还要给生活费，家里省吃俭用，你爷爷再出去打工，才能让他们有钱上学。后来儿子又专升本，大学就读了 6 年，真的是不容易啊！

答 2：我的孩子们年龄也都不算小了，他们上小学的时候小学教育才刚刚发展起来，农村里还没有人重视读书学习，你妈妈兄弟姐妹除了你最小的舅舅上到了初中，他们都是上到四年级就不再上了，因为那个时候你姥爷就去世了，家里一分钱也没有，根本没法上学，你小舅当时要交 20 块钱学费，你妈妈连夜割了韭菜去集市上卖，可是到考上高中还是没钱交，只能辍学了。那个时候都穷，借也借不来，谁家都没钱呀！

问：在社会保障方面，令您印象深刻的政策是什么呢？

答 1：社会保障方面当然是政府给的养老金印象最深刻。近 10 年来，60 岁以上的老人都能领到政府的钱，老百姓真的都很知足，觉得不用向自己的孩子要了，减轻他们的压力了，真的很好！

答2：现在老人都能领钱了，以前的社会哪里有人管你，现在都关心起老人来了。

问：在医疗方面有什么改变吗？

答1：医疗方面改变也很大，医院多了，也更正规了，现在老百姓看病都能报销70%。

答2：你姥爷生病的时候，家里没钱看病，把我嫁过来时陪嫁的柜子卖了18块钱，才抓了很少的药，现在不一样了，有医疗卡，村里卫生所给免费体检，还能报销。以前不管什么病，医生们给你抓点草药煎汤喝了就完了，也不见好，现在都变好了，什么病都有办法治。

问：您小时候的生活或学习经历？

答1：我上学的时候都是自己带着干粮去学校，我娘家在平坦些的地方，有些粮食，能吃得上煎饼，我每个星期带36个煎饼，在学校买5分钱的咸菜，就能撑到星期六回家。其他的同学就自己带面，中午下课拿面捏了窝窝头，放在食堂里蒸好才吃，那个时候我们3个班的女生二三十个人住一个宿舍，条件也是很艰苦的。

答2：我小的时候没有上学的，只有地主家的孩子能有私塾读，我们也没有跳绳什么的，小孩子就玩石子，大些就要去捡柴火，每天都是这个样子，没有多少人识字的。女孩子还要裹脚，父母看孩子疼得哭也是心疼，但还是说不裹以后嫁不出去，一定要裹脚的。

问：现在的孩子们生活和您那个时代肯定已有天壤之别，您觉得他们有着哪些优势，又有着哪些问题呢？

答1：现在的孩子真是条件好，有辅导班，能练特长，电子设备齐全，课余时间适当玩一下还是可以的，但是要保护眼睛。他们需要提高一下尊重老人的意识，要有感恩的心。

答2：现在的小孩子们都很聪明，以前我们什么都不懂，现在很小的小孩就会玩手机电脑，但是对眼睛不太好，什么时候都有听话的孩子，也有不太乖的孩子，都要好好教育。

五、活动总结

本次活动真的让我受益匪浅,首先二位老人所讲到她们的过往与现状形成鲜明的对比,老人们自觉不自觉间流露出的对我们党和国家的赞许最为让我们感到开心和欣慰,国家的富强,社会的进步,正可以从农民的生活变化中得到最真实、最充分的体现。当然,除了采访中所体现的个别问题,诸如农村饮用水安全、社会保障落实、农村生活垃圾处理等一系列问题,需要我们持续关注的话题,但通过这次实践调查,我坚信在党的领导下,这首家庭生活变奏曲将会越奏越好,越奏越精彩!

亚非语学院 160606 班　杨　帆

指导教师　何伶俐

构建和谐校园,大学生科学对待网络热点

徐海芬

摘　要:网络热点的出现和更新,带来好处的同时,也带来一些弊端。身为大学生的我们,所生活的校园就像一个小型社会。营造文明稳定的网络环境,毫无疑问有助于共筑和谐文明的大学校园,这需要我们树立正确的价值观,学会遵法守法,将法治的精神渗入心中,并以道德的视角待人接物,而不是随波逐流。

关键词:社会主义核心价值观　和谐文明校园　法治道德

生活在当下,祖国日益富强和谐,科技发展的日新月异,给各行各业的人带来了便利。大学校园这个迷你型社会也沐浴着这股春风。但置身于大数据中也许会遇到一些热点问题,需要采取的正确的态度和做法来面对。

一、明确理念,学会坚守社会主义核心价值观

面对网络热点,我们要学会用正确的价值观来引领自己,杜绝盲目的行为,守住文明的基石。在我看来,大学课业或许繁重,学生们使用网络来缓解心中焦虑无可厚非。但你可曾想过,评论者中藏匿的可能有相当一部分是网络"水军"。"水军",想必是这年头再也熟悉不过的词了。在维基百科中,它被定义为一群在网络中针对特定的内容发布消息的人,即被雇佣的网络写手。假设热点话题就在眼前,你按捺不住自己,想借用键盘敲击下一排又一排的文字,从而来抒发自己内心的情感,进一步达到束缚已久的心灵的释放,但是,请回过头来细想一下,

这样的行为是否盲目跟风了,是否未经慎重思考便盲目追随大众了？热点问题数量众多,并且随时更新,它涉及了社会、经济、文化、科技等,十分广泛,难免会勾起我们的谈兴,但此时我们应该用社会主义核心价值观来及时守住内心的底线,而不是盲目发言,从而破坏了校园和谐文明的氛围。

二、冷静对待,具备基本判断思考力

1. 判断思考力的重要性

作为一个独立的个体要具备判断力和思考力。热点话题,并非都是与事实相符合,要知道,它有可能完完全全地与事实相违背。经常能够听到某某网络大V爆出的新闻,这样的新闻也有可能是利用金钱来进行的炒作,通过操作成为了网络热点话题甚至是当日的头条。都是人为捏造出来的。

2. "红黄蓝事件"的现实映照

就拿2017年的红黄蓝幼儿园事件来说。当虐待儿童、性侵儿童等字眼进入大众视野,想必大家的心情一定十分难受、不安。当时这件事在校园掀起一阵风波。不少愤怒的学生在网络社交平台上评论,转发各种相关却未经证实的消息。然而事件一波三折,发生了戏剧性的变化。经过当地警方的调查,最终证实有些描写压根是人为地虚构,完全子虚乌有。相关的涉案人员已经被逮捕,可是网上的评论却久久地未平息。甚至质疑声一波接一波。细细回想一下整个事件,起因、经过、结局都十分曲折,令人摸不着头脑。造谣者被抓获,施暴者被严惩,法律以及道德给了受害家属和大众一份相对满意的答卷,可总是少不了"好事者"的一番关注。也许他们是好意,认为此案有待更好地评判或处理,但有些地方他们又确实是"站着说话不腰疼"。无论如何,作为旁观者的我们,作为祖国未来希望的大学生,还是应该相信自己在冷静状态下的判断和思考能力。我们不发声并不代表不关心此事,只是不愿意用一时的冲动来抹杀自己的理智。令我欣慰的是,在众多的关注者中也不乏有理性的、沉着的一方。他们在网上的发言非常理性,这才是值得大家学习和借鉴的——难能可贵的思考力、判断力。

三、尊法守法,树立法治的理念

网络热点越来越频繁地占据着人们的日常生活,不少人有时会对这些热点在网上畅所欲言,就算受过良好教育的大学生也不例外。有些言论看似理所当然,实则是在挑战法律的底线。的确,我们是享有言论自由的主体,但万万不可以忽视权利与义务相统一的原则,割裂义务的权利是不存在的。洛克曾说道:"没有义务的地方,就没有权利。"确实如此,我们说过的话,尤其是在公共场合的发言,更应该谨慎合理,而不应该以偏概全,要懂得为自己所说的每一句话负起相应的责任。自由不是个人恣意妄为的借口,更不应该成为网络炒作的借口。真正的自由应该是权利与义务互相契合,将责任铭记于内心的象征。因此想要充分地运用好这两者,作为个人必须知法守法。即使在爆炸性的新闻产生时,个人也能够有强烈的法律意识以及是非观念,而不是冲破法律的底线,挑战法律的容忍度,发表某些有悖于法的言论。

纵观当下的网络热点,你会发现,时不时地就会冒出某某外国景点前的中国游客。这些游客正做着有伤大雅的举动。一方面,我们应该斥责这种令国人丢脸的行为;另一方面,我们应以此作为反面教材,去呼吁国人维护自己国家的形象。可是,有个别的网友借这类事件去丑化中国人的形象。当然了,这类不实之论不堪一击。可是,为何有人敢于藐视我国的法律呢?为何总有人将网络安全法中明文规定的第四条"国家倡导诚实守信,健康文明的网络行为"抛之脑后呢?

四、传承传统美德,以德待人

面对网络热点,有一点十分的关键——恪守道德。某某人上热搜,有些新闻下的跟评非常热闹,虽然那并不触及法律,但有的言词在一定程度上却违背了道德。那些不堪入目的字眼,旁观者看着都会感到不适,何况当事人呢?刘备说过:"勿以恶小而为之,勿以善小而不为。"再小的恶语也能够激起千层浪,再小的恶语也是对事件、人物的不尊重。因此,我们在发表言论时,一定要恪守道德。

结语

在热点事件持续发酵时,我们自然难以置身事外,更不可能在了解事件后,一丝丝情感的起伏都没有。但作为当代大学生,当你越想为某事发声,越想表达你内心的情感时,一定要坚定核心价值观,遵法守法,冷静从事。这样才有助于更好地构建和谐文明的校园环境。

参考文献：

[1]　洛克.政府论[M].刘晓根,译.北京:北京出版社,2007.

[2]　中华人民共和国网络安全法[M].北京:法律出版社,2016.

[3]　陈寿.三国志[M].北京:北京出版社,2007.

日语学院 170208 班　徐海芬

指导老师　李承福

践行社会主义核心价值观，大学生
在新媒体中兴利除弊

陈秋霖

摘　要：新媒体深深影响着大学生的思想观念和学习生活，一方面帮助大学生优化了时间，节约了资金，拓展了活动空间，挖掘了潜能发挥，交流更加便利化，生活更多样化；另一方面又容易导致大学生过度依赖新媒体，削弱自学能力，沉迷游戏，浪费光阴，滋生谣言，扰乱思想，风险陡增，诈骗丛生。我们应该按照社会主义核心价值观，秉持友善理念，文明上网，增强法治意识，规避风险，遵守诚信原则，和谐交往，在新媒体中兴利除弊。

关键词：社会主义核心价值观　新媒体　大学生

新媒体时代，是在社会主义核心价值观指导下的一个自由的时代。新媒体时代，让大学生进入了开放共享的世界，但也让他们进入了一个容易迷失自我的世界。大学生如何践行社会主义核心价值观，在新媒体中兴利除弊，是一个值得关注和研究的问题。

一、新媒体在大学生活中的亮点

新媒体因为具有全方位的数字化、互动性、个性化等优点，在不断地改变着大学生的生活方式，所以深受他们的欢迎，在他们生活的各个方面都不断得到应用。

1. 优化时间，节约资金

新媒体时代具有很强的共享性，满足了大学生需要汲取大量信息的需求。

比如数字杂志、报纸、广播、电子书以及一些学习软件,提高了他们碎片化时间利用率,增加了学习时间。同时,新媒体提供了大量学习资料,并且可以资源共享,反复利用,避免了纸质资料昂贵、一次性使用等弊端。这也减少了他们对于学习事物之外的担忧,激励他们更好地完成自己学业,争做一名敬业的大学生,积极贯彻社会主义核心价值观,成为国家栋梁。

2. 拓展空间,挖掘潜能

网络时代,是一个在社会主义核心价值观引领下的自由平等的时代。网络是一个机遇诸多的平台。比如说论文发表网站、演讲、辩论比赛、网上征集科技小发明等。它是一个自由的空间,会尽可能去挖掘你的潜能。它是一个平等的空间,没有家世背景、学历高低的限制,只要你的能力恰好符合它的选择,你就是胜利者。

3. 交流便利,生活多样

新媒体具有很强的交互性。社团动向、班级管理都离不开新媒体的使用。微信等交流软件让大学生可以随时掌握与自己有关的信息。同时,由于大学里更加强调同学的自主性,师生之间的交流频繁度不高,但又需要必要的交流,而在这样的情况下新媒体设备就充当起了情感桥梁。

新媒体给大学生生活方式带来的变化是显而易见的。一是支付方式的转变,从现金支付变成微信、支付宝支付,提供了更多便利与安全保障。二是购物方式的转变,从实体店消费变成了网上购物消费。比如网购衣物、点外卖、滴滴打车等。同时,新媒体在大学生的精神享受中也提供了很大帮助,可以为他们减少许多麻烦与不便。这些转变都推动着我国的发展更加走向现代文明化,走向社会主义文明新时代。

二、新媒体在大学校园中的弊端

1. 过度依赖,沉迷游戏

大学学习中,老师不会像高中时期一样,督促大家,所以他们依赖于手机的便利性,对老师上课所讲的内容只是拿出手机快速拍照。再者,依赖网上信息量庞大的特点,只要学习上遇到的不懂问题,便直接省略独立思考的过程,上网找答案,甚至抄袭。这严重违背了社会主义核心价值观所提倡的诚信、敬业的观念。过度依赖新媒体设备,缺少必要的学习过程,自我学习能力显然是无法得到提高的。

新媒体时代也标志着新娱乐时代的到来。男生待在寝室玩电脑游戏,女生则在教室玩手机游戏,他们在游戏中寻找存在感,而忘记了自己在现实生活中的责任,以至于大学四年一无所获。除了打游戏、刷朋友圈,娱乐八卦也是常态。而这些都会打乱学习节奏,分散我们的注意力,降低学习效率。大学生作为祖国的花朵,国家的栋梁,就像习近平同志所说:"青年一代有理想,有担当,国家就有前途,民族就有希望。"如此沉迷于游戏,荒废学业,这是不符合我国对青年人的培育要求的,这也明显不利于我国社会主义核心价值观所倡导的富强的国家的建设。

2. 传谣造谣,扰乱思想

有的大学生缺乏辨识能力和理性思维,在网上任意表达自己的毫无根据的言论、观点。也容易受到谣言的影响,盲目跟风,难以分清是非曲直。言论自由是我们的权利。但是我们同样生活在一个法治的社会,应当受到法律的约束,学法,遵法,守法,用法。

3. 风险陡增,诈骗丛生

如今的诈骗技术随着新媒体时代的到来而变得更加先进,难辨真伪。比如电信诈骗、银行卡密码盗取、大学生贷款,以及大学生网恋被骗等现象。所以,法律意识、安全意识不强的大学生易在新媒体时代陷入安全风波。

三、遵守社会主义核心价值观,在新媒体中兴利除弊

在适应新媒体时代的发展过程中,为了不迷失自我,大学生应该始终坚持社会主义核心价值观的指导思想,兴利除弊,做出正确选择。

1. 秉持友善,文明上网

在自由的媒体环境下,我们应该严格遵从网络规则,自觉维护网络安全,不破坏网络秩序,同时树立网络道德意识,学习网络道德规范,形成良好的网络道德行为规范,在网上与他人交谈过程中,做到言语文明优雅,态度礼貌友善,用文明的方式去传达温情与善意。

2. 增强法治,规避风险

面对新媒体时代带给我们的风险,我们应该树立法治观念,遵法,学法,守法,用法。用法律来维护我们的权益。同时,我们也应该以法律为准绳,规范我们的行为,做到法律禁止不可违,推进法治社会的建设。

3. 遵守诚信,和谐交往

诚实守信是中国的传统美德,也是社会主义核心价值观的重要体现。在网络的不透明环境下,我们应该秉持着诚信待人的原则,不欺骗,不隐瞒,本着一颗真诚的心与人交往,传播诚信、和谐社会的观念,做一个诚信、友善的社会主义公民,推动文明,和谐社会主义社会的建设。

结语

中国特色社会主义在不断前进,不断发展,无论新媒体时代今后如何发展,它都是社会主义伟大时代发展下的产物,它都是为了建设富强、民主、文明、和谐、美丽的伟大中国而服务,所以作为大学生的我们,面对新媒体时代的到来,我们更应该提高自己的思想道德素养,积极培育和践行社会主义核心价值观,做到爱国,尽业,诚信,友善,成为一代有理想、有道德、有文化、有纪律的社会主义接班人,共创中国的新辉煌,努力将中国建设成为一个屹立于世界民族之林的伟大强国!

参考文献:

[1]　新媒体概论第一章(百度文库)[EB/OL]. https://rc. mbd. baidu. com/2dthqy5.

[2]　浅议新媒体与传统媒体的关系(搜狐网)[EB/OL]. https://m. sohu. com/a/120021499_488992/? pvid =000115_3w_a&strategyid =00014.

[3]　马艺. 新媒体环境下我国大学生媒介素养教育研究[J]. 今传媒,2014(03).

[4]　吴阳松. 新媒体视阈下当代青年社会主义核心价值观培育问题研究[J]. 理论导刊,2015,(05).

[5]　张学娟 张伟群. 新媒体语境下大学生社会主义核心价值观的培育[J]. 思想政治课研究,2016,(04).

英语学院 170116 班　陈秋霖

指导老师　李承福

实践社会主义核心价值观，
建设大学网络文明生态

于向楠

摘　要:大学生与网络关系越来越密切,网络也是大学校园生活重要的组成部分。大学生要想打造与网络的文明和谐的关系,一方面,应提高鉴别力和自控力、提升道德修养、理性网络消费、树立安全意识,以实现增强自身能力,避免受到伤害;另一方面,在网络交际、获取学习信息、丰富日常生活等方面合理使用网络。遵守社会主义核心价值观,是建设大学网络文明生态的可靠保障。

关键词:社会主义核心价值观　大学生　网络生态

从中国互联网络信息中心 2018 年发布的报告来看,持有大学本科及以上学历的网民占网民总数的 11.2%。面对众多的网络衍生品,大学生又该如何有效管理自己的行为,做网络的"使用者",而不是成为网络的"傀儡"。

一、建设大学网络文明生态的意义

对网络最活跃群体之一的大学生来说,从交话费、网约车、订外卖之类的生活琐事到查资料、学新知、写论文,互联网都扮演着举足轻重的角色。目前政府出台的相关法律政策虽然遏制了一些互联网违法犯罪事件的发生,但当下的网络环境依然有不尽如人意之处。

大学是一个人"三观"形成的重要时期。有害信息、垃圾游戏、肥皂影视等,都有可能成为腐蚀大学生心智的毒瘤。如何帮助大学生趋利避害,树立正确的世界观、人生观、价值观,就成为了当务之急。

环境对于个人成长总是有着潜移默化的影响。为帮助大学生成为文明的"网络人",建设大学网络文明生态就显得尤为重要。网络环境是由每一个网民的小磁场合成的大磁场。每个人的行为都会影响到网络环境的风气。那么,大学生又应如何身体力行,为建设网络文明生态贡献一份绵薄之力?

二、增强自身能力,避免受到伤害

1. 提高鉴别力

大数据时代,信息潮水般向我们涌来。但是,其中不乏黄色暴力、封建迷信、反动言论等不良信息。有关资料显示,网络上47%的信息中夹杂色情信息,60%的青少年会在无意中接触到网上的黄色信息。大学生心智尚未完全成熟,很容易受到有害信息的荼毒,此外,大学生还应学会区分网络上形形色色的人。隔着电脑屏幕,我们很难准确地判断网络上人的身份、人品和素质。盲目地约见网友,有时带来的不是喜讯,而是噩耗。大学生要保护自己不受伤害,首先就要提高"明辨是非"的能力。

2. 提高自控力

文明上网有一个方面就是"摒弃低俗沉迷"。自控力能在很大程度上杜绝大学生沉迷网络。

提高自控力,首先要克制猎奇心理,不能凭借着初生牛犊不怕虎的性子肆意而为。其次,"玩物"易"丧志",有的甚至会"丧命",因连夜上网导致大脑长期处于兴奋状态而致死的案例已不是少数。高校大学生中,"几乎每天上网的占33.6%,每次上网时间少于两小时的占31.8%,2~4小时的占52.3%,5~7小时的占9.8%,多于8小时的占6.1%,其中2.3%是经常通宵上网。从这些数据上来看,一些大学生的上网方式是极其不健康的,这会对自己的身体会造成不可估量的伤害。

3. 提升道德修养

网络的虚拟性使得个别心术不正的人摆脱了现实生活中的监管和束缚,做出和实际生活中大相径庭的表现。一方面,他们在网络匿名性的"保护"下随意散发消极言论,或是淫秽羞耻的龌龊想法、或是煽动性强的反动言论、又或是对他人的恶意中伤。另一方面,大学生具有较高的文化程度,掌握较娴熟的电脑操作技术,一旦误入岐途,其高科技犯罪行为往往能造成不小的负面社会影响。

为避免犯错,大学生应积极提高自身道德修养,强化法治观念,积极倡导文明守法的网络文明规范。

4. 理性网络消费

"网购",这种新颖的购物方式给我们提供了便利,也给了我们更多的选择。但是,一些大学生常常面对"淘宝双十一""黑色星期五"等折扣季时就开始疯狂地"买买买"。其后果就是卡中的余额在一夕之间被挥霍一空,父母的血汗、一个月甚至几个月的生活费,就这样进入了卖家的手中。更有甚者,不惜利用网络贷款,最后使自己负债累累。

盲目购物,过度消费,本身就是一种浪费。网购更使得这种行为变本加厉。大学生文明上网就应当理性网络购物,即使是在电商的折扣季,也要保持清醒,不能贪图一时的低价,忽略自己实际的需求。

5. 树立安全意识

随着科学技术越来越发达,不法分子的手段也越来越高明。近些年来,大学生遭遇网络诈骗的案子一起又一起地接连发生。大学生涉世未深,又握有一笔金额不小的生活费。不法分子便将他们作为目标群体实施犯罪。

在 2017 年发生的网络诈骗中,主要有网络兼职、购物、虚假招聘信息、虚拟中奖信息,以及钓鱼网站等几种诈骗类型。虚拟中奖信息诈骗无非是利用人类贪小便宜的心理。只要果断屏蔽此类信息,遭遇风险的系数就比较低。但是其他几类就需要大学生树立起安全意识,遇到类似的情况时,认真核查相关的信息。

三、合理使用网络,积极传播正能量

1. 联系亲友,缓解相思

进入自己心仪的大学是每位莘莘学子的梦想。然而,这常常伴随着与亲人朋友的分离。思家念亲的强烈情感,自遥远的古代起,便困扰着每位背井离乡的游子。但是,网络的出现使我们不用再忍受与亲朋分离的煎熬。视频通话、语音聊天等都可以增进我们的感情,增强我们的联系。

2. 获取信息,快乐学习

网络提供了便利的信息搜索方式:只要键入关键词,我们就能从庞大的数据库中轻松筛选出所需信息。这为我们免去了以往翻书查阅的冗杂过程,节约了时间、减小了任务量。网络提供了学习交流的大平台。大学生可以利用互联网与五湖四海的朋友交换想法,分享学术所得,可以拓展思维,丰富解决问题的方法,提高自身能力。另外,大学生应积极地利用网络进行线上学习——网络上的资源丰富。这种足不出户的学习方式,使大学生可以轻松接触到最前沿的知识。除此之外,网络学习方便灵活,上课时间、上课模式,都可以根据自己的情况自由选择。这样不仅能够提高学习的效率,还能丰富大学生的学习生活。

3. 娱乐减压,丰富生活

网络,作为一种题材丰富的娱乐工具,可以让我们在线听音乐、看视频、玩游戏等。通过这些途径,可以在一定程度上减轻压力,以更加昂扬向上的精神状态进行学习,达到事半功倍的效果。

4. 阅览资讯,同步潮流

网络的数字化使得当下的信息得以迅速的传播。各方人士往往都会利用网络这一特点发布资讯。不论是新闻资讯、教育资讯,还是国内资讯、国际资讯等,都能通过网络进行阅览。网络阅读一般都会比购买纸质书籍要便宜得多,大部分网络资讯的无偿性更大大降低了大学生阅读的开销。

5. 联络老师,方便学习

进入大学,一个教师用在每个学生身上的精力就会大大减少。此外,师生间接触少,对彼此的感情就会淡薄很多。

微信群、QQ 群等,为师生提供了一个交流平台。学生可以随时请教问题,了解教学进度和任务,接收学校的通知。这有效地方便了校内信息的上传下达。在一次次的交流中,师生感情也会得到大大加强。

四、结语

大学生是一个国家未来的支柱、人才和精英。随着网络的日益普及和发达,"文明上网"终会成为重要的时代课题。面对网络,我们应当恪守社会主义核心价值观。只要每个大学生都努力成为一个文明的网络人,那么大学网络文明生态就会得到实现。

参考文献:

［1］ 赵丽央、孙秀丽.大学生网络生活的调查与分析[J].《温州大学学报(自然科学版)》,2006,27(05).

［2］ 周印.当代大学生网络生活状况及其对策[J].《山东省农业管理干部学院学报》,2013,30(04).

国际商学院 170713 班　于向楠

指导老师　李承福

从小洋楼浅谈天津"五大道"蕴含的巨大历史

单雅男

摘　要:"五大道"容纳着"巨大的历史",而我们现在所能够看到和感受的,只不过是它最浅的表层,真正的"五大道"还没有被揭开。无论如何,"五大道"都不是一个可以走马观花的地方。不过即便如此,它已经让我们目不暇接了。本文意在通过介绍"五大道"历史概况及特色建筑带您踏进时光隧道,重返过去,在历史情境中感受中国近代史的风雨烟云。

关键词:小洋楼　"五大道"　历史

俗话说:"五千年历史看西安,千年历史看北京,百年历史看天津。"这是对天津在中国发展史上所处地位的评价。在每一处都布满历史的天津城里,"五大道"的历史显得更为沉淀和浓缩。

一、"五大道"的渊源

"五大道"在今天天津市和平区体育馆街管界内,在历史上,"五大道"并不仅指5条街道,而是指天津市区南部原英租界内的一个风格独具的街区,包括总长17公里的22条街道,面积1.28平方公里。其四界范围是:马场道以北,成都道以南,西康路以东,马场道和南京路交口以西的一片地界。其主干道路是5条平行并列的东西向道路:成都道、重庆道、常德道、大理道、睦南道,再加上马场道。"五大道"具体指哪5条"大道",说法不一。一种说法,指马场道、睦南道、大理道、常德道和重庆道；另一种说法，指马场道、睦南道、大理道、重庆道和成都道。

20世纪初，天津共有9个租界。"五大道"所在区域原先是天津城南的一片坑塘，1919年至1926年的7年间，英国租界工部局利用疏浚海河之机，"吹淤垫地"，填洼修路，开发了这一地区。当时正值英国"花园城市"规划理论盛行，这片租界区便成了将理论付诸实践的理想之地。一座座洋楼似乎在一夜之间拔地而起，风貌荟萃的高档住宅、庄严的教堂、恢宏的学府、高雅的俱乐部、美观的影剧院相继建成，配以完备的公共配套设施，逐渐形成了自马场道以北5条几近平行的道路及其间纵横交错的23条跑马道构成的大型花园式居住区。

天津是近代中国的缩影，"五大道"又是观察天津从近代向现代转型的极佳窗口。在不断遭受列强入侵的背景下，九国租界，华洋杂处，中西碰撞，彼此相异的中西文化，却在天津这座都市奇迹般地交融相生。"五大道"及其所在的天津由此被一种完全陌生的外来文化强行进入，开始了最痛苦、最无奈、最执着、最迫切的文明再造和社会转型。租界内的楼房、教堂、洋行、商家，现代城市管理、西方生活方式等，对于近代天津的文化走向产生了直接而久远的影响。

二、"万国建筑博览会"的小洋楼

俗话说"北京四合院，天津小洋楼"。天津近千幢小洋楼，几乎囊括了西方近代建筑的所有样式，风格迥异，千姿万态，争奇斗艳。因此，天津被誉为世界建筑博览馆。天津独特的城市景观，被称为小洋楼文化，成为天津城市文化一个重要的组成部分。九国租界位于海河两岸，分别按各自国家的建筑风格，建起一片一片的国中之国。租界洋楼，既是旧中国饱受凌辱的实证，但也给我们留下大批建筑艺术的精华。许多近现代名人在"五大道"都留下过足迹，几乎每幢建筑里都讲述着近代中国的故事。

天津租界最初是不准许华人入住的，但随着天津城市建设的发展以及租界当局增加税收的考虑，这些限制不久就废止了，大批富有的华人纷纷入住租界。20世纪20年代以后，天津各租界都形成了实力日益强大的华人社会。名人旧居是天津建筑与文化的象征，具有历史文化和旅游观光的双重价值，其中，仅名人故居就多达百余处。这里既居住过末代皇帝溥仪、醇亲王载沣、肃亲王善耆等皇室贵族,也留下了黎元洪、冯国璋、曹锟、徐世昌等民国风云人物的身影,还见证了美国第 31 届总统胡佛、五星上将马歇尔、四星上将史迪威等世界名人访华的点滴瞬间。此外,实业家唐廷枢、周学熙、范旭东,思想家严复、梁启超,教育家严修、张伯苓等也都在天津租界留下了他们重要的人生轨迹。

三、小洋楼蕴含的风雨烟云

当年的名流富豪、达官显贵都选择在这里隐居避世,看重的便是这里的两个字——"清幽";地处租界的特殊权利,使它独立于皇权或政府管辖之外,成为当时得天独厚的安全岛和安乐窝。当年,许多政治外交重大事件的斡旋与谋划,各类特殊人物的幕后交易与隐私,都曾在这些看来寻常的楼舍中隐秘地进行。这些形态各异的小楼,曾上演过无数绚丽多彩的剧情。铁与血的豪情迸射,诗与梦的柔媚纠结,化为诡秘的传说或清幽的故事,在小楼风雨中缠绕,在街谈巷议中流传。近现代史的雾风烟雨在这里浓缩成一个又一个关于天津的记忆。

1. 庆王府

位于重庆道 55 号的庆王府,始建于 1922 年,由清末最后一个总管太监小德张督建。1922 年,他在英租界剑桥道也就是后来的重庆道上购得一块地皮,开始大兴土木,一年多后,一座恢宏气派的宅邸拔地而起,成为租界地最富丽堂皇的建筑。在这里,他把自己的聪明才智和大笔的财富都给予了这座建筑,造就了传世之作。庆王府,当时称为"张府",占地面积 4327 平方米,建筑面积 5922 平方米,为砖木结构二层(设有地下室)内天井围合式建筑,两层外檐均设通畅柱廊,建筑形体简洁明快。室内设有共享的大厅,以适应当时的西化生活。水刷石墙面与中国传统琉璃栏杆交相辉映,门窗玻璃上比利时工艺雕琢的中国传统花鸟栩栩如生,是当时中西合璧建筑的典型。小德张既想攀龙附凤,又怕僭越皇权,所以在兴建房屋时讨了一个巧,将自己入户台阶建为 17 级半。看似 18 级,实则矮了半分。1925 年,因受一桩风流韵事的牵连,庆亲王爱新觉罗·载振迁居天津,买下了小德张的这座宅院。载振住进去之后,除建筑加盖一层作为影堂之外,其余部分没有做太大改动,只在内部装饰上做了些添置。1947 年,末代庆亲王载振在庆王府病故。中华人民共和国成立后至今,这里一直是天津外事单位的办公处,是"五大道" 4 个市级文物保护单位之一。几十年过去了,曾经风云一时的末代庆亲王与太监总管"小德张"渐渐淡出了人们的视线,而这座矗立在"五大道"上的庆王府却仍然风采依旧,默默诉说着历史的过往与沧桑。

2. 工商大学与北疆博物院

马场道上有两座著名的大型建筑——北疆博物院和工商学院,都坐落在现在天津外国语大学的校园内。北疆博物院创建于 1922 年,是中国近代开设最早的自然博物馆。创办者是法国学者离桑,他的中文名字叫桑志华。其建筑为平面的"工"字形,具有罗马建筑风格。

马场道上最引人注目的建筑,就是外国语大学校门一侧高大气派的法国罗曼风格建筑,1925 年创办的天津工商学院主楼。3 层高楼带地下室,外檐大块蘑菇石墙面,曼赛尔式瓦顶,圆形大钟,堪称民国时代典型建筑风貌。20 多年来,多部影视剧都慕名而来,选为外景拍摄地。天津"五大道"居民经多识广,成为最淡定的群体。他们在家门口遇到摄制组拍片的次数很多,隔三岔五,已成家常便饭。

3. 疙瘩楼

中国近代外交家颜惠庆的旧居(睦南道 24 号),主体为 4 层砖木结构,具有欧洲古典建筑风格。3 层楼的平台布局结构各不相同,外墙用烧焦的砖垒砌,俗称"疙瘩楼"。该建筑曾为伪满洲国"领事馆"。疙瘩楼是具有天津地域特征的里弄式住宅,但只此一幢,并无弄道。建筑为砖木混合结构。它的立面处理比例和谐,砌筑精美,尤其是砖面凸起"疙瘩"所形成的特有材质肌理,此种处理在天津近代建筑中较为常见,形成特有的地域特色。建筑整体轮廓、门窗排列具有现代建筑的简洁性。阳台、窗套曲线具有 17 世纪巴洛克痕迹,直线与曲线配合协调,取得优雅的效果。如今的疙瘩楼已经改造成为"能吃的博物馆",各位朋友在这里不仅能吃到丰富的美味,而且能欣赏到各个朝代的历史文物,这里保存有清朝乾隆皇帝赏赐给纪晓岚的雕花桌凳,还有道光年间的"圣旨"珍品以及各种石刻、古代兵器等。

4. 顾维钧旧宅

顾维钧,著名爱国外交家,旧宅位于河北路 267 号。该建筑为砖混结构 3 层楼房,具有折中主义建筑特征。琉缸砖墙面,双槽玻璃窗,木地板,楼门前有一对罗曼风格的麻花柱。顾维钧,青年时在美国哥伦比亚大学留学,回国后历任北洋政府外交总长、内阁总理和南京国民政府外交部长等要职。1944 年代表中国出席敦巴顿橡树会议和旧金山会议,参与联合国的发起和创建工作。在半个多世纪的外交职业生涯中,他坚持平等自由的外交立场,在许多重大外交事件的处理上不卑不亢,表现出敢于维护国家利益的超人胆略和非凡的外交才能。1956 年他被选为国际法庭法官,不久又当选国际法庭副庭长。

结语

用冯骥才的话说,"五大道"容纳着"巨大的历史",而我们现在所能够看到和感受的,只不过是它最浅的表层,真正的"五大道"还没有被揭开。

一条条林荫小路,流淌着岁月时光;一幢幢名人故居,埋藏着历史风云。"五大道"是最具天津文化符号的地标,你能从这里翻检一段苦难辉煌的历史岁月,你能从这里读懂一座城市的人文密码。观赏犹如踏进时光隧道,使人重返过去,在历史情境中感受中国近代史的风雨烟云。

参考文献:

[1] 王新玲. 悠悠百年五大道[J]. 中国报道,2009,(07).

[2] 王轩. 天津五大道:万国建筑博览会[J]. 民主,2011,(08).

[3] 郁群. 五大道与小洋楼[J]. 走向世界,2011,(26).

[4] 李绾心. 天津五大道庆王府的前清往事[N]. 中国文化报,2012 - 10 - 18(07).

[5] 祖光. 五大道:读懂一座城市的人文密码[N]. 光明日报,2015 - 02 - 07(07).

国际交流学院 160901 班　单雅男

指导教师　李　鹏

探寻"五大道"历史人物与故居

冯盛元

摘　要：天津是中国北方较早和较大的沿海开放城市，南北荟萃，华洋杂处，经济较为繁荣且靠近北京。自清末以来，许多爱国将领、军政要人、晚清遗老、中外实业家及知名教育家纷纷来到这里。"五大道"地区成为他们居住的首选之地，他们在"五大道"先后建立起了花园别墅、高级公寓和里巷式住宅，形成了"五大道"高级住宅区。"五大道"的出现成为了近代中国百年历史风云变幻的缩影。本文通过实践考察，借助代表性人物故居，探寻历史人物故居背后的人文精神，对鉴古知今大有脾益。

关键词：探寻　"五大道"　历史人物　故居

风雨斑驳的小楼，像旧式贵族，直着腰身，睨着眼。几扇永远关着的门，藏匿在一个个故事中。后庭院的旧门缝里，散漫着草树老石，遮蔽着一个个秘密。饱经历史风霜的建筑无不述说着历史的哀伤。细雨打湿了百年旧书卷，曾叱咤风云的皇裔、贵胄、将军在这里都换上了便装，戴软帽、着青衫、隆隆的车马声掩盖着历史的呢喃。

一、名街"五大道"

在 19 世纪末 20 世纪初，"五大道"地区还只是天津城南的一片坑洼塘淀。在这荒芜的土地上，零星散落着一些简陋民居。当时有"二十间房""六十间房"

"八十间房"等似是而非的地名。后来,这里被划成了英租界。从 1919 年至 1926 年这 7 年间,英租界工部局利用疏浚海河的淤泥填垫洼地修建道路。重庆道于 1922 年建成,当时命名为"爱丁堡道""剑桥道"。随后,大理道、睦南道、常德道、成都道等相继建成。

如今,"五大道"坐落在天津市和平区体育馆街管界内,包括总长 17 公里的 22 条街道,面积 1.28 平方公里。其四界范围:马场道以北,成都道以南,西康路 以东,马场道和南京路交口以西。该街区平行并列着 5 条东西向主干道路,均以 中国西南地区 5 座名城命名:成都道、重庆道、常德道、大理道、睦南道,再加上一 条马场道。

作为历史文化名街,"五大道"拥有 20 世纪二三十年代建成的英、法、意、德、西等不同建筑风格的花园式房屋 2000 多所;其中风貌建筑和名人名居有 300 余 处。直到现在,这里仍保持着幽雅静谧的街区风貌,保留着历史的痕迹,蕴含着 丰富的文化底蕴,是津城的一大胜景。

二、名居中蕴含的往事

"五大道"的每栋建筑几乎都有属于一个传奇人物的故事。

曾在这里居住过的徐世昌、顾维钧、曹锟、孙殿英、张伯苓、张自忠等百余位 中外名人和他们的故事体现了"五大道"的历史底蕴。近代史的风雨烟云,政治 人物的浮沉轶事,似乎都镌刻在天津"五大道"地区幢幢洋楼斑驳的墙面上,这些 珍贵的历史遗存以及楼主的人生命运,令来访者不禁唏嘘。

北洋政府先后下野的 4 位总统——黎元洪、徐世昌、冯国璋、曹锟都蛰居津 门,每当路过他们的寓所故居时,伴随着建筑上斑驳的印记,总能引发许多遐想。

在这 4 位名人中,徐世昌的公馆在英租界上,且保存完好。徐世昌自己居住 的那处寓所,极有特点。它是一座典型的英式别墅,无论是凹字形的陡削瓦屋 顶,长弧形欧式观赏露台,还有清水砖墙,庭院里高耸的大树,所有的一切无不弥 漫着秀丽典雅的欧式新自然风格。这也与他的"文治总统"的称号相得益彰。举 人出身的徐世昌在当了 4 年的总统后,因曹锟而被迫辞职,回到天津当起"租界 寓公"。晚年的他吟诗作画搞收藏,家藏书达 8 万卷,其中宋元珍本极多,有藏书 楼"晚晴簃""书髓楼"等,意即古籍中的精品之书。张伯驹(民国四公子之一)在

《续洪宪记事诗补注》曾提一诗："利国无能但利身，虚名开济两朝臣。笑他药性如甘草，却负黄花号菊人。"此诗虽然略有刻薄之意，但徐老确是两朝虚誉。说他性如甘草，是因为甘草能调和百药，补脾益气，有"国老"之誉，所以形容徐世昌最为不过。而自号"菊人"也许不为他人所认同，但是他还是做到了晚节持重。徐世昌并不是一个革命家，政治品德也不算完美，但学识广博，推行新政，热爱国家，坚持和平，崇尚自然。这与一些祸国殃民的军阀形成了鲜明的对比。

在 20 世纪初，京畿门户、经贸都市、九国租界等重要的因素，使天津逐渐成为特殊与重要的城市。渐渐的，天津成为清廷遗老遗少、下野政客蛰伏隐居以及商界学界人士定居以开拓事业的首选都市。我们能从睦南道 50 号，即爱国名士张学铭的故居中，充分看出这一段历史。张学铭是张学良的弟弟，他的故居也十分讲究，这是一套庭院式二层住宅，前面的一幢是主楼，主人的饮食起居都在这里，后面的一幢是佣人住房及家庭教室等。主楼是一幢坡顶的西式建筑，外墙采用紫红色机砖砌筑，内部装修豪华。首层设有带暖廊和花室的大厅，并与宾客卧室、餐厅、备餐厅、厨房、卫生间和楼梯间相连，二层设有卧室、会客室和两个卫生间，大厅内采用彩色玻璃提拉通天窗，以方便采光。楼前是一座花园，园中遍栽丁香，一年四季紫藤满园。张学铭在 1931 年任天津特别市市长兼公安局长，当年曾率部粉碎由日军策划、操纵的便衣队暴乱，捍卫了民族主权。中华人民共和国成立后，张学铭曾任天津市市政工程局副局长、人民公园管理委员会主任和全国政协委员等职，这栋楼是张学铭 1930 年购买的住宅，在津期间一直居住于此。

三、迷人的欧陆建筑风情

"五大道"上最早的建筑，是马场道 121 号，一座始建于 1905 年的西班牙建筑风格的花园别墅。由于英国学者达文士在此居住，人称"达文士楼"。马场道上还有两座著名的大型建筑——北疆博物院和工商学院，现都坐落在天津外国语大学校园内。北疆博物院创建于 1922 年，是中国近代开设最早的自然博物馆。创办者是法国学者离桑，他的中文名字叫桑志华。其建筑形式为平面的"工"字形，体现了罗马建筑风格。

而目前较为完好的，最为气派的是法国罗曼风格建筑——法国人在 1925 年创办的天津工商学院主楼。三层高楼带地下室，外檐大块蘑菇石墙面，曼赛尔式瓦顶,圆形大钟,堪称是民国时代典型的建筑。

大理道全长1745米,两侧房屋多为英式单体小洋楼,高墙深院,看起来神秘深邃,也最为静谧。这条路上既居住着下野军阀也居住着巨商富贾,还有教育家、翻译家、藏书家、医生等,甚至还有特务。在这条道上的蔡成勋旧居(大理道3号、5号)最为出名,其主楼外观为法国罗曼式公馆建筑,中西合璧建筑风格。楼正门两侧为对称式,楼房外檐为青砖墙体,以白色窗楣为饰,楼房的第3层配有凸出檐的平台。院落宽敞,围墙高阔,朱褐色大门颇显豪华森严气派。内装修使用中式木雕;另有中式四合院家庙,垂花门及门窗隔扇,砖雕、木雕、石雕皆精细入微。

无论是在马场道上还是大理道上,那些精致的建筑,无不埋藏着许多隐秘的故事,正静静地等着后人去寻觅。在落日的余晖中,这些建筑交相辉映,斑驳的印记向世人诉说着一段又一段隐秘的历史。

结语

"五大道"作为一个优越的、神秘的、深邃的空间,诸多重大事件的舞台,那些形形色色的人物所经历的事情填满了这些美丽的建筑。在社会动荡、吉凶难料的社会背景之下,无论是贵族住户,还是实业大家,抑或是军政要人大多低调行事,体现出一种韬光养晦的状态。这种状态外化成"五大道"环境氛围——房屋尺度宜人,倾向低矮,色彩晦暗,草木茂密参差不齐,遮掩了楼窗及人们的生活。这种韬光养晦的状态和低调的设计格调形成了"五大道"独有的幽静。

达官显贵在这里隐居避世,看中的便是这里清幽的环境。在这些形态各异的小楼中,曾上演了无数迷幻的剧情。梦与现实的交际,铁与血的豪情迸发,化为人们口口相传的秘闻。近代百年的烟雨在这里浓缩成老天津卫的回忆。每当人们漫步在月色下,走在隐秘的建筑群之间,那些充满异国情调的栋栋别墅,隐约闪现出岁月风霜和时代沧桑,引发了游客无限的联想。

在"五大道"这片中西方文化思想激烈碰撞和反复交融的土地上,外来的西方文化与本土文化逐渐交融,成为了中国年轻一代向西方学习的窗口。我们深知,对"五大道"建筑及人物历史的学习,不仅仅是为了得出公正客观的评价,更是为了传承优秀的文化。青年人有义务在近百年历史的翻涌中感受时代的浪潮,不忘初心,继续前行。

参考文献:

［1］ 谭汝为．天津五大道与小洋楼文化[J]．天津市社会主义学院学报，2014,（03）．

［2］ 王轩．天津五大道:万国建筑博览会[J]．民主,2011,（08）:39－40.

［3］ 谭汝为．天津五大道与租界文化[J]．天津市社会主义学院学报，2015,（01）.

国际商学院 160706 班　冯盛元

指导教师　李　鹏

天津"五大道"与租界文化

郭向吉

　　摘　要："百年中国看天津",到天津,不可不提"五大道"。作为中国历史文化名街,它迄今还保持着幽静别致的街区风貌,众多的洋楼建筑和名人故居,蕴含着丰富的内涵。其受天津开埠的影响,进而产生的租界文化、城市文化,对整个天津影响深远。

　　关键词："五大道"　租界　开埠　文化

　　天津租界是西洋文化和中国传统文化及地域文化的承载体,是天津多元文化的重要组成部分,曾见证了天津近代的繁荣和辉煌。而"五大道"地区,则集中体现了这些不同国家的不同文化,是最为重要的租界区。

一、租界的历史

　　第二次鸦片战争的后期,英法联军攻占天津,兵临北京城下。1860 年 10 月 24 日,清政府被迫与英国签订了《北京条约》作为《天津条约》开辟通商口岸的续增条约。条约第四款规定:"续增条约画押之日,大清大皇帝允以天津郡城海口作为通商之埠,凡有英民人等至此居住贸易,均照经准各条所开各口章程,比例划一无别。"在这一城下之盟中,天津被增列为通商口岸。该条约虽未规定设立租界,但是成为了日后英国在天津强划租界的依据。

　　1860 年 12 月 4 日,英国驻华公使卜鲁斯向恭亲王奕訢递交照会,写到"意将津地一区,代国永租",作为领事官署和商民的住房及栈房之用。随后,他又转而知会天津地方官府,要求在天津划出英租界。12 月 17 日,清政府允许了英国公使卜鲁斯设立英租界的要求,列强在天津设立了第一个租界——英租界。此后,法、德、俄、日等相继在天津设立租界。

天津英租界为天津最重要的金融贸易区和高级住宅区,东部临近海河的维多亚道,这是一条著名的金融街,集中了汇丰银行、花旗银行、华俄道胜银行、横滨正金银行和金城银行等中外各大银行,以及怡和洋行和太古洋行等洋行所在的西部推广界部分,形成了 20 世纪初天津最大的一片高级住宅区,今天通称"五大道"。

二、租界文化之建筑风格

"五大道"地区修筑最早,也是最长、最宽的一条街道,就是马场道。洋人在天津设立租界之后,最时尚且盛行的文体活动就是赛马。每次活动之时,洋行关门停业,都去赛马场一睹盛况。在 19 世纪末,英国商人在"佟楼"养牲园一带,修建了一座大型赛马场。为方便往来,就在赛马场和英租界之间修了一条宽敞的马路,遂以"马场"命名。路长 3410 米,和天津其他道路一样,马场道的斜街歪巷比比皆是。

睦南道全长 1968 米,道路两旁都有大树护行,使小洋楼和树木融为一体,显得幽静深远。而更为奇特的是,这条路上的建筑物,风格迥异,各有不同。爱国将领高树勋旧居,是典型的英式建筑,大坡度,尖屋顶,开天窗。而军阀孙殿英的旧居,则显示出典型的巴洛克式建筑风格。现在俗称"疙瘩楼"的建筑物,又与前两者不同,自成一派。风格的不统一,并未使这条道的建筑显得不和谐。相反,在树木的掩映之下,反而多了一种美感。

这只是"五大道"中的两条,其余 3 条也是如此。

据统计,这里各国各个时期不同风格的建筑物 2000 多座,名人名居 300 余座,既有法国罗曼式公馆建筑,中西合璧建筑风格的蔡成勋旧居;也有大门楼高台阶的现代建筑风格;还有融入了西式建筑理念、自由发挥的偏中式建筑楼群。"五大道"的建筑风格之多,以致被称为"万国建筑博览馆"。

三、租界文化之环境教育

租界开辟之后,干净整洁、秩序井然,客观上促进了天津老城区的城市建设、道路改造,其独特的风格还起到了一定的示范作用,并在改造后的城市形态上留下了深深的印象。1888 年 11 月 3 日,《中国时报》曾这样报道:"一度遍地皆是深沟、大洞、臭水沟的使人恶心的可恨的道路被铲平、拉直、铺平、加宽,并且加装了路灯,使人畜都感到舒服。与此同时,城壕里的好几个世纪以来积聚的垃圾也都被清理掉了。"作家谷崎润一郎在 1918 年来到天津,被当时独特的城市文化所感染,曾在小说里写到:"走在天津的香港道(今睦南道)上,气派、整洁、美丽,使人仿佛来到了欧洲的都会。"

另外,租界地区的教育事业也获得了一定的发展。在教会和租界华人的影响下,天津的近代教育发展较为迅速。马场道西头是天津新华中学,前身是天津圣公学堂女中,始建于 1914 年 6 月 28 日,初创时定名为"圣功女学校"。1929 年更名为"圣功女中",1952 年底学校改为公立,更名为"天津师院女附中"。毕业于天津北洋女师范学堂的夏景如女士,因青岛战事避乱津门,被邀为创办人之一,协同筹划后出任校长。1940 年秋天,圣功女子学堂中学部在马场道上的陶园新校舍落成,这座"圣功楼"保留至今。位于马场道中段南侧的天津外国语大学,曾经是建于 1921 年的法国工商学院,它占地面积 4917 平方米,包括了校办工厂、一所小教堂等。这个建筑群体现了那一时期中高等教育的较高水平,也反应出那时这座城市的文化品位和开放的风姿。

四、租界文化之经济走向

开埠之前,天津凭借其自身优越的地理位置,和华北、西北和东北地区保持着密切的经济联系,你来我往的商人,传统的经济模式,带有大清帝国保守的特点。

但开埠之后,以租界为中心,改变了天津的经济格局。尤其是"五大道"这个各国齐聚的地方,更是改变的最为彻底。除去各国要人居住不算,列强还在这里开设银行、工厂,俨然是一个彻底西化之地。"五大道"建设的高潮时期,是在1925—1930 年,正值天津市快速发展时期,即中国北方经济的形成期。西方国家的先进生产方式和经营方式得以在这里迅速登录,使天津获得了相对宽松的政策环境、更多的发展机会和更为广阔的国内外市场。

结语

在近代中国,没有哪一座城市像天津一样,受过如此多的侵略,也没有哪一座城市像天津一样,把中西文化融合得如此完美。"五大道"现如今已是国家4A级风景区,受到了天津市的重点关注与保护。"五大道"古老又年轻,严谨又繁华,它烙印着殖民统治的屈辱的记忆,又是人类文明精华的一部分,它是这座城市风貌的一角,是天津不可再生的历史。

参考文献:

[1] 谭汝为.天津五大道与租界文化[J].天津市社会主义学院学报,2015,(01).

国际交流学院 160901 班　郭向吉

指导教师　李　鹏

以一隅而见一城

——由小村脱贫到国家富强

岑沐熹

摘 要:十八洞村脱贫摘帽之路为我国脱贫攻坚战中的一个成功范例,在党的十九大召开的新的时代背景下,向着 2020 年全面建成小康社会的目标又迈进了一大步,国际国内影响力不断提高。

关键词:精准扶贫 主要矛盾转化 全面建成小康社会

一、十八洞村——精准扶贫的成功实践

四年多的时间匆匆流过,十八洞村第一支书施金通对当年习近平同志来访的场景仍历历在目。望着当年屋外座谈的照片,施金通至今仍能还原当时的种种细节,也忘不了提及一下如今的发展变化:"土坪换成了石板,还多了游道跟护栏……"村里的变化如此之大,有人说,脱贫按下了快捷键。

湖南省花垣县十八洞村,地处武陵山腹地,2013 年的全村人均纯收入仅仅1668 元。山高路远,穷乡僻壤,男人娶媳妇都成老大难——全村 40 岁以上的光棍,大约就有三十七八个。外面的姑娘嫁进来,怕是多年未有过的稀罕事。2013年 11 月 3 日,习近平同志考察十八洞村,首次提出了"精准扶贫",做出了"实事求是、因地制宜、分类指导、精准扶贫"的重要指示。经过仅仅两年多的时间,十八洞村就铺上了沥青路,修起了游道和护栏,村里的房屋修缮一新,脱贫 265 人,

十八洞村开始换上一副新面貌。

"授之以鱼，不如授之以渔"，为实现十八洞村脱贫致富，国家提供了技术、资金、政策等一系列支持，给十八洞村指明了一道长期致富的道路。十八洞村以种植烤烟与猕猴桃为主，烤烟由 2013 年的 100 多亩发展到 2016 年的 318 亩；猕猴桃开发近 1000 亩；以花垣县苗汉子合作社为依托，采取"公司＋农户＋基地"形式，发展野生蔬菜 110 亩，已经落实种植面积 41 亩；225 户村民每户房前屋后完成 10 株冬桃种植。跳出村里发展猕猴桃产业，是十八洞村创新扶贫模式的生动实践。以股份合作扶贫的新模式，发展猕猴桃产业 1000 亩，其中在十八洞村境内流转 100 亩土地建设精品猕猴桃示范基地；跳出十八洞在道二乡的花垣县现代农业科技示范园流转 900 亩土地，建设十八洞村猕猴桃辐射基地，农户以入股的方式受益。因地制宜，发展产业，培育专业合作社，带动并致富了一大片农户。

二、精准脱贫前后的重大变化

矛盾的普遍性与特殊性相互转化，十八洞村是我国打赢脱贫攻坚战的成功典范，为我国其他地区继续推进脱贫摘帽工作提供了宝贵经验。推进精准扶贫，加大帮扶力度，是缓解贫困、实现共同富裕的内在要求，也是实现全面小康和现代化建设的一场攻坚战。为实现 2020 年全面实现脱贫，全面建成小康社会的伟大目标，多年来，我国坚定不移地走精准扶贫之路，坚持因人因地施策、因贫困原因施策、因贫困类型施策，让贫困地区人民情愿、主动、自信、坚定地实现脱贫摘帽，走上致富之路。

党的十八大以来，我国的脱贫攻坚战取得了显著成效。国务院扶贫开发领导小组办公室数据显示，2013 年至 2016 年，我国现行标准下的农村贫困人口由 9899 万人减少至 4335 万人，年均减少 1391 万人；农村贫困发生率由 10.2% 下降至 4.5%，年均下降 1.4 个百分点；每年减贫幅度都在 1000 万人以上。贫困地区农村居民人均可支配收入连续保持两位数增长，年均实际增长 10.7%。以上数据足以表明，我国为实现全面建成小康社会的伟大目标已取得了重大的进展。

三、继续攻坚克难，全面奔向小康

2017 年 10 月 18 日，党的十九大于北京人民大会堂胜利召开。习近平同志在报告中明确指出，中国特色社会主义进入新时代，我国社会主要矛盾已经转化为人民日益增长的美好生活需要和不平衡不充分的发展之间的矛盾。然而,我们还必须清醒地认识到,我国社会主要矛盾的变化,没有改变我们对我国社会主义所处历史阶段的判断,我国仍处于并将长期处于社会主义初级阶段的基本国情没有变。中国仍是一个拥有13亿多人口,是世界上最大的发展中国家。中国的发展仍面临着东西部之间、城乡之间发展差距较大的困境。"全面建成小康社会"的目标,关键在于"全面",也就是帮助贫困人口脱贫致富,实现小康,这是"十三五"规划的重要方面,也是实现全面小康必须攻克的难题。

行百里者半九十,经济的升级转型总是比想象更困难。今天的中国,仍面临着长长的"问题清单"。"世界工厂"转型升级的同时保持经济平稳增长,建设"望得见山、看得见水、记得住乡愁"的"美丽中国",在"学有所教、劳有所得、病有所医、老有所养、住有所居"上持续取得新进展……这些来自经济系统、自然系统和社会系统的挑战,无一不是艰巨的课题、难啃的硬骨头。就连《纽约时报》也感叹,"治理未来十年的中国,可能是全球最为艰难的工作之一"。

"十三五"画卷,将以中央政治局会议提出的"六个必须"(必须保持经济平稳较快发展、必须加快转变经济增长方式、必须提高自主创新能力、必须促进城乡区域协调发展、必须加强和谐社会建设、必须不断深化改革开放)为引领,铺展开来。"中国制造2025"推动工业制造业转型升级,打造"制造强国";"互联网+"推动信息化与工业化深度融合,新技术新概念新业态方兴未艾;城镇化目标激发更丰富的劳动力资源、激活更广阔的市场空间;提高土地产出率、资源利用率、劳动生产率,走出一条中国特色新型农业现代化道路。"十三五"期间,"新四化"的同步铺展、互动提升,为全面建成小康社会提供多元动力、多级支撑,中国将迎来有温度的发展、有质量的发展、有保障的发展。

四、迈进富强新时代——世界需要中国

"大家一起发展才是真发展,可持续发展才是好发展。"作为中国经济转型升级的重要载体,"十三五"规划不仅要擘画未来中国经济地理版图,也将对完善世界经济地理版图产生重要影响。2019年3月的全国两会上,习近平同志参加团组讨论时谈到,"我正在集中思考'十三五'规划。"两会一结束,在会见欧洲议会议长舒尔茨时,习近平同志主动提及"十三五"规划,并表示"相信在新的规划中我们会找到中欧合作的契合点和新机遇"。的确,"十三五"将影响的,绝不仅仅是中国。"过去两年,全球经济增长约30%来自中国"。《金融时报》首席经济评论员马丁·沃尔夫认为,过去是美国'打喷嚏'全球经济就'感冒',现在还应该加上中国一'打喷嚏',全球经济也'感冒'。"站在两个五年规划交汇的时间节点回望,在走向世界的进程中,中国的分量日益显现。

中国始终不渝地走和平发展道路,中国梦是追求和平的梦。中国梦需要和平,只有和平才能实现梦想。天下太平、共享大同是中华民族绵延数千年的理想。大道之行,天下为公。站立在祖国的广袤土地上,吸吮着五千多年中华民族漫长奋斗积累的文化养分,拥有十三亿多中国人民聚合的磅礴之力,我们走中国特色社会主义道路,具有无比广阔的时代舞台,具有无比深厚的历史底蕴,具有无比强大的前进定力。全党全国各族人民要紧密团结在党中央周围,高举中国特色社会主义伟大旗帜,锐意进取,埋头苦干,为实现推进现代化建设、完成祖国统一、维护世界和平与促进共同发展三大历史任务,为决胜全面建成小康社会、夺取新时代中国特色社会主义伟大胜利、实现中华民族伟大复兴的中国梦、实现人民对美好生活的向往继续奋斗!

参考文献:

[1] 颜珂.打好脱贫攻坚战——十八洞村脱贫记[N].人民日报,2015 - 11 - 28.

[2] 任仲平.向着第一个百年目标迈进——写在党的十八届五中全会召开之际[N].人民日报,2015 - 10 - 26.

亚非语学院 170609 班　岑沐熹

指导教师　宋　婷

大学生对于推动新时代中国特色
社会主义文化发展的作用

秦谊鸽

摘　要：中国特色社会主义文化是在党的领导下，源于人民大众实践，又为人民大众服务的文化，是继承人类优秀精神文明成果的文化。增强新时代中国特色社会主义文化的吸引力和感召力，是中国共产党领导人全面建成小康社会、开创中国特色社会主义事业新局面的必然要求。高校大学生同样肩负着发扬新时代中国特色社会主义文化的责任，不仅应坚定文化自信、推动社会主义文化繁荣，还应为国家坚持和平发展道路贡献自身专业知识，促进新时代中国特色社会主义文化在世界范围内传播，增强我国文化软实力，促进中华民族伟大复兴，弘扬社会主义核心价值观，更好地实现中国梦。

关键词：高校大学生　社会主义核心价值观　传播新时代中国特色社会主义文化

大学生是当今社会必不可少的推动文化发展和传播的新生力量。在社会主义核心价值观的引导下，大学生们不仅能发挥作为大学生的作用，推动新时代中国特色社会主义文化发展，还能发挥作为各自的专业优势，将不断发展中的新时代中国特色社会主义文化传播至世界，让世界各国对中国的文化思想有更加准确而深入的认识，从而使新时代中国特色社会主义文化在世界范围内得到认同与接受,与其他国家互相理解,和平相处,促进各国文化共同繁荣发展。

一、坚定巩固新时代中国特色社会主义文化自信

党的十八大以来的五年,在中国共产党的领导下,我国社会坚持稳中求进的工作总基调,迎难而上,开拓进取,取得了改革开放和社会主义现代化建设的历史性成就。"思想文化建设取得重大进展"便是其中之一。新时代中国特色社会主义思想八个"明确"中也指出:明确中国特色社会主义事业总体布局是"五位一体"、战略布局是"四个全面",强调坚定道路自信、理论自信、制度自信、文化自信。

1. 文化自信源于优秀传统中华文化

中国优秀的传统思想文化为社会发展提供着历久弥新、永不衰竭的精神力量,中国优秀传统文化不仅是民族的精神基石,更是中华文化能在世界文化之林中独树一帜的坚实基础。继承与弘扬中华民族优秀传统文化永不过时。优秀传统文化的重要性在习近平同志系列重要讲话中以现代中国话语加以表达,体现了中华民族风格和中国时代特色。如"相知无远近,万里尚为邻""孤举者难起,众行者易趋""强不执弱,富不侮贫"等,使用了许多的中国古代经典话语来陈述当今中国特色社会主义文化精神,既凸显了中国优秀古典文学的当代意义,又彰显了中国文化自信的本位。因此,具有独特性与民族性的中华优秀传统文化,是世界上绝无仅有的文化瑰宝,值得中华民族不断思考,不断发扬。

2. 文化自信源于社会活动实践

培育和践行社会主义核心价值观是实践求索之本。作为大学生,在践行社会主义核心价值观的同时,要发挥自身专业优势、特长,投身于社会实践活动,不断积累经验。在努力学习语言,不断提升自身专业技能的同时,关注国内社会和国际社会上发生的事件,多多参与各种社会实践,开阔自己的眼界,提高自己的思想深度。通过不断地学习与经历,充实自己,也使得自身对于新时代的中国特色社会主义文化有更加深切的体会,从而坚定自身对于新时代中国特色社会主义文化的文化自信。从而成为推动国家发展所需要的高素质人才,为全面建成小康社会和中国梦的实现奠定文化基础。

二、推动新时代中国特色社会主义文化创新发展

文化发展的实质,就是文化创新。新时代中国特色社会主义文化发展的实质,就是对于新时代中国特色社会主义文化的创新。

在坚定文化自信,弘扬优秀传统文化时,积极挖掘文化新元素,打造文化新生态,紧密结合当代中华文化的国情,对优秀传统文化进行创造性的转化和更新,与时俱进地融入中国特色社会主义理念和价值观念,赋予其新的时代精神和表现形式,反映改革发展的新理念、新思维及新走向,增强民族自豪感和自信心,使中华文化在传承与创新的历史张力中永葆文化生命力。

除了在上面"坚定巩固文化自信"中讲到的"立足于优秀传统文化"与"立足于社会实践"以外,还有以下途径,能够推动文化发展创新。

1. 面向世界,博采众长,以我为主,为我所用

(1)以我为主,为我所用。借鉴与融合是文化创新必然要经历的过程,新时代中国特色社会主义文化发展也需要借鉴与融合。作为高校大学生的我们,在坚持社会主义核心价值观发挥引导作用下,需要更多地了解国外的优秀思想文化,寻找符合我国现在所处的社会主义阶段基本国情的优秀思想文化,必须以世界优秀文化为营养,充分吸收外国文化的有益成果;同时,在学习借鉴其他民族文化的优秀文化成果时,坚持以我为主、为我所用的原则,从而更好地促进新时代下中国特色社会主义文化发展创新。

(2)坚持正确方向。文化的发展创新需要坚决摒弃固步自封的想法,要坚持正确的方向,克服错误倾向。创新要把握好当代文化与传统文化、民族文化与外来文化的关系,反对"守旧主义"和"封闭主义",反对"民族虚无主义"和"历史虚无主义"等错误倾向。坚持社会主义核心价值观的引导的正确方向,促进新时代中国特色社会主义文化发展创新。

2. 坚持人民群众的主体地位

人民群众是社会实践的主体,也是文化创作的主体,文化创新必须充分发挥人民群众的主体作用,关注最广大人民群众的根本利益,着眼于人民群众不断增长的精神文化需求,从人民群众的伟大实践和丰富多彩的生活中吸取营养。作为高校大学生,我们需要在社会主义核心价值体系中,在社会主义核心价值观的

引导作用下,坚持人民群众的主体地位,推动新时代中国特色社会主义文化创新发展。

三、促进新时代中国特色社会主义文化传播发展

在当今国际社会中,经济实力、政治因素对于国家间的较量至关重要,但意识形态的影响和文化的冲击也绝不容小觑。正如加拿大学者谢弗所说的那样:"世界正经历一个明显的和生机勃勃的文化变革时期,文化在各个层面都可以成为改变世界的因素,能够影响国家对外政策的制定。"

文化在交流中传播,同样的,新时代中国特色社会主义文化也在国家与国家的交流中传播。传播新时代中国特色社会主义文化不仅有利于加强我国文化软实力,更有利于我国参与建设人类命运共同体的目标实现。

对世界各民族各国家而言,不同文化间的沟通与交流,既是取长补短推动民族文化创新发展的重要途径,又是化解隔阂,实现异国文化和谐相处的有力保障。在跨国界、跨文化的互通互鉴中,应以开放包容的姿态接纳他民族的文化之长、以谦和宽容的精神维护各民族的文化尊严,主动"走出去",树立好中国形象,推动新时代中华文化更加自信地走出国门、造福世界。

参考文献:

[1] 中共中央政治局会议建议中国共产党第十九次全国代表大会10月18日在北京召开中共中央总书记习近平主持会议[EB/OL]. www. xinhuanet. com/politics/2017 − 08/31/c_1121579934. htm,2017 − 08 − 31.

[2] 万鹏,景玥. 关于十九大报告,你必须知道的"关键词"[EB/OL]. http://cpc. people. com. cn/19th/n1/2017/1018/c414305 − 29595155. html,2017 − 10 − 18.

[3] 习近平. 在哲学社会科学工作座谈会上的讲话[N]. 人民日报,2016 − 5 − 19(02).

[4] 隗金成、房广顺. 当代中国文化自信的深刻内涵与动力源泉[J]. 人民论坛,2016,(08).

[5] 萨缪尔·亨廷顿. 文明的冲突与世界秩序的重建[M]. 周琪,刘绯,张

立平等,译. 北京:新华出版社,2010.

[6]　D. 保罗·谢弗. 文化引导未来[M]. 许春山,朱邦俊,译. 北京:社会科学文献出版社,2008.

求索荣誉学院 171004 班　秦谊鸽

指导老师　宋　婷

论改革发展与人民幸福的关系

牛王孺

摘　要：作为新时期国家向前迈进的关键阶段，党的十九大正式召开。在开幕式上，习近平同志代表十八届中央委员会向大会作报告。在讲话中，一方面习近平同志总结了5年来中国所取得的成就，另一方面，讲话中也提到在我国面临改革攻坚克难的深水期，将继续全面深化改革，为全面建成小康社会做出实质努力。十九大不但是党和国家的盛会，更是人民的盛会，真真切切地反映人民的需求，保障人民的幸福。

关键词：改革领域　发展　幸福感与获得感　以人为本

一、各领域改革的主要内容与对增进人民福祉的意义

1. 经济领域改革与民生关系

党的十九大报告指出："我国经济已由高速增长阶段转向高质量发展阶段。"这说明5年来中国经济在不断发展的同时，也更加关注增长的质量。改革开放以来，中国经济虽长期保持平均9.4%的增长率，但也带来了生态环境污染与产能过剩等问题。党和国家在关键时期及时做出调整，不仅对我国经济发展具有重大意义，而且符合时代发展潮流。同时，经济领域改革的重点将继续深化供给侧结构性改革，从供给端入手，提高供给和服务质量，生产出更多结构多元、人民满意的产品。"中国制造2025"战略的规划实施，一方面推动中国制造业转型升

级,由"中国制造"转变为"中国创造",另一方面也为更多中国企业走向世界创造了光明前景。

一系列改革措施的推进也体现在地域的扩展与延伸。在城市,国有企业改革将为国家的经济支柱重新注入活力;近些年来随着互联网的发展,网购逐渐占据大多数市场份额,这导致了许多实体经济面临很大压力,壮大实体经济也进一步被提高到新的高度。在乡村,之前由于担心土地承包关系不稳定,许多农业企业不敢加大投资,十九大报告中明确指出深化农村土地制度改革,第二轮土地承包到期后再延长 30 年,这一举措可以说给广大农民吃了个"定心丸"。

正如习近平同志在主持中央政治局会议时所说:"稳中求进工作总基调是治国理政的重要原则,要长期坚持",作为 5 年来中国经济运行的主基调,"稳中求进"可以说发挥了重要的导向作用。同样,在十九大报告中也明确提出我国仍处于社会主义初级阶段,这一基本国情没有改变。这就要求我们脚踏实地,将我国经济发展带入新的阶段。

2. 政治领域改革符合人民期待

十九大报告中也释放出了许多关于政治体制改革的信号,其中就包括了成立两大机构:中央全面依法治国领导小组和国家、省、市、县监察委员会。自 1999年"依法治国"方略写入宪法以来,我国对于依法治国、依宪治国的方式进行了一系列的探索,包括《食品安全法》《专利法》等新法律的出台,司法体制改革等,这不仅展现出我国对于法律的重视,也反映出人民的要求,保障了人民的利益。而新成立的中央全面依法治国领导小组则是加强对法治中国建设的统一领导,推进科学立法、民主立法、依法立法,以良法促进发展、保障善治。而另一机构的建立则与我国近年来加大反腐力度有关。党的十八大以来,国家严厉整治四风问题,对违反国家八项规定的政府官员进行严厉打击,对腐败行为零容忍。这一举措的背后,体现的是国家"以人为本"的执政理念和为人民服务的态度,而对党员素质的提升也是党保持先进性、纯洁性的必然要求。为了进一步完善监察体制,构建全面覆盖、权威高效的监察体系,于是国家决定成立监察委员会。正如十九大报告中指出,反腐永远在路上,目的就是在于使人民更有幸福感、获得感,即使在今天回看过去 5 年我国在反腐方面所取得成就,一切都记忆犹新,深刻感受到了我党的坚定信心与鲜明的时代性。

　　3. 生态建设领域的改革增进人民福祉

　　报告第九部分"加快生态文明体制改革,建设美丽中国"中提出:加强对生态文明建设的总体设计和组织领导,设立国有自然资源资产管理和自然生态监管机构。建议的提出,是对我国保护环境这一基本国策的有力贯彻,真正对污染源头进行监管和遏制,提高了环境部门应对这一问题的执行力和预防能力。近年来"河长制"的推行也是改革的一大亮点,由地方行政长官担任河长,使每条污染河流都能得到有效治理,真真切切惠及人民生活,周围环境得到明显改善,人们的幸福感也提升了。

　　习近平同志曾说:"金山银山就是绿水青山",生态文明建设功在当代、利在千秋,我们每个人都应牢固树立社会主义生态文明观,坚持人与自然和谐共生。同时要坚持绿色发展方式和生活方式,为人民创造良好生产生活环境,才能建设美丽中国,为全球生态安全做出贡献。

二、党的十九大报告对青年人的指导意义

　　1. 改革措施中加强"以人为本"的理念

　　十九大报告中提到,选拔女干部,少数民族干部,使得人人尽展其才,智慧的源泉充分涌流;覆盖城乡居民的社会保障体系基本建立等等一系列的措施都体现了党"以人为本"的执政理念,始终坚持人民为中心的工作导向,把服务人民群众作为根本宗旨。到 2020 年,我国将全面建成小康社会。届时将打赢脱贫攻坚战,确保农村贫困人口实现脱贫,贫困县全部摘帽,解决区域性整体贫困,做到脱真贫、真脱贫。而习近平同志又综合分析国际国内形势和我国的发展条件,将2020 年到 21 世纪中叶分为两个阶段来安排。第一个阶段,从 2020 年到 2035年,基本实现社会主义现代化。到那时,人民平等参与、平等发展权利得到充分保障;法治国家、法治社会基本建成;生态环境根本好转,美丽中国目标基本实现。第二个阶段,从 2035 年到 21 世纪中叶,将建成富强、民主、文明、和谐、美丽的社会主义强国。到那时,我国物质文明、政治文明、精神文明、社会文明将全面提升,实现国家治理体系和治理能力现代化,全体人民共同富裕基本实现,我国人民将享有更加幸福安康的生活。对于青少年来说,我们应将自身发展与人民

需求结合起来,在选择就业时也要考虑到社会的实际需求,以服务社会作为导向,实现自身价值。

2. 强化"主题教育"对青年人素质的培养

十九大报告中提到"在全党开展'不忘初心,牢记使命'主题教育,用党的创新理论武装头脑,推动全党更加自觉地为实现新时代党的历史使命不懈奋斗",作为新时期社会主义的接班人,青年人承担着重要的历史使命和责任,党在与时俱进、不断发展的同时,我们也要更新观念,紧随时代步伐,弘扬主旋律,展现青年人蓬勃朝气的同时,更要加强爱国主义教育与熏陶。新时期的爱国主义不仅仅是对国家的热爱,也包含对社会主义、党和人民的热爱。既要深刻领会5年来党中央科学把握当今世界和当代中国的发展大势,顺应时间要求和人民愿望,统筹推进"五位一体"总体布局、协调推进"四个全面"战略布局,推出一系列重大战略决策,也要从中学会团结一心、攻坚克难,遇到问题不退缩,敢于做出调整,时刻倾听群众意见,走"群众路线",坚持"群众观点"。

做好本职工作,学习党的理论和相关知识,对青年人来说同样尤为重要。党的十九大提出了习近平新时期中国特色社会主义思想,这是党的最新理论成果,也是新时期中国向前发展的重要指南。青年人作为中国改革与未来发展的生力军,更应学习贯彻党的先进理论成果,在实践中加以运用,指导工作。总的来说,"不忘初心,牢记使命"主题教育对当今为国家所期待的青年人的发展有着重要的意义,对于提升精神境界,增强政治意识和政治素养发挥着重要作用。

结语

十九大报告深刻阐述了当今改革的发展以及未来的蓝图,中国也将继续全面深化改革,增进人民福祉,使人民更有幸福感、获得感。可以预见的是,我们将受益于国家发展成果,同时,为了民族复兴我们也要奉献出自己的力量。正如大会主题一样,"不忘初心,继续前行"。

参考文献:

[1] 习近平谈新时代坚持和发展中国特色社会主义的基本方略[EB/OL]. http://www. xinhuanet. com//politics/19cocbc/2017 – 10/18/c _1121520368. htm, 2017 – 10 – 18.

[2] 喜迎十九大续写新辉煌[EB/OL]. http://www. xinbuanet. com//mrdx/2017 – 09/26/c_136638272. htm, 2017 – 09 – 26.

[3] 习近平指出,既要决胜全面建成小康社会,又要开启全面建设社会主义现代化国家新征程[EB/OL]. http://www. xinhuanet. com//2017 – 10/18/c_1121820451. htm, 2017 – 10 – 18.

求索荣誉学院 171005 班　牛王孺

指导教师　宋　婷

经济社会的稳步发展与
人民生活水平的提高

骆文雅

摘　要:党的十九大报告指出,坚持在发展中保障和改善民生,增进民生福祉是发展的根本目的。必须多谋民生之利、多解民生之忧,在发展中补齐民生短板、促进社会公平正义,在幼有所育、学有所教、劳有所得、病有所医、老有所养、住有所居、弱有所扶上不断取得新进展。

关键词:十九大　人民生活　改善民生　社会发展　经济发展

一、党的十八大以来的人民生活现状

党的十八大以来,在以习近平同志为核心的党中央的领导下,各地区各部门坚持以人民为中心,认真贯彻落实全面建成小康社会的战略目标和方针政策。经济社会发展成就显著,主要体现在居民收入持续较快增长,人民生活质量不断提高等方面,并且出现了消费结构改变,人均可支配收入增加,收入差距缩小等现象。

1. 就业规模不断扩大

就业是保障和提高人民生活水平的重要方面。5 年来,我国坚持把就业放在更加突出位置,深入实施积极的就业政策,在劳动力总量增加较多、就业压力很大的情况下,保持了就业局势稳定。在应对国际金融危机一揽子政策和就业配

套政策的推动下,我国快速扭转了就业率下滑的现象,率先实现了就业稳定增长。

2. 城乡居民收入快速增长

2016年,城镇居民人均可支配收入显著增加,农村居民人均纯收入增加。城乡居民收入差距不断缩小,地区差距均不断缩小。企业职工工资随经济发展实现稳步增长。居民收入持续较快增长,转移收入和财产收入占比逐年提高。

图1 2013—2016年居民人均可支配收入与人均GDP实际增速情况

居民收入增速快于经济增速。2016年全国居民人均可支配收入23821元,比2012年增长44.3%,扣除价格因素,实际增长33.3%,年均实际增长7.4%,快于同期GDP年均增速0.2个百分点,更快于同期人均GDP年均增速0.8个百分点。

3. 养老医疗保障水平不断提高

医疗保险覆盖率增加,医疗费用负担明显减轻。中央财政还拨付专项资金,帮助地方将特殊群体纳入社会保险,总体上解决了社保领域中经济体制转轨所造成的历史遗留问题。

4. 低收入群体保障更加有力

农村贫困人口不断减少,最低生活保障制度实现全覆盖,政府把更多的农村低收入人口纳入扶贫范围,并普遍建立了企业最低工资标准正常调整机制。

5. 居民生活质量明显改善,消费质量不断优化,升级换代步伐加快

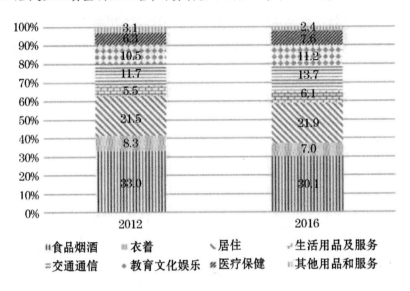

图2 2012年及2016年居民消费结构对比

(1)消费更趋营养型高品质。2016年城镇居民的人均食用植物油消费10.6公斤,比2012年增加1.4公斤,增长15.8%;人均牛羊肉消费4.3公斤,比2012年增加0.6公斤,增长15.3%;人均鲜奶消费16.5公斤,比2012年增加2.6公斤,增长18.6%。与2012年相比,农村居民食品消费质量全面改善,肉、蛋、奶、水产品等较高质量的食品消费数量显著增加。2016年农村居民人均猪肉消费18.7公斤,比2012年增加4.3公斤,增长29.8%;人均蛋及制品消费8.5公斤,增加2.6公斤,增长44.6%;人均奶及制品消费6.6公斤,增加1.3公斤,增长25.4%;人均水产品消费7.5公斤,增加2.1公斤,增长39.7%。

(2)消费不断升级换代。出现消费升级现象,在饮食方面具体体现在种植业升级,品种增加;进口源多样化,采购链完善;信息逐渐透明,消费专业度升级;饮食审美升级,消费增加;烹饪工具增加,调味品升级。居民恩格尔系数的下降标志着居民生活水平的进一步提高。

城乡居民主要耐用消费品拥有量不断增多,农村居民升级换代趋势更为明显。2016 年农村居民平均每百户汽车拥有量为 17 辆,比 2012 年增加 11 辆,增长 164.1%,在农村居民耐用消费品拥有量中增长速度最快;2016 年农村居民平均每百户空调拥有量为 48 台,比 2012 年增加 22 台,增长 87.6%;热水器拥有量为 60 台,比 2012 年增加 19 台,增长 46.3%;电冰箱拥有量为 90 台,比 2012 年增加 22 台,增长 33.0%;计算机拥有量为 28 台,比 2012 年增加 6.6 台,增长 30.8%;洗衣机拥有量为 84 台,比 2012 年增加 17 台,增长 25.0%;移动电话拥有量为 241 部,比 2012 年增加 43 部,增长 21.7%。

二、提高人民生活质量的意义

近年来,我国坚持把保障和提高人民生活水平放在重要位置,坚定不移走共同富裕道路,坚持走中国特色社会主义道路,坚持四项基本原则,坚持改革开放人民生活明显改善,生活水平显著提高。

首先,人民生活水平提高使人民安居乐业,幸福安康,有利于人民在学习工作和生活过程中实现自身的人生价值。其次,人民生活水平的提高与党的科学领导紧密相关,这有利于巩固党的执政根基,提高党在人民心目中的地位,让人民忠于党,热爱党。同时,人民生活水平的提高有利于实现社会的稳定繁荣和国家的长治久安,有利于实现全面建设小康社会的奋斗目标,有利于建设社会主义和谐社会。

总而言之,人民生活水平是经济基础,经济基础决定上层建筑,人民生活水平的提高有利于我国的制度建设和文化的繁荣发展,最终构建社会主义和谐社会。

三、如何提高保障和改善民生水平

习近平同志在党的十九大的报告中指出:我国在人民生活改善方面取得重大成就,要坚持在发展中保障和改善民生。在全面建设小康社会的进程中,加快现代化建设的步伐。并就如何保障和改善民生水平,加强和创新社会治理提出以下几点:

1. 优先发展教育事业，办好人民满意的教育

高度重视农村义务教育，办好学前教育、特殊教育和网络教育，普及高中阶段教育；加快一流大学和一流学科建设，实现高等教育内涵式发展；健全学生资助制度，使绝大多数城乡新增劳动力接受高中阶段教育、更多接受高等教育；加强师德师风建设，培养高素质教师队伍，倡导全社会尊师重教。

2. 提高就业质量和人民收入水平

大规模开展职业技能培训，注重解决结构性就业矛盾，鼓励创业带动就业；提供全方位公共就业服务，促进高校毕业生等青年群体、农民工多渠道就业创业；扩大中等收入群体，增加低收入者收入，调节过高收入，取缔非法收入；坚持在经济增长的同时实现居民收入同步增长、在劳动生产率提高的同时实现劳动报酬同步提高；拓宽居民劳动收入和财产性收入渠道。

3. 加强社会保障体系建设

全面实施全民参保计划；尽快实现养老保险全国统筹；完善统一的城乡居民基本医疗保险制度和大病保险制度；建立全国统一的社会保险公共服务平台；健全农村留守儿童和妇女、老年人关爱服务体系；坚持房子是用来住的、不是用来炒的定位，加快建立多主体供给、多渠道保障、租购并举的住房制度，让全体人民住有所居。

4. 坚决打赢脱贫攻坚战，实现均衡发展

坚持精准扶贫、精准脱贫；坚持大扶贫格局，注重扶贫同扶志、扶智相结合；深入实施东西部扶贫协作，重点攻克深度贫困地区脱贫任务；确保到2020年我国现行标准下农村贫困人口实现脱贫，贫困县全部摘帽。

5. 实施健康中国战略，塑造健康的体魄

深化医药卫生体制改革，健全现代医院管理制度；加强基层医疗卫生服务体系和全科医生队伍建设；全面取消以药养医，健全药品供应保障制度；实施食品安全战略，让人民吃得放心；坚持中西医并重，传承发展中医药事业；构建养老、孝老、敬老的政策体系和社会环境，加快老龄化事业和产业发展。

6. 提高社会治理水平，做到专业化治理

坚决遏制重特大安全事故，提升防灾减灾救灾能力；加快社会治安防控体系

建设,依法打击和惩治黄赌毒黑拐骗等违法犯罪活动;发挥社会组织作用,实现政府治理、社会调节和居民自治的良性互动。

7. 提高文化软实力,丰富社会文化活动

加强文物保护利用和文化遗产保护传承;筹办好北京冬奥会、冬残奥会;加强中外人文交流,以我为主、兼收并蓄;讲好中国故事,展现真实、立体、全面的中国,提高国家文化软实力。

8. 保护生态环境,建设美丽中国

坚持全民共治、源头防治,持续实施大气污染防治行动,打赢蓝天保卫战;提供更多优质生态产品以满足人民日益增长的美好生活需要;加强农业面源污染防治,开展农村人居环境整治行动;建立健全环保信用评价、信息强制性披露和严惩重罚等制度。

注:文中数据采自中国社会科学院及国家统计局官网

参考文献:

[1] 习近平.决胜全面建成小康社会,夺取新时代中国特色社会主义伟大胜利——在中国共产党第十九次全国代表大会上的报告[M].北京:人民出版社,2017.

求索荣誉学院 171003 班　骆文雅

指导教师　宋　婷

试论新形势下的中国自信

——基于文化自信与多语种发展的视角

王佳璇

摘　要:2012 年,胡锦涛同志在党的十八大上提出"三个自信"的概念,即道路自信、理论自信、制度自信。而在党的的十九大上,习近平同志提出了"四个自信",加入了文化自信的理论,由此可见文化自信对快速发展的中国的重要性。多元文化当中,多语种学习又契合了国际交流与"一带一路"建设方针。国家对语言类人才的需求也是日益提高。多语种学习可谓是接轨国际,促进文化发展,增强文化自信的必要素养。

关键词:文化软实力　多语种　自信　民族　国际交流　合作　发展

2017 年 10 月 18 日,中国共产党第十九次全国代表大会在京召开,会议中习近平同志在十八大提出的"三个自信"即道路自信、理论自信、制度自信的基础上,增添了"文化自信"这一关键要素。

道路自信表现为我国在走中国特色社会主义道路这一点上将做到矢志不渝地坚持,我们坚信走中国特色社会主义道路将带领我们实现中华民族的伟大复兴,走向更富强美好的生活。在多年的探索和实践中,我国形成了中国特色的社会主义理论,根据实际生活,中国特色社会主义理论也被赋予了与时俱进的内容。理论自信即为:在将来的发展中,我们依然坚信只有中国特色社会主义理论体系可以带领中国人民不断推动社会主义建设。制度自信则是深刻理解并遵守中国特色社会主义制度。中国特色社会主义制度从我国国情出发,结合了政治、经济、文化、社会等多方面制度,形成了一套相互联系的完整的制度体系,为中国的发展提供了强有力的制度支持。在今后党和国家也需不断在实践中创新和完善中国特色社会主义制度。文化自信虽然是党的十九大提出的新的发展目标,但实际上文化一直是国家和人民关注的话题。习近平同志多次在各项活动中提出了文化产业发展的重要性,文化的价值已达到了不可估量的维度。而中国源远流长博大精深的文化底蕴更是让每个中国人为之自豪。文化发展的光明前景也让人们的文化自信油然而生。只有真正对本国文化充满自信,才能促使其焕发活力,展现新的魅力。

一、文化自信的重要性

追溯历史,中国人民遭受了数不胜数的磨难,中国的发展也陷于停滞。但所有人都没想到,这样的一个国家,在多年后依然能屹立于世界前端。这不可思议的崛起源自于中华民族五千年的历史传承,源于炎黄子孙骨血里的坚韧与骄傲。在毛泽东思想、邓小平理论的指导下,在党和国家的领导下,中国做到了令全世界惊叹的发展。民族精神和民族自信也随之加固和增强。

众所周知,近年来中国崛起之势不容阻挡。综合国力的增强需要国家多方面实力共同提高。经济基础决定上层建筑,但在做到经济飞速发展的同时,我们更要关注文化的发展。文化是一个国家的灵魂,是国家发展的精神支柱。如果没有了文化,任何一个国家和民族都不可能在世界上拥有立足之地。优秀的文化还可以激发领导人的思想,从而找到治国理政的新方向。也可以时刻订正人民的道德修养。数据显示,2017年高校毕业生逼近800万,15年间增长了651万。[①] 高等教育普及的现象表明文化已成为全民追求的目标,人民的素质也得到了提高。文化还从侧面反映出一个国家人民精神生活的丰富程度,也是国力强大的象征。

二、文化自信的紧迫性

任何一个国家的发展都要包括政治、经济、军事、文化这几个方面。但文化

---

① 数据来源:教育部2017年全国普遍高校毕业生人数统计。

的发展却是最容易被忽略的。在世界的发展进程中,曾经经济、军事及政治地位是各国用来衡量国家实力的重要标准。而现在,文化软实力的强大却更能彰显一个国家的内涵。习近平同志在主持2013年中央政治局第十二次集体学习时就指出"提高国家软实力,关系到'两个一百年'奋斗目标和中华民族伟大复兴中国梦的实现。"中华文明是唯一传承下来的古代四大文明,因为中华文化具有很强的生命力,在传承过程中不断推陈出新。对待外来文化取其精华去其糟粕,才形成了今天独特而又具有吸引力的文化体系。中国文化软实力的现状依然存在不足之处。一些偏远地区仍未对落后的传统文化进行改造和筛选,文化的传播手段也还有进一步提升的空间。提升国家文化软实力不仅是我国文化建设中的重要环节,也是实现中华民族伟大复兴的重要前提。提升文化软实力不仅需要我们以批判性的思维传承传统文化并赋予它新的生命,而且需要我们继承中华民族优秀的思想道德品质,在世界面前展现中华儿女的卓越风姿。

三、多语种发展前景

当今世界,两大主题仍是和平与发展。除此之外,全球化的趋势也为小语种的发展提供了良好的平台。可以说,多语种发展已成为必然趋势。党的十九大中所提到的文化自信、"一带一路"沿线交流合作也展现了多语种的重要性。

马克思曾经说过:"外语是人生斗争的武器"。周恩来同志提出,外语教育改革应做到"多语种,高质量,一条龙"。随着高等教育的普及,语言类学科越来越受高考考生的青睐。一方面是因为青少年视野开放,对多元文化有强烈的好奇心;另一方面在"一带一路"背景下,复合型语言类人才紧缺。所以,多语种发展是文化自信中不可或缺的一部分。结合现阶段国际形势和中国对外关系,培养小语种人才应成为全国高校多加重视的一大方面。语言是传播信息的基础,没有共同语言,国际间的交流与合作也将无法正常进行。美国这一世界强国非常重视本国语言的发展,为扩大其在世界范围内的影响力,美国实施了不同的语言发展战略,现在,英语仍是世界通用语言,国际上的政治经济合作也多以英语为主,掌握英语已成为人才必备的能力之一,这就可以看出语言优势对国家发展的促进作用。

四、"一带一路"沿线的小语种发展概况

"一带一路"倡议提出之前,非通用小语种报考人数较少,大多数外语类人才还是集中在英语专业。在 2017 年 5 月 11 日国家新闻办所举办的"'一带一路'沿线国家民心相通情况"发布会上,教育部副部长田学军说:"仅 2016 年国家就公派了 42 个非通用语种的 1036 人出国学习培训,填补了 9 个国内空白语种。"2012 年来,我国共有 35 万多人赴"一带一路"沿线国家学习,仅 2016 年就有 7.5 万人,比 2012 年增长了 38.6%。全国各大语言类高校及综合院校也纷纷开设小语种专业,争取为祖国培育出更多专业复合型语言类人才。填补"一带一路"沿线小语种人才的空缺,提高我国的国际竞争力。由此可见,我国不但重视带动沿线国家经济发展,也非常关注国家之间文化的交流与碰撞。而语言,就是连接不同国家、不同民族之间的桥梁。从此以后,非通用小语种会得到普及,沿线国家也会在世界舞台上大放异彩。

五、基于文化视角的多语言发展战略方针

要想提高文化素养,首先要开展全民教育活动,而外语教育,是全民教育中不可或缺的一部分。这需要我们每个国民认清当今发展趋势,意识到语言学习已不仅仅是提高自身素质的方式而是国家战略方针的一大方向。从大学生的视角给出建议,国家应从以下几个角度出发,推动多语种发展:

1. 设立专项资金投入,加强外语教学师资力量

我国现在面对着小语种学习人数极少,可利用师资力量稀缺的现状。国家可以送出师范类外语学习的优秀人才前往语言国学习,以解决非通用小语种教师紧缺的情况。设立专项资金可以显示国家对这一项目的重视与支持,从而带动国民的学习热情。师资力量健全也可保证语言学习的长远发展。

2. 制定相关计划,确立政策支持

政府相关部门应紧跟国家外语发展方向,制定奖学金制度、法律保护制度等,鼓励和支持国民学习外语,并且应准确指出,外语学习不能只把目光放在英语学习上,也要看到小语种发展的潜力,为国家综合全面发展奉献力量。

3. 加强宣传,唤起人民热情

非通用小语种人才缺少的原因之一,是人们认为该语言国发展较慢,该语种

不能得到很多发挥的国际场所。但现如今的形式早已改变,多国共同协作,大国带动小国是当今世界的发展目标。而一部分国民依然没有看清这一点,因此对非通用小语种的学习和发展前景持怀疑态度。所以政府部门应加大宣传力度,转变国民观念。

总而言之,文化自信和外语学习是分不开的,而外语学习更应注重多语种、小语种学习,结合文化发展现状,制定合适的政策。带动语言发展,对充实我国文化自信乃至"四个自信"都有着非常重大的意义,对国家在国际舞台上的地位也有极大的促进作用。

求索荣誉学院 171005 班　王佳璇

指导老师　宋　婷

试论大学生如何认识和践行
社会主义核心价值观

郑雨欣

摘　要:社会主义核心价值观是社会主义核心价值体系的精髓,是中国人民坚定不移的价值信仰,是中国梦巨大信仰力量的支撑,是凝聚当代中国人智慧的精神家园,是一个民族赖以维系的精神纽带。它从思想的高度对当代中国特色社会主义建设进行领导,凝魂聚气、强基固本。本文就社会主义核心价值观的基本内容、起源、发展、对当代中国特色社会主义现代化建设之间的重要性对其展开论述,并对当代大学生如何更好践行社会主义核心价值观提出方法建议。

关键词:社会主义核心价值观　中国梦　思想建设

一、社会主义核心价值观的内容及分析

党的十八大提出,倡导富强、民主、文明、和谐,倡导自由、平等、公正、法治,倡导爱国、敬业、诚信、友善,积极培育和践行社会主义核心价值观。富强、民主、文明、和谐是国家层面的价值目标,自由、平等、公正、法治是社会层面的价值取向,爱国、敬业、诚信、友善是公民个人层面的价值准则,这24个字是社会主义核心价值观的基本内容。

1. 国家层面的社会主义核心价值观

"富强、民主、文明、和谐"是我国社会主义现代化国家的建设目标,也是从价值目标层面对社会主义核心价值观基本理念的浓缩和提炼,在社会主义核心价值观中居于最高层次,对其他层次的价值理念具有统领作用。

2. 社会层面的社会主义核心价值观

"自由、平等、公正、法治",是对美好社会的生动表述,也是从社会层面对社会主义核心价值观基本理念的浓缩和提练。它反映了中国特色社会主义的基本属性,是我们党矢志不渝、长期实践的核心价值理念。自由是指人的意志自由、存在和发展的自由,是人类社会的美好向往,也是马克思主义追求的社会价值目标。平等指的是公民在法律面前的一律平等,其价值取向是不断实现平等。它要求尊重和保障人权,人人依法享有平等参与、平等发展的权利。公正即社会公平和正义,它以人的解放、人的自由平等权利的获得为前提,是国家、社会的根本价值理念。法治是治国理政的基本方式,依法治国是社会主义民主政治的基本要求。它通过法制建设来维护和保障公民的根本利益,是实现自由平等、公平正义的制度保证。

3. 公民个人层面的社会主义核心价值观

"爱国、敬业、诚信、友善",是公民基本道德规范,是从个人行为层面对社会主义核心价值观基本理念的浓缩和提炼。它覆盖社会道德生活的各个领域,是公民必须恪守的基本道德准则,也是评价公民道德行为选择的基本价值标准。爱国是基于个人对自己祖国依赖关系的深厚情感,也是调节个人与祖国关系的行为准则。它同社会主义紧密结合在一起,要求人们以振兴中华为己任,促进民族团结、维护祖国统一、自觉报效祖国。敬业是对公民职业行为准则的价值评价,要求公民忠于职守,克己奉公,服务人民,服务社会,充分体现了社会主义职业精神。诚信即诚实守信,是人类社会千百年传承下来的道德传统,也是社会主义道德建设的重点内容,它强调诚实劳动、信守承诺、诚恳待人。友善强调公民之间应互相尊重、互相关心、互相帮助,和睦友好,努力形成社会主义的新型人际关系。

二、社会主义核心价值观的基本原则

1. 把培育和践行社会主义核心价值观融入国民教育全过程

培育和践行社会主义核心价值观要从小抓起、从学校抓起。坚持育人为本、德育为先，围绕立德树人的根本任务，把社会主义核心价值观纳入国民教育总体规划，贯穿于基础教育、高等教育、职业技术教育、成人教育各领域，落实到教育教学和管理服务各环节，覆盖到所有学校和受教育者；拓展青少年培育和践行社会主义核心价值观的有效途径。注重发挥社会实践的养成作用，完善实践教育教学体系；建设师德高尚、业务精湛的高素质教师队伍。引导广大教师自觉增强教书育人的荣誉感和责任感，学为人师、行为世范，做学生健康成长的指导者和引路人。

2. 把培育践行社会主义核心价值观落实到经济发展实践和社会治理中

与人们生产生活和现实利益密切相关的具体政策措施，要注重经济行为和价值导向有机统一，经济效益和社会效益有机统一，实现市场经济和道德建设良性互动；要把社会主义核心价值观贯彻到依法治国、依法执政、依法行政实践中，落实到立法、执法、司法、普法和依法治理各个方面，用法律的权威来增强人们培育和践行社会主义核心价值观的自觉性；完善市民公约、村规民约、学生守则、行业规范，强化规章制度实施力度，在日常治理中鲜明彰显社会主流价值，使正确行为得到鼓励、错误行为受到谴责。

三、社会主义核心价值观与中华优秀传统文化的关系

1. 优秀传统文化为社会主义核心价值观提供思想基础

习近平同志指出："培育和弘扬社会主义核心价值观必须立足中华优秀传统文化。牢固的核心价值观，都有其固有的根本。抛弃传统、丢掉根本，就等于割掉了自己的精神命脉。"中华传统文化在几千年的发展中，形成了"道法自然，天人合一""天下为公、大同世界""自强不息、厚德载物""以民为本、安民富民乐民""仁者爱人、讲信修睦""和而不同、和谐相处"以及"苟日新，日日新，又日新""经世致用、知行合一"等思想，他们以"仁爱"为核心价值理念，而"仁爱"又可以分解为：爱人、友善的仁；诚实守信的诚；忠君爱国的忠；宽恕、谅解的恕；孝敬父母、友爱兄弟的孝悌；懂得礼仪规矩的礼；坚持道义、正义的义；廉洁、公私分明的廉。他们为社会主义核心价值观的提炼和提出提供宝贵的文化资源。社会主义核心价值观的内容实质上就是对中国传统价值观念的吸收和转化,是对中华文明的传承。

2. 优秀传统文化为社会主义核心价值观提供文化基础

中华优秀传统文化的价值载体是文化轴心时期的"六经",即《诗》《书》《礼》《易》《乐》《春秋》这六部中国古代经典。"六经"是夏商周三代生活的反映,它们是儒、道、墨、法诸子百家的精神源泉,也是当今社会主义核心价值观产生的重要文化基础。

3. 社会主义核心价值观是传统文化在新时代下的发展

从国家层面来看。中华文化历来强调"民本"。《尚书·五子之歌》中讲:"民惟邦本,本固邦宁。"指的就是百姓是国家的根本和基础,唯有百姓富足安康,国家才能和谐稳定。社会主义核心价值观所倡导的"富强""民主"要求一切从人民群众的利益出发,关注民生,唯有人民安居乐业,国家才能富强昌盛,这是民本思想在当今时代的升华。中华文化强调"天人合一""和而不同","天人合一"意指人类活动应顺应自然规律,维护人与自然的和谐;"和而不同"则强调在与人交往之中既能与之保持和谐友善关系,又能坚守自己的立场,不完全附和对方。这种理念要求人们在与人相处时应"求同存异",保持人与人之间自由、民主、平等的关系,在与自然的相处中尊重自然,实现人与人、人与自然的和谐、可持续发展。这反映在社会主义核心价值观中,即是"和谐"思想的体现。

从社会层面来看。《论语·卫灵公》中讲:"己所不欲,勿施于人。"指要顾及他人感受,不能将自己不愿做的事情强加到别人身上。《孟子·滕文公上》中讲:"出入相友,守望相助。"教导人们要彼此关心、互相扶助。《孟子·梁惠王上》中讲:"老吾老以及人之老,幼吾幼以及人之幼。"指在赡养老人、抚育孩子时,也应顾及与自己无血缘关系的老人及小孩。这些强调博爱的论述都是以"和谐"为特色的中华优秀传统文化的反映。体现在当代,就是要求致力于构建民主法治、公平正义、诚信友爱、充满活力、安定有序、人与自然和谐相处的社会主义和谐社会。

从公民层面来看。《周易·乾》中讲:"天行健,君子以自强不息。"意指君子应发奋图强、勇于拼搏、永不停息。顾炎武在《日知录》中谈道："天下兴亡,匹夫有责。"意指国家存亡与每个人都息息相关,要求人们以国家兴亡为己任。《论语·里仁》中讲："君子喻于义,小人喻于利。"要求人们加强自身道德修养,以德修身。《论语·述而》中讲："君子坦荡荡,小人长戚戚。"要求人们待人接物懂得包容,以宽厚胸怀承载万物。《论语·子路》中讲："言必信,行必果。"强调做人讲求信用,答应别人的事要办到。《论语·为政》中讲："人而无信,不知其可也。大车无輗,小车无軏,其何以行之哉?"论证了"诚信"的重要性。《孟子·离娄下》中讲："仁者爱人,有礼者敬人。"指仁者是充满慈爱之心,满怀爱意的人。《孟子·公孙丑上》中讲："取诸人以为善,是与人为善者也。故君子莫大乎与人为善。"指要待人善良、乐于助人。这些优秀传统文化在社会主义核心价值观有关公民层面的论述中得到了充分的体现。

四、大学生如何将社会主义核心价值观嵌入日常生活

1. 学习马克思主义,坚持马克思主义指导思想

大学生应该自觉主动地学习马克思主义理论相关知识,同时认真学习领会包括邓小平理论、"三个代表"重要思想以及科学发展观在内的中国特色社会主义理论体系,用马克思主义的立场、观点、方法正确认识社会历史的发展和辨别各种不同的社会意识形态,形成正确的世界观、人生观、价值观。

2. 树立中国特色社会主义共同理想

中国特色社会主义理论体系是社会主义核心价值体系的主题。在现阶段,全社会的共同理想是建设中国特色社会主义。大学生应该树立服务的理念,把为人民服务作为一种习惯和人生态度。通过参加各类志愿服务工作实现自身价值,勇敢担当社会责任,为实现中华民族伟大复兴做出贡献。

3. 磨砺自我,提高自身能力

在学业上秉持认真负责的态度。在遭受挫折时,不气馁,勇敢面对挑战,以越挫越勇的乐观精神挑战自我,在不断的挑战中提高自我素养;勇于创新,为社会发展注入生机活力。要以积极的心态和科学的方法,不断陶冶人性,健全人格,提高素质能力,发扬解放思想、实事求是、紧跟时代、勇于创新的精神。艰苦奋斗、务求实效,坚持学习科学文化和加强思想修养的统一,学习书本知识和投

身社会实践的统一,实现自身价值和服务祖国人民的统一,树立远大理想和进行艰苦奋斗的统一,把自己培养成为理想远大、热爱祖国、追求真理、勇于创新、全面发展的人。在改革开放和现代化建设的广阔舞台上,充分发挥自己的聪明才智,展现自己的人生价值,创造无愧于时代和人民的业绩。

求索学院171005班　郑雨欣

指导教师　宋　婷

泾川生活变奏曲

姚丽娜

摘　要：甘肃省平凉市泾川县是典型的黄土丘陵沟壑区。从经济、政治、教育、环保等多方面的对比展示家乡的不断发展。然而，伴随着发展而来的各种问题仍然有待解决，各种对于生态，人类生活和生命健康的问题尚未有效解决。

关键词：泾川　变化问题

　　我的家乡泾川县是甘肃省平凉市下辖的一个县，位于甘肃省东部，黄土高原中部秦陇交界处。地貌地形属典型的黄土丘陵沟壑区，地势自西北向东南倾斜。境内占总面积63.4%的丘陵沟壑区梁峁起伏，沟壑纵横，此外，破碎塬区和河谷川区分别占总面积的23.6%和9.4%。

　　过去的家乡贫穷又落后。首先，这座沿着泾河发展起来的城市农业生产结构单一，耕作业落后且产量低；商业不发达，交易范围只延伸至周边县区，交易产品数量有限且品种单一，很难有大收入，工业发展缓慢，主要为棉纺织产业为主的轻工业，工业生产效率低，重工业处于萌芽期，总体来说工业生产值所占比重低。第二，泾川基层民主发展不完善，村民、居民自我管理自我教育能力低下且参与民主的热情不高，没有在真正意义上做到便民利民。第三，泾川教育事业发展较慢，小学中学较少而适龄少儿居多，尤其是农村地区上学问题有待解决。其次，我县文化生活领域没能得到太大发展，文化产业和文化事业发展不完善。

泾川县把解决困难群众安全住房问题作为重点"民心工程"来抓,积极实施危旧房改造项目,努力补齐基础设施短板,改善困难群众住房条件,努力让困难群众"住有所居、居有所安"。

泾川县以创建"全国基层中医药工作先进单位"为抓手,全力加强中医药工作,出台了一系列扶持中医药事业发展的优惠政策,加大了对中医药工作的投入力度,全县中医药基础设施建设不断改善,中医药人才队伍建设进一步加强,农村中医药服务体系建设进一步巩固,各级医疗机构中医药服务能力大幅度提升。全县中医适宜技术业务在基层得到了大力拓展和充分应用,中医药以其简、便、廉等特色优势,在缓解群众"看病难,看病贵",提高群众健康水平方面发挥了越来越重要的作用。泾川县先后建成了多家中医药特色医疗机构。

在教育方面,随着城镇化进程的加快,农村人口结构的变化,农村小规模学校因生源逐年减少,出现了诸多办学难题。专业师资匮乏、经费总量不足、课程难以开齐、教学质量较低……这些突出问题,严重制约着全县教育事业健康协调发展。

联校走教,正是在这种背景下应运而生的一种探索,旨在解决农村小规模学校教师结构性短缺问题,以此激发出学校的办学活力。统筹教育事业均衡发展,基础设施改善是关键。"抓教育就是抓发展",近年来,该县把改善办学条件作为教育事业发展的基础性工程,财政资金优先保障教育投入,资源配置优先满足教育需要,累计投资 3.8 亿元,新建、改扩建学校 181 所;投资 3200 多万元,新建、改造实验室 165 个,装配各类教学仪器设备 263 件(套),建成了覆盖各级学校的教育资源平台,学校成了孩子们成长的幸福乐园。

泾川县近年来以创办人民满意教育为目标,大力改善办学条件,不断加强教师队伍建设,持续深化教育改革,全县教育事业得到了均衡协调发展。新建幼儿园 113 所,学前 3 年毛入园率达到 85.4%;建成标准化学校 187 所,义务教育均衡发展通过国家评估验收;2016 年全县高考成绩创历史新高,3 名学生被北京大学和复旦大学录取;职教中心被列为全国首批 100 所实施现代学徒制试点校之一,被评为中国职业教育百强校。

在经济方面,泾川县依托资源优势,按照区域化布局、规模化发展、产业化经营的思路,积极调整优化农业产业结构,大力发展特色优势产业,促进农村经济快速发展。

一是大力发展果品产业。充分发挥全国最佳苹果适生区的区位优势,按照塬区苹果、川区桃梨、山区杂果的产业布局,不断扩大基地规模,提升经营效益。目前,全县建成果树经济林 29.88 亩,初步形成了南北二塬优质红富士苹果、泾河川区优质酥梨及北部面山优质杂果经济林 4 大果带,创建了窑店、飞云、丰台等 8 个标准化绿色果品出口生产基地,2007 年全县果品总产量达到 15.31 万吨,产值 2.31 亿元。

二是加快发展草畜产业。坚持以肉牛、生猪养殖为主,以培育专业村、专业大户和发展集约化养殖小区为重点,不断促进畜牧业增长方式转变。全县优质牧草留床面积达到 22 万亩,全县各类畜禽饲养总量达到 229.1 万头(只),牛存栏量和出栏量达到 11.5 万头和 6.1 万头,猪存栏量和出栏量达到 10.2 万头和 20.2 万头,肉、蛋、奶产量达到 7944 吨、2160.47 吨和 392 吨,畜牧业总收入达到 3.41 亿元,成为全县经济增长的主要拉动点之一。

三是积极发展蔬菜产业。以设施蔬菜、反季节栽培为重点,积极推行蔬菜规模化种植、标准化生产,先后建成五里铺、城关茂林、王村章村、泾明雷家沟、罗汉洞土堑坳、红河朱段等 6 个现代农业示范园。全县种植各类蔬菜 8.5 万亩,总产达 12.7 万吨,实现产值 1.6 亿元。

四是多方发展特色种植业。按照面向市场、突出特色、因地制宜、提高效益的原则,积极扩大玉米和糜谷、荞麦、豆类等小杂粮作物种植面积,大力发展多种经济,多方促进农民增收。2007 年全县小杂粮播种面积达到 22.37 万亩,总产 3.41 万吨,预计产值 5700 万元。

工业上泾川县坚持把工业经济和招商引资作为经济社会发展的战略重点,全力以赴抓调度、保生产、促招商、扩总量,全县工业经济平稳运行。一是多方扩大招商引资。积极组团参加"文博会""兰洽会"等节会,广泛开展宣传推介,成功洽谈生物发电、50 万吨建筑垃圾处理、全地形车文体旅游等项目 5 项,论证储备 4×30 万千瓦热电联产、苹果采后处理生产线等重点项目 10 项;二是精心实施重点项目。天纤棉业二期 20 万锭棉纱生产线完成主厂房辅房建设、钢构安装、土方回填及碾压等工程;30兆瓦农业光伏并网发电完成1兆瓦光伏并网发电;商品交易和农产品批发市场完成大棚主体、部分商铺主体及室内外装饰;万吨气调库及冻干食品生产线建成办公楼及电子商务交易中心,并投入运营;新能源汽车项目完成可研报告、用地申报、环评稳评等前期工作,正在进行厂区平整、基础开挖等工程。三是狠抓企业生产经营。严格落实"一个项目、一名领导、一套班子、一抓到底"的工作机制,切实强化协调服务,多方解决实际问题,积极支持正大饲料、华润陶瓷、家园陶瓷等企业扩产增销。

同时互联网的发展又进一步促进经济的发展。泾川县坚持以"互联网+"为驱动,积极适应网络化、智能化、数字化、融合化发展趋势,鼓励要素创新,促进资源共享,改善民计民生,着力打造加快县域经济发展新引擎。

一是推行电子政务,提升行政效能。坚持市场主导、政府引导。

二是聚焦产业升级,培育新型业态。坚持以信息化为纽带,促进新型城镇化、工业化和农业现代化协调发展,依托果、菜、畜等特色产业,引导恒兴果汁、元通果蔬、润昌农业、陇原红等产业化龙头企业建立产品销售网络,实现网上订单生产。

三是发挥电商优势,助力脱贫攻坚。把电子商务作为战略性新兴产业和助推脱贫攻坚的创新举措,建成乡镇电子商务网站2个、村级网店68个,完成培训人员324人(次),建成物流站点35个,为28个贫困村接通网络宽带、配备专用电脑,推进有机果品、无公害蔬菜等特色农产品销售在电商领域的应用拓展,为加快脱贫攻坚注入了新的动力。

四是强化媒体融合,放大主流声音。大力推动传统媒体与新媒体融合,借助新媒体传播优势,着力提升舆论引导的影响力和公信力,牢牢把控主阵地,弘扬主旋律,传播正能量。不断加大泾川信息在"今日头条"上的推送力度,积极采取微电影、微视频、微广告、微图片等形式,广泛宣传报道脱贫攻坚、改革发展等方面涌现出的先进典型,大张旗鼓地宣传特色产业、文化旅游、项目建设、资源禀赋、区位优势,不断提升泾川的知名度和影响力,为加快改革发展营造良好舆论氛围和外部环境。

泾川县按照政治管理民主和经济发展民主两个层次推进的思路,创新农村民主管理机制,有效推进了基层民主政治建设。

在政治管理民主层面,泾川县大力推行村干部公开选拔工作,全县 215 个村的"村官"都是采取"两推一选""公推直选""公开选拔"等方式,由村民自己选举产生。充分发挥村民代表会议和村民大会的作用,把群众的事真正交给群众,使农民真正成为社会主义新农村建设的主体。结合税费改革,在全县推行了以规范村级财务管理、村干部选拔、村务党务公开、村干部管理、村民议事决策为主要内容的"八个规范"管理制度,走出了一条规范村级管理、保障群众民主权利的基层民主建设的新路子。接受群众监督,充分保障了村民的知情权、参与权、决策权、监督权。在经济管理民主层面按照民办、民管、民受益的原则,大力发展各类专业经济合作组织和农民协会。

泾川县始终坚持绿色发展理念、坚守生态保护红线不动摇,广泛开展宣传教育,集中整治突出问题,不断加大监管力度,较好地完成了污染减排和环境质量改善"双控"目标,县域生态环境质量明显改善。2016 年底,泾河地表水泾川段水质达标率达到 95.8%。一是抓宣传教育,促进全民环保意识不断增强。积极创新宣传方式,充分利用报纸、电视、网络等媒体,大力宣传生态建设与环境保护的政策法规、先进人物和先进事迹,曝光非法排污和破坏生态的典型案件,定期公布空气质量和重点流域水质,不断增强全社会环境保护意识。二是抓投入力度,促进环保基础设施更加完善。在县级财政十分困难的情况下,逐年增长生态建设和环境保护资金财政预算比例。三是抓问题导向,促进环境监管力度持续加强。不断加大环保能力建设力度,建成县级污染源监控平台,各乡镇均配备了专(兼)职环保员,环保监管力量进一步增强。严格落实行政审批"放、管、服"政策,完善审批制度,全面落实企业环保"三同时"管理制度。四是抓综合治理,促进区域环境质量有效改善。深入开展空气污染治理,不断加大城区工业企业、建筑工地烟粉尘治理力度,大力推广清洁能源,加快推进燃煤锅炉"煤改气"和脱硫除尘改造,扎实推进水污染治理,农村环保基础条件明显改善。

泾川县积极适应群众日益增长的精神文化需求,准确把握先进文化的前进方向,坚持与时俱进,不断创新理念,持续提升公共文化服务体系建设水平。一是强化顶层设计。把规划引领、政策引导作为加强公共文化服务体系建设的前提和基础,以中央、省市相关文件精神为指导,紧扣县情发展实际,研究出台全县文化公共服务体系建设实施细则、"乡村舞台"建设方案,按年度下达工作任务,逐乡、镇分类指导,为推进工作落实提供了遵循。二是强化城乡统筹。把加强农村公共文化服务体系建设作为推进城乡统筹、促进均衡发展的有效途径,按照"投入向农村倾斜、服务向基层延伸、活动让群众参与"的思路,以"乡村舞台"建设为依托,持续完善文化服务网络,大力实施文化惠民工程,广泛开展群众文化活动,全力推进公共文化服务均等化、普惠化。三是强化融合发展。把文化建设作为加强思想道德教育、改进政风乡风民风、助推经济社会发展的重要引擎,与政治、经济、社会、生态建设同步规划、一体推进,在城镇综合开发、美丽乡村建设、旅游产业培育中多方融入文化元素,在干部群众教育培训、精神文明创建、和谐社会建设中突出文化引领作用,公共文化服务体系功能进一步拓展。四是强化改革创新。把改革创新作为加强公共文化服务体系建设的根本动力,积极推进公益性文化事业单位岗位竞聘、绩效考评、收入分配制度改革,全面完成县秦剧团企业化改制,组建了西王母文化有限责任公司、大云寺文化产业园有限公司等文化企业,在推进公共文化服务市场化运作方面迈出了新路子。

然而,伴随着发展而来的各种问题仍然有待解决,各种对于生态,人类生活和生命健康的问题尚未有效解决。泾川的发展道路还很漫长。

亚非语学院 160601 班　姚丽娜

指导老师　吴　松

邯郸生活变奏曲

——从过去和现在看中国发展大势

朱　婷　靳　明

　　摘　要：邯郸是一座历史名城。改革开放以来，在党的领导下邯郸的社会面貌发生了巨大的变化。这集中体现在社会管理、医疗、卫生三个方面，通过前后社会面貌的对比，说明了家乡生活的变化。

　　关键词：变化　社会　教育　卫生

　　近几年，中国社会管理、医疗、教育等各个方面都处于飞速发展当中。改革越来越深入，越来越符合人民生活需求，为人民日常生活提供了极大的便利。以邯郸来说，教育资源更加丰厚，医疗水平越来越高。从措施入手，与国际接轨，深切落实党的方针。使人民在生活中更加具有幸福感。以下便从这几个方面对邯郸以至中国的发展做出阐述。

　　一、社会政策变化

　　党的十七大以来，邯郸市委、市政府深入贯彻落实科学发展观，团结带领全市人民，解放思想、抢抓机遇、攻坚克难、奋力拼搏，全面推进经济社会发展，谱写了推动科学发展、实现富民强市的壮丽篇章。邯郸市深入开展学习实践科学发展观、创先争优活动，科学发展理念日益成为全市共同遵循的新取向。高标准、高质量完成了学习实践活动任务，作为全国试点市，为全党提供了鲜活的"邯郸经验"。以解放思想为总抓手,冲破了传统观念束缚和体制机制障碍,解决了一批制约科学发展的突出问题,贯彻落实科学发展观的思想高度统一、行动高度自觉,发展的思路目标和战略重点进一步明确。持续推进干部作风建设,广大党员干部对标定位、夺旗争星,发扬"5+2""白+黑"的作风,形成了聚精会神搞建设、一心一意谋发展的生动局面,为推动邯郸长远发展积累了宝贵的精神财富。

邯郸市始终坚持发展第一要务不动摇,调结构、转方式取得了实质性的新突破。坚持即期抓运行、长期抓调整,连续开展重点项目攻坚年、企业服务年和质量效益年活动,科学有效地应对金融危机,保持了高强度的投资和大力度的技改投入,综合实力大幅提升,生产总值和财政收入实现了"双过二""两个翻番"。"十一五"时期,共安排重点建设项目327个,投资总规模达2913亿元,较"十五"增加156个和2063亿元。装备制造、高新技术和服务业项目所占比重在不断提高。产业结构持续优化,邯钢新区等一大批重大产业项目建成投产,美的白色家电填补全省空白,装备制造业成为工业投资第一大行业,高新技术、现代物流等新兴产业成为发展的新亮点。我国第一个陆运中心站,邯郸国际陆港奠基,意味着冀南地区打造"无水港"的计划迈出了坚实的一步。冀南新区上升为省级战略,产业聚集区建设取得重大突破。"十一五"节能工作全省第一,减排任务圆满完成,邯郸被列为全国循环经济试点市。科技进步对经济增长的贡献率进一步提高,连续三次荣获国家科技进步奖,被评为"全国最具创新绩效城市""中国城市综合创新力50强"和"国家科技兴贸创新基地"。东部振兴取得重大突破,东部10县财政收入全部过亿、主要经济指标增幅超过全市平均水平。国有企业、城市管理、文化体制、医药卫生等各项改革向纵深推进,为经济社会发展注入了强劲动力。

邯郸市始终以强烈的政治责任感推进"三农"工作,农业的基础地位得到了新加强。粮食连续8年增产,"吨粮市"建设取得丰硕成果,在全省、全国引起广泛关注。以水利为重点的农业基础设施建设得到加强,生态水网平稳运行,引黄入邯竣工通水,南水北调加快推进。农业产业化经营快速发展,重点龙头企业数量全省第一,农业综合生产能力显著增强。新农村建设深入推进,新民居建设经验得到中央领导的批示肯定。实施扶贫攻坚组合拳,农民群众的生产生活条件明显提高。

邯郸市坚定不移地推进 3 年大变样、3 年上水平,城乡面貌发生了翻天覆地的新变化。以 4 期总规为引领,"1 + 6"中心城市战略深入实施。组团区已全部开通城乡公交线路,惠及沿线近 500 万城乡居民。青兰高速、大广高速全线贯通,邯郸机场通航,截至 2011 年年底,全市公路通车总里程突破 1.4 万公里,居全省第五。

在四省交界区域城市中,目前只有邯郸具备铁路交叉、国道交汇、高速纵横过境和航空港四位一体的立体交通条件。丛台广场、文化艺术中心等一批标志性工程建成或主体完工,城市生态水系和森林邯郸建设成效明显,城市承载力和品位进一步提升。城乡道路建设步伐加快,实现了村村通公路、通客车和县县有污水处理厂、垃圾填埋场的目标。城市公用服务设施进一步完善,在全省率先实现了数字化管理。全市城镇化率从 37.8% 提高到 46.5% ,3 年大变样荣获"全省突出贡献奖"。我们的家园正在变得更加舒适、更加繁荣。

邯郸市自觉践行以人为本、执政为民的理念,人民生活品质有了新改善。坚持把保障和改善民生作为一切工作的出发点和落脚点,着力办好了一大批得民心、惠民生的实事好事。"十一五"期间民生投入达到 556 亿元。2008 年至 2011 年,邯郸市累计开工建设 83842 套保障房和改造房,连续 4 年获得"省住房保障工作成绩突出城市"称号,推进保障性安居工程的做法在全省推广,困难家庭住房问题得到有效解决。城乡居民收入稳步提高,"零就业"家庭保持动态为零。新农合、城镇医疗保险的覆盖面进一步扩大,最低生活保障实现应保尽保,新农保试点进展顺利。全国社会养老服务体系建设工作会议在邯郸召开,农村互助养老模式向全国推介。教育事业蓬勃发展,义务教育均衡发展的"邯郸模式"在全国推广。实施"平安教育"启动校车全覆盖工程,标志着邯郸校车安全管理工作走上了统一化、标准化、规范化、长效化的轨道。文化建设步伐加快,《黄粱梦》、"红歌汇""欢乐乡村"等走向全国,邯郸首次跻身全国文明城市提名资格市。实施"五个延伸"机制,推动社会管理工作的触角向基层延伸。在全市社区和行政村普及建设警务室,配备治安管理员,实现农村、社区警务全覆盖,这在全国尚属首创。

邯郸市坚持党要管党、从严治党,党的建设开创了新局面。突出干部能力建设,大兴学习之风,广大党员干部的理论素养进一步提高。坚持正确的用人导向,探索创新了科学的考核评价、遴选推荐机制;注重在改革发展稳定一线识人用人,保持了干部队伍的整体活力。全国优秀组工干部王彦生、信访队伍能力建设等先进典型和经验做法得到中央领导的批示肯定,在全国引起较大反响。切实强化三级党组织书记抓基层党建的责任,扎实开展加强基层建设年活动,基层组织和基层民主政治建设扎实推进,各级党组织的创造力、凝聚力和战斗力进一步增强。反腐倡廉建设卓有成效,以行政权力运行监控机制建设为核心的惩防体系进一步完善,在全国率先列出了市长权力清单等"四联单",党风政风持续好转。各级人大的立法、监督、任免职能和各级政协的政治协商、民主监督、参政议政职能得到充分发挥。统战和民族宗教工作成效明显,各民主党派、工商联、残联和工、青、妇等人民团体作用不断增强,双拥、国防动员、台侨及老干部、档案、党史等工作取得了新的成绩,进一步巩固和发展了全市风清气正、心齐劲足的良好局面。

二、医疗资源

定期坐诊、远程诊疗,把越来越多的北京专家"请"到家门口,让邯郸百姓轻松享受同质高端医疗服务;检验拍片,京津冀三地通用,邯郸百姓不用再花冤枉钱,省时省心又省钱;开通航空急救通道,邯郸的急危重症患者90分钟即可飞抵北京知名医院就诊;启动名师带徒3年计划,师从国际国内顶尖医疗大咖,带动邯郸医疗技术大提升……

邯郸市医疗卫生系统紧紧抓住京津冀协同发展的战略机遇期,积极推进京津冀协同发展,加快医疗卫生等公共资源均质化,从而进一步推动邯郸市医疗技术和医疗服务上水平。3年来,市卫计委积极组织邯郸市医疗机构与京津高端医疗机构对接,建立长期稳定的合作关系,在人才培养、科研合作、远程医疗、重点专科建设等方面深入开展协作,在医疗、检查、突发事件应急合作等多个方面实现了有效联动,让邯郸百姓在家门口就能享受原来"想不到"的一体化优质公共医疗服务。

三、教育水平的提高

"招校引智"提升了学校的管理水平的老师的教学水平,学生学习成绩和综合素质也会相应进步和提高。更重要的是邯郸生源不再外流，为邯郸教育水平的整体提升注入了活力和原动力。

2016年，市二中高三仅有600人毕业，但当年9月份却有1800人进入高一学习；市三中在2016年招生时，分数线比往年提高了30分，报名人数仍居高不下。同年，邯郸市中考高考成绩均达到历史最好水平。面对这些变化，杨华云表示，如果说"80"是"招校引智"的"面子工程"，那么，邯郸市教育教学质量和学生综合素质的大幅度提升就是"里子工程"。对于"里子"的质量要求，不是求好，而是求更好、最好。

集团化，强校扶持弱校"招校引智"破解了邯郸优秀生源外流难题，但如何改变弱校"命运"，让弱校学生不再向强校"外流"，同样是摆在教育部门领导面前的课题。对市直初中、高中实施"集团化"办学，实现邯郸优质资源共享是教育部门拿出的解决方案。今年年初，市教育部门发文，高中阶段共成立三个教育集团，即市二中教育集团、市三中教育集团和市四中教育集团，市七中并入市二中，市钢苑中学并入市三中，市建安中学并入市四中，学校名称也分别改为市二中南校区、市三中南校区、市四中南校区。

这一年，市教育部门提出市第二十三中学合并市六中、市第二十五中学合并市第二十六中的方案，六中成为二十三中南校区，二十六中成为二十五中北校区，实行统一领导管理、统一教育教学、统一师资调配、统一评价考核，真正做到优质学校与薄弱学校捆绑发展。

随后，一系列诸如老师双向交流、教学研案共同使用、名师与青年教师结对帮扶、评先评优全公开等措施的实行，让两所弱校在教学质量、制度建设、精神文化等层面实现了更新和突破。

邯郸作为燕赵古都和成语之乡在近年来迈向小康的社会热潮中不断发展，钢铁与棉纺织业，重工业与轻工业并行，希望在党的领导下，政府的方针引导中，可以看见一个更加美好的邯郸！

亚非语学院160601班　朱　婷　靳　明

指导老师　吴　松

山西环境治理变奏曲

李越洋

摘　要： 十多年前的山西省生态资源匮乏，环境保护形势严峻，污染严重，省内多个市县均居全国污染城市前列。经过多年科学的调节管控，山西省环境保护事业近年来卓有成效，取得了一定成果，但仍存在一定问题。山西省环保事业的未来，任重而道远。

关键词： 生态　变化　山西

山西，地处黄河流域中部，东有巍巍太行山作天然屏障，西、南以滔滔黄河为堑，北抵绵绵长城脚下。因外河而内山，故有"表里山河"的美称。山西有文字记载的历史已有三千多年，是中华民族的主要发祥地和中国古代文明、灿烂文化的主要发源地之一，也因此被誉为"华夏文明摇篮"，素有"中国古代文化博物馆"之称。总面积 15.67 万平方公里，东有太行山，西有吕梁山，山区面积约占全省总面积的 80% 以上。山西拥有全国最庞大的地上文物群，旅游资源丰富，堪称全国第一。同时山西矿产资源丰富，已发现矿种 120 种，其中，查明资源储量的有 62 种，保有资源储量居全中国前 10 位的有 28 种。

但是，山西地处黄土高原生态环境脆弱带，地貌类型复杂多样，黄土覆盖广泛，造成水土流失严重，同时土地质量较差，生长率较低。水资源的补给主要为大气降水，水资源贫乏，属严重缺水的省份，河流含沙量大，水土流失也十分严重。不仅如此,山西还是一个森林资源十分贫乏的省份,全省林地面积 1.83 万平方千米,森林覆盖率 11.7%,比全国平均值低 2.2 个百分点。长期以煤炭为主的资源型经济发展更使山西生态环境恶化。众所周知,生态环境与人类居住生存息息相关,生态环境的优劣直接关系着人类生存生活的质量。中国现代化战略研究课题组发布的《中国现代化报告 2007》指出,2004 年中国生态现代化水平指数为 42 分,在全球 118 个国家中排第 100 位,10 多年前的中国正处于生态现代化的起步期,这就是说那时的中国生态环境状况在全球是较差的。而山西作为全国的能源重化工基地,环境状况就更不乐观。

近 20 多年来,山西在发展本省经济的同时,生态环境也遭到了不同程度的破坏。2003 年至 2005 年,在全国环境监测 113 个重点城市排名中,山西省多城排名靠前,临汾市更是连续 3 年名列倒数第一,还多次被美国媒体列为"世界污染最严重的城市"。许多企业排污无秩序、汽车尾气、工业废物特别是水土流失和采煤炼焦等原因所导致的生态环境破坏和污染极其恶劣,严重影响着人民群众的正常生活,制约着全省经济的健康发展。

2015 年 2 月的最后一天,《穹顶之下》瞬间点爆朋友圈。"孝义是山西的缩影,山西是中国的缩影",这句话着实刺痛了不少人的心。诚然,10 年前的乌烟瘴气确实历历在目,但山西痛定思痛、迷途知返,我们也亲眼见证了山西摘掉黑帽子的艰难过程。山西省人民政府在十几年中出台多项规定,下定决心治理污染,如今,山西的多个城市荣获全国各种荣誉,人居环境的改善,大家有目共睹。在10 多年的时间里,山西省多项规章制度得以落实。首先,对省内多家重工业企业污染问题进行治理。2006 年,"碧水蓝天工程"上马,3700 多只烟囱被推倒、4000 多家企业被关停,展开了一场被称为"壮士断臂"的治污行动。2007 年,关闭污染企业,治污先治吏,百万重奖治污领导,对许多市县的污染责任人给予党纪政纪处分。2009 年,山西 11 个省辖市环境空气质量二级以上天数超额完成省政府确定的省辖市平均达 273 天的目标任务;所有重点工业污染源已全面实现工业废水达标排放;山西环境监管量化执法体系初步形成。在这几年中,山西在反污染和污染、省市之间利益和力量之间艰难博弈,付出的决心和承受的阵痛难以想象。

同时,山西省也对省内煤炭产业"下狠手"。2010 年,面对山西经济社会发展的四个重大关系——煤炭与非煤、农民与产业、乡村与城市、经济与生态,山西提出转型跨越发展——工业新型化、农业现代化、市域城镇化、城乡生态化。到 2014 年,山西的煤炭工业已经发生了脱胎换骨的变化,多元发展取得重大进展,产业结构调整趋于优化,安全生产持续明显好转。2014 年,山西全年风电发电量完成 75.24 亿千瓦时,已成为山西第二大发电电源板块。光伏发电量年平均发电利用小时达到 1518.4 小时,实现历史新高。几年来,多部门的联动及电子监控的实施也使得山西的治污取得实质成效,环境保护成为山西各地最受关注的事。

在市民日常生活中,政府也出台了相关规定与便利措施,号召市民环保出行。2010 年,山西省省会太原开始淘汰污染严重的双层公交车,并于 2014 年底完成淘汰。2012 年,太原市开通的公共自行车服务,并逐渐成为市民短距离环保出行的首选。2013 年,山西正式投入使用污染源视频监控系统,并启动全省环境空气质量新标准监测信息实时发布系统,开始向社会发布城市环境空气质量新标准监测信息实时报和日报。2014 年,省财政下拨大气污染防治专项资金 3 亿元,重点用于支持工业大气污染综合治理和燃煤锅炉综合整治重点项目以及全省大气环境监测、预警、应急能力建设工作。2014 年,加快推进新能源汽车产业发展和推广应用工作,并在 11 市划定了黄标车限行区。2015 年 1 月 1 日起,山西省将在全国率先推行国有企业财务信息及重大事项公开制度,太钢等 23 户省国资委监管企业列入首批信息公开范围。

近年来,山西省在环境保护上不断尝试,不断创新,牺牲了许多经济效益却也在环保事业上取得了很多喜人的成果。就以曾经的重污染城市临汾市为例,如今的临汾市民出门会因为强烈的紫外线穿戴防晒装备,而在十年前,市民们都希望每天刮大风,这样可以吹走满天的粉尘阴霾。一些有条件的人为了逃离重度污染,便搬离了临汾,去青岛、海南等沿海城市购置房产,偶尔回趟老家。这些人被称为"生态移民"。临汾的污染来自于 20 世纪 80 年代开始的煤焦铁产业的无序发展。世纪之交,污染到达顶峰。数据显示,2000 年,临汾的空气质量二级天只有 14 天。这意味着当时临汾人一年中只有 14 天能见到蓝天白云。

而从 2006 年开始，临汾开始"壮士断臂"，大规模关停取缔污染严重的企业和落后的生产工艺设施，也正是那些支撑着临汾经济快速发展的企业。2006 年，临汾关停淘汰 473 家落后污染企业，2007 年共淘汰关闭 231 家落后污染企业，当年损失国内生产总值(GDP)200 多亿元。渐渐的，临汾从山西省各地市 GDP 排名榜眼的位置滑落，从侧面显示出临汾为治污所作出的牺牲之大。临汾在清理污染源的同时，还大力植树造林。2010 年临汾植树造林 39.2 万亩，位居山西省第一。目前临汾森林覆盖率达到 31.4%，高出全国平均水平十余个百分点。临汾环境全面好转，城市呈现出"天蓝水清"的优美景象。临汾市区二级以上天数也从 2005 年的 187 天增加到了 2010 年的 338 天。在全国环境监测 113 个重点城市排名中，从 2005 年的倒数第一跃升到目前的 29 位。

保护环境成效显著，却也仍存在一些问题。山西是能源大省，以能源输出和转化为自身经济发展的支柱。长期以来，政府在制定发展规划时往往优先考虑煤焦、冶金、电力、化工和建材等行业，而正是这些行业对山西的生态环境质量造成巨大影响。严格控制这些行业对山西生态环境的破坏和污染，是山西可持续发展中必须尽快解决的重要问题。加快调整产业结构，减轻因产业结构不合理造成的对生态环境的破坏。

经济增长，不能以牺牲环境为代价，这是近 20 年的时间里，烟霾带给我们的教训。如何在经济效益与环境保护之间寻找平衡点，仍是急需我们认真研究的课题。环境保护对于山西，对于中国，还有很长的路要走。

国际商学院 160703 班　李越洋

指导老师　吴　松

广州经济生活变奏曲

——从过去和现在看中国发展大势

刘　璇

摘　要：从古时无人问津的"南蛮之地"跃身为如今经济实力位居全国前三的一线城市，广州在 1978 年的改革开放引导下实现了惊人的变化。无论是经济增长、产业结构调整、出口贸易扩大还是人民物质文化生活水平的提高，广州都一再以自身的发展成就证明着改革是广州的魂，是民族的魂，是引领中华民族走向无限繁荣的火炬。

关键词：广州　经济发展　前景

在古代中国，南粤一带被称为"南蛮之地"，因为古中国的南方群山环绕，气候潮湿闷热，不适合大面积开垦耕种粮食和居住生活。到了近现代，中国南部随着国家建设日益发展起来，但很多人仍不愿意留在广州生活和工作，因为当时社会普遍认为广州地区经济落后，生活条件艰苦，发展前途渺茫。直至改革开放以后，广东经济迅猛发展，凝聚了不少南下寻求发展空间的人才，甚至出现了"东西南北中，发财到广州"的说法。

一、广州经济的发展成就

广州的今非昔比得益于 1978 年开启的改革开放新时期。作为广东的省会城市，广州成为了改革开放的前沿地和试验田，自党的十一届三中全会以来一路上攻坚克难，在经济建设上都取得了令人瞩目的成就。

最首要的变化是广州经济实现了持续高速增长，经济实力显著增强。广州国民生产总值从 1949 年的 2.98 亿元到 1900 年的 319.6 亿元,按不变价格计算,41 年间增长了 50.6 倍,年均递增 10.1%。其中改革开放以来的 12 年是广州社会经济发展最快、变化最大的阶段,国民生产总值年均增长率为 12.2%。

在人均 GDP 上,中华人民共和国成立初期,广州人均 GDP 仅为 38 美元,占美国的 0.5% 和日本的 1.4%;1990 年广州人均 GDP 为 1460 美元,占美日比重已分别上升为 6.6% 和 5.9%;2016 年广州人均 GDP 升至 21868 美元,占美日比重分别约为 6% 和 10.6%。按照世界银行的衡量标准,人均 GDP 超过 1 万美元是公认的城市进入发达状态的标线。而广州人均 GDP 在 2014 年达到 10330 美元,首次成为公认的"发达城市"。

其次是广州的产业结构逐步得到改善优化。20 世纪 50 年代初,广州的第一、二、三产业占国民生产总值比重分别为 27.4%、33% 和 39.6%,之后由于大力发展工业,第二产业比重大幅上升,第一产业相对下降,而第三产业因政策指导曾下降至 25.5%,形成了不合理的产业结构。改革开放以来,广州根据社会经济发展的要求,大力调整产业结构,1990 年第一、二、三产业比重变化为 8.05%、42.65% 和 49.3%,第三产业滞后发展的状况得到明显改善。到 2017 年,广州的三大产业比重调整为 4.6∶44.8∶50.6,基本形成"三二一"产业格局。

再者,改革开放以来,广州城乡居民收入得到不断提高。1990 年城市职工平均工资达到 3504 元,比 1978 年 714 元增长 3.9 倍;农村居民在 1978 年人均年纯收入 250 元,1990 年则增加至 1539 元,增长了 5.2 倍。再看已过半的 2017 年,目前广州城镇居民可支配收入达到 5.1 万,农村居民可支配收入为 2.1 万。

随着收入的增加,广州居民消费的结构也发生了明显变化,首先体现在饮食质量不断提高。2016 年广州城市居民恩格尔系数为 32.8%,农村居民的则为 39.5%,饮食结构不断优化,更趋注重营养和质量。其次是居住消费成为消费热点。广州居民人均居住面积从 2000 年的 13.13 平方米提高到 2016 年的 22.73 平方米,城市家庭的自房拥有率超过了 90%,市民的"安居"梦想正日益得到实现。除此之外,文化娱乐也成为了重要的消费领域。2016 年广州城市人口的文化消费支出占总支出 13.1%,农村则为 9.5%。其中教育需求多元化是这一结果的重要推手,2016 年广州人均教育费支出 2.6 万元,占总收入的 18.7%。

如今的广州为"老广"们提供了满满的幸福感,让这座城市成为每一个居住者留恋的家。我母亲常说她是搭着改革开放的末班车步入社会的。她在少年时期见证了老广州朴素单调的生活,在青年时期又感受到了改革后社会出现的新气象。崇尚公平竞争、自由开放的社会氛围,让她不再像外婆那样只能在工厂做手工活,领着微薄的工资,而是有能力凭借学识开辟出一条属于自己发展的道路,续写不同凡响的人生。

二、广州经济发展的根本原因

1978 年的改革开放到底是如何使广州发生翻天覆地的变化的呢？其根本原因是十一届三中全会后,广州结合地区实际,在国家的路线方针指引下探索出了适合社会经济发展的新道路。

首先是以流通体制为突破口,稳步推进经济体制改革,为广州经济发展注入活力。广州在改革开放中一改计划收购和计划供应,建立了依据商品经济规律要求,开放兼网络式的多元化市场体系。同时广州还对工农业推进价格改革,实现价格由"双轨制"向"单轨制"过渡,实行市场调节价格,这不仅结束了价格长期被冻结、扭曲的状况,更为企业增添了生机。

其次是实现从内向型经济向外向型经济过渡。中华人民共和国成立后的 29年里,广州实行的是封闭半封闭式的经济模式。到 1978 年,在改革开放总方针指引下,广州采取积极利用外资、引进先进技术的政策:利用外资建设广州经济技术开发区,并发展商业旅游服务业,扩大非贸易外汇收入;利用国外先进技术建立和改造大批大中型骨干企业,创办出口创汇企业和出口基地。这些措施极大促进了外向型经济的发展,从而推动了广州国民经济的发展。

马克思主义基本原理告诉我们"科技是第一生产力"。改革开放后,广州更是依靠科技进步推动社会经济发展。1978 年后广州成为全国科技体制改革试点城市之一,通过科技体制改革,推动科研、生产一体化发展。广州通过引进技术和技术改造,极大提高自身的工业水平,进一步增强了生产能力,平均每年新增工业产值约有 60% 来自技术进步。

三、广州经济发展存在的问题及其对策

广州自 1978 年以来发生的历史性变化,集中体现了全市人民无穷的创造力,直到如今更是硕果累累,成绩斐然。然而发展中仍会不可避免地出现亟需解决的问题,需要得到社会的重视和积极应对。

就农业而言,广州的土地成本和人工成本逐年上涨,高生产成本推高了粮食价格,这不仅降低了农业经营收益,也损害了农业竞争力。此外,随着越来越多的农村人口迁居到城镇,农业规模经营面临挑战,山区耕地也出现更多的抛荒现象,农村资源浪费愈发严重。为此,我们要积极发展农村地区电商、休闲农业、特色农产品加工业等新型业态,探索农村创新创业新模式,提高农村经济发展效益。同时要完善农村扶贫机制和新型农村医疗制度,加强农村治理,建设美丽乡村,从而留住更多新生代农民工的脚步。

就工业而言,虽然广州工业的经济效率持续提升,但在医药制造、电子通讯设备等高技术制造行业的工业增加值增长率仍与先进国家有较大差距,仍存在产业层次偏低、产业创新动力不足等问题。政府在创新投入、人才和发明专利建设方面的强度也有待提高。针对这些问题,我们要加大对工业转型升级的政策扶持,持续推进供给侧结构性改革,为广州工业提质增效,向中高端水平不断迈进。另外要依托"互联网制造"的优势成为"广东智造"和"广东创新"的领跑者,迎合工业4.0打造具有全球竞争力的知名品牌。

广州令人瞩目的发展成就,不过是1978年改革开放以来中国实现历史性变革和取得伟大成就的一个精彩缩影,是在共产党领导下的社会主义中国蓬勃生机和光明前景的一个生动写照,充分显示了社会主义制度的无比优越性和强大生命力。实践证明,改革是广州的魂,是广东的魂,也是中国的魂,更是时代的魂。改革开放使举国上下受益无穷,中国必将在改革的进程中不断朝着更高的目标奋力前行。

注:文中部分广州资料数据来自《2017年广州市政府工作报告》《广州农业2016年工作情况及2017年重点工作》《广州市工业和信息化委员会2016年工作总结及2017年工作计划》等。

欧语学院 160304 班　刘　璇

指导教师　原　宙

北梁棚改变奏曲

——从过去和现在看中国发展大势

乔　畅

摘　要:本文以北梁棚改作为中国城市化的一个缩影,展现了中国改革开放30 多年来的巨大成就。棚改既是经济发展的必然要求,也是人民美好生活的期待。

关键词:北梁　棚改　民生　期待

北梁因地处"老包头"以北的"梁子"之上而得名,是包头历史文化的发祥地,素有包头文化"根在东河、魂在北梁"之说;北梁地区,也是历史上"走西口"的重要目的地,曾创造了晋商数百年的辉煌;这里多民族聚居和多宗教融合,有回族、蒙古族、满族等 7 个少数民族和伊斯兰教、佛教、道教、基督教、天主教等五大宗教的 11 处宗教场所,回族居民和信教群众占比分别高达 12.25% 和 12%,是包头市区内少数民族居住最为集中和宗教文化氛围最为浓厚的区域。

时光流转、世事变迁,因长期受自然因素、历史条件、经济水平和社会变迁等多种因素的影响和制约,这里逐渐形成了市政基础设施匮乏、生活环境和居住条件差、低收入群体和社会底层人员集中、开发改造难度大等典型特点的连片棚户区。

近些年政府实施棚改工程以来,从低矮破旧的棚户区到宽敞明亮的新楼房,从又脏又乱的"老北梁"到高楼林立的"北梁新区",从天天提心吊胆的"忧居"到充满自信的"宜居",成千上万北梁居民实现安居乐业的梦想从未如此之真切。

一、棚改进程中的难题

2003年,包头以改善北梁居民住房条件和生活环境为目标,陆续实施了该区域的棚改工作。但十年间仅完成核心区内1.13平方公里范围内的改造工作,安置居民2.86万人,还有9万居民棚改问题没有解决。

推进缓慢的主因在于棚改机制没有理顺。先前在政府的引导下,主要依靠市场运作、由开发商主导,在这种模式下,拆迁不透明,老百姓心存疑惑,开发商推动越来越难、老百姓越来越不满意,双方渐成"顶牛"之势:老百姓不信任,个别开发商甚至被迫走上"绝路",棚改陷入"困局"。

其次,改造资金来源不足。北梁地区拆迁成本与土地出让价格一直存在"倒挂"现象。目前,该区域核心区内征拆成本为每平方米2700元左右,非核心区域每平方米1500元左右。而市场出让价格,核心区为每平方米1950元,非核心区每平方米1200元左右。"倒挂"现象导致北梁棚户区改造融资能力低,资金缺口只能由政府承担,政府投入压力大。

再者,多民族聚集。由于民族传统和文化等方面的不同,棚户区改造必然涉及民族宗教问题。

二、棚改推进的思路与举措

2011年3月、2013年2月,李克强总理先后两次实地考察北梁棚户区,并就做好棚户区改造工作提出了明确要求。包头市委、市政府认真落实李克强总理视察北梁指示精神,举全市之力,集中精力打攻坚战,创造了3年拆迁13平方公里,安置4.7万户,12.4万居民的棚改工程奇迹,为自治区乃至全国棚户区改造提供了可复制、可推广的经验。

1.政府主导,市场参与

通过积极探索,包头市将以往"政府引导、市场运作"的模式改为"政府主导、市场参与",较好地解决了棚改利润空间小、企业积极性不高和居民群众对企业实施棚改信任度不高、配合不够的问题;将以往"先拆迁后安置"改为"先安置后拆迁,异地搬迁为主,局部原地改造为辅,统筹兼顾就业,建设与回购并重",有效地解决了征拆居民因无处安置、就业困难而产生抵触情绪的问题。

2. 筹措资金,破解难题

建设资金是北梁棚改的决定性因素,经过科学测算,北梁棚户区改造总投资约 220 亿,融资规模和融资难度都是空前的。

面对这些困难,北梁棚改确定了"政府主导、市场运作、金融支持、滚动发展"的运作模式和"财政出一些、银行贷一些、企业垫一些、居民拿一些、社会捐一些、上级支持一些"的筹资方式,按照"先规划后建设、先安置后拆迁"的实施步骤,全面启动了北梁棚户区搬迁改造工作。

3. 统筹规划,妥善解决安置问题

对北梁棚户区腾空地块进行了整体规划、设计和布局,对既有的部分老巷道、老建筑进行了保护性开发规划。

坚持"先规划后建设、先安置后拆迁"的实施步骤,坚持"异地搬迁为主,局部原地改造为辅,统筹兼顾居民就业"的政策,推进北梁棚户区改造工作。产权调换实行"征一还一、以旧换新""建好一批,安置一批,有序搬迁,公开选房,先搬先选"的基本原则,实现北梁居民的"忧居"变"宜居"。

4. 就业帮扶,安居乐业

建立《北梁棚改安置居民失业人员统计台账》及分类台账,制定出台了北梁棚户区居民创业就业、养老医疗保险实施意见。创业就业方面,对北梁居民实施免费创业就业培训,为创业人员提供 5 ~ 10 万元小额贷款扶持,免费开展技能培训 1800 人,累计发放自主创业小额担保贷款 1777 万元,开发物业、保洁等公益性岗位 1510 个,实现了北梁居民的"乐业"。

5. 让利于民完善保障

包头市将安置区选在离中心城区近、地段好的位置,周边配套中小学、三甲医院、家具城、建材城和蔬菜批发等成熟市场,方便群众生活。高标准建设安置房和配套基础设施,确保不因搬迁群众大部分是弱势群体而降低建设标准。

包头市出台专门政策,使北梁居民养老保险、医疗保险参保率分别达到 91.3%、100%,将失地农民全部纳入基本养老保险统筹。实施"数字北梁"信息平台建设,实施物业管理机制改革,建立职能部门、社区、业委会、物业公司共同参与物业管理的新模式。创新和丰富精神文化生活,将所有群众文化活动室免费向居民开放,开展形式多样的社区文体活动,让北梁居民真正意义上实现"安居"。

三、旧貌换新颜,北梁未来值得期待

北梁棚改,不但打赢了一场过去十几年都难以攻克的民生工程战,更打赢了一场事关执政党改革共富承诺的"民心工程"战。

1. 居民生活

10多万居民告别老旧平房,宜居梦成为现实。历经两年,北梁棚改累计拆迁房屋5.36万户,430万平方米,征拆任务全部完成。居民人均居住面积由12平方米增至26平方米,居民的居住条件、收入水平、精神面貌和生活状态明显改善。

2. 城市建设

北梁棚改新建和回购高品质、现代化住宅小区4.34万套、323万平方米,各类配套设施同步建设,进一步改善了城市面貌。棚改盘活土地一万余亩,有效整合土地资源,提高了土地使用效率。同时,北梁聘请清华大学规划设计研究院编制完成了北梁腾空区域控制性详细规划,突出了一城、一环、二心、二带、四片区的空间结构。

3. 经济增长

以北梁投入234亿元测算,可直接或间接带动包头市固定资产投资600亿元,消费50亿元,税收两亿元以上,GDP增长0.2个百分点,成为全市的一个新的经济增长点。包头市投入25亿元,回购1.2万套、86万平方米的存量商品房和土地,为16家面临困境的房地产企业注入了发展动力,促进了房地产业健康稳定发展。

2013年3月,北梁棚户区搬迁改造全面启动,两年之后,当我们站在一马平川的老北梁,当我们看过了拔地而起,全新亮丽的新北梁,我们总是在想:北梁棚改给我们带来了什么?北梁居民给出的答案是:幸福!北梁人的幸福可以用七句话来诠释:居者有其屋,业者有所从,贫者有所济,老者有所养,学者有所教,病者有所医,乐者有所享。

棚改既是一项重大的民生工程,让群众告别"蜗居"搬进新家,更是促进城市转型升级的一剂"助推剂",让城市旧貌换新颜。对于包头而言,棚改意味着推动城市的转型升级,通过对城市内涵的挖掘,加强城市功能。

北梁棚户区改造的成功昭示着我们的国家改革在放眼世界的同时,也密切关注着国内每一个地区,发挥中小城市的潜力,打造有核心竞争力的城区,将改革福利惠及更多地区,协同发展,同时更注重保护地区多元的文化传统,着力建设有特色、有内涵、国与民同乐的社会主义强国!

国际传媒学院 161105 班　乔　畅

指导教师　原　宙

贵州城镇支付方式变奏曲

甘文艺

摘　要：随着互联网经济的快速发展,各种支付方式随之而生,人民的生活变得更加便利。从最开始的现金支付,发展到刷卡消费,再到普及力度极高的微信、支付宝、中国建设银行龙支付等第三方移动支付,每一次的革新都渗透在我们生活的方方面面,寻求更加便捷的呼声也促进了第四方支付——聚合支付的产生及快速发展。此实践报告将在聚合支付的大势所趋下,以贵州省遵义市播州区为调研地,在唯物辩证法思想的指导下,学习讨论该新型的支付方式对家乡的影响,从而探求中国发展大势。

关键词：支付方式　聚合支付　县域农村　智慧城市

随着移动支付发展大潮的推进,线下支付方式琳琅满目,但却各有一条支付通道。新事物的发展前途是前进的、上升的,道路是曲折的,被称为"第四支付"的"聚合支付"也是如此。2015年左右,一个新型支付解决方案的引进——聚合支付,结束了移动支付野蛮生长的状态,为支付市场打开新的切入点。近几年,聚合支付历经跌宕起伏,最终于2017年3月得以正名。央行对聚合支付清理整顿的力度有多大,其对聚合支付寄予的期望就有多高。

一、聚合支付的产生历程

支付行业的发展道路,大概可以归纳为从分散走向集中整合。以POS机为例,20世纪90年代,商户的收银台基本成了各种POS机的专属展柜,直到中国银联的出现,才结束了商户"一柜多机"的局面。历史总是惊人的相似。20 年后,以纷繁杂乱的二维码支付继续扰乱人心。移动支付的主体多元化蓬勃发展,银行、第三方支付、互联网企业等,一个机构拥有一个二维码,且各自拥有独立的交易通道。举个简单的例子,微信和支付宝之间,无法通过相互扫码实现支付转账,因为它们的支付通道并不兼容。

聚合支付就是为了解决这一问题而生的。它主要通过整合银行、非银行支付机构以及转接清算组织的支付通道,通过软件开发工具包、应用程序编程接口、手机软件等形式,实现多系统兼容,并为商户提供统一的平台和后台管理系统。而如此多的功能,只需扫一个二维码即可,一举便利了商户和消费者。

二、聚合支付的发展前景

首先,移动支付迅猛发展带来机遇。中国互联网络信息中心第 38 次统计告《中国互联网网络发展状况统计报告》表明,截止到 2016 年 6 月,我国使用网络支付的用户达到 4.55 亿,比 2015 年底增加了 3857 万人,增长率为 9.3%,移动支付的市场空间很大,已经成为大势所趋。再者,未来支付市场愈加分化,呈现绝对碎片化的特征,而多元化的群雄争霸给聚合支付预留了生存空间。其次,随着"全民创业"时代的到来,大规模小微企业的涌现,聚合支付的灵活性和便利性也将满足他们对专业支付接入服务的需求。无论是国家、企业还是商户都应该踏踏实实做积累,并且果断抓住时机,促进事物的质变,实现事物的飞跃。

三、家乡与聚合支付

2017 年暑假,有幸在家乡(贵州省遵义市播州区)的建行遵义播州支行实习,对聚合支付的制作流程、银行和小型商户间的对接、聚合支付收取的费率、商户所得到的便利程度等有了较深入的了解。当然,聚合扫码多家银行均可办理,在此仅以中国建设银行为例。首先,中国建设银行开始运行"聚合扫码"业务,还只是起步阶段,只有个体工商户才可以申请办理中国建设银行的聚合扫码,并且严格要求每天的收入金额小于等于 1000 元。商户在绑定制作聚合扫码的支行的微信公众号之后,即可随时查看进款情况。每笔交易会收取 0.2%的费率。据所知,微信支付的汇率是 0.1%,每家银行或者第三方支付机构所收取的费率都不尽相同,但总体的费率保持在 0.1%到 0.2%左右。由此可见,中国建设银行在费率方面并不处于优势地位。并且由于仍然处于发展的初期阶段,中国建设银行所制作的聚合扫码还存在着一些不足。一是商户每天的进款在第二天凌晨方可到账,比起众多实时到账的支付方式,还需要做到更多技术方面的改进。二是商户退款上也存在一些问题。三是由于可以用信用卡支付,也会出现商户利用信用卡套现的行为。

但是,由于国家政策的支持,贵州经济的稳步发展。不仅不少外出务工的本地人回到家乡创业致富;很多的外来企业也进驻贵州,从而带来了不少的商机和资金;并且由于城镇化的推进,不少农民从农村迁居到了城镇,也做起来自己的小买卖。对于未曾接触过互联网支付的他们,聚合支付简洁高效便利的操作会减轻他们许多的麻烦。根据自己在家乡的实际调研,越来越多的小微商户办理聚合支付,收银台上也变得简洁美观,商户和客户都得到了较好的支付体验,并且由于中国建设银行强大的后台系统和信用做保障,资金的安全系数大大提高。

四、聚合支付出现的问题、解决思路以及发展前景

1. 聚合支付存在的弊端

(1)打"二清"擦边球现象最受行业关注。"二清"是支付行业的一个专有名词,指的是没有获得央行支付业务许可的单位和个人,在持牌支付机构的支持下,借用持牌机构的通道,但实际却从事支付业务和资金清算的一种模式。根据"第四支付"的定位,聚合支付在信息服务过程中仅仅起到中介作用,而在交易过程涉及的资金流转、清算、风控等环节,只有持牌支付机构具有处理的权利。但部分机构却打起了擦边球,无支付牌照却行起了支付之实,甚至存在客户资金沉淀现象,平台卷钱跑路的事也偶有发生。

(2)敏感信息留存。从过往的行业报告中得知,不少持牌的支付机构尚且出现大量用户信息泄露事件,与之相比,就入行资历和技术成熟度而言,聚合支付属于新兴业态,在对于信息的存储和保护能力上不免有些非议。如用户身份识别号、手机号、交易流水等均扛不住部分机构的"用心"。敏感信息留存在聚合支付机构,难免隐藏安全风险。

(3)劣币驱逐良币。聚合支付面对的绝大多数是中小用户,这一群体对价格敏感度较高,而对安全问题考虑甚微。在商户对服务体验差异不大的前提下,其更倾向于服务费较低者。这种以价格决定的合作模式，对新阶段仅依靠服务费盈利的聚合支付公司无疑是雪上加霜；更甚者，无视优质服务，以价格取胜，将引发整个聚合支付市场劣币驱逐良币的问题，造成恶性竞争。

2. 解决思路以及发展前景

矛盾双方既对立又统一，由此推动事物运动变化和发展。聚合支付的风口已开，并日益发挥影响。任何一个新兴市场，在初期都会经历一段野蛮发展时期，然后在竞争和监管中逐渐合规。

（1）聚合支付企业处于初期发展阶段，必须加强技术和后台保障系统的逐渐完善。

（2）国家金融监管部门要及时地遏制住违法行为的产生，对违反规定的企业重罚，规范金融市场。

（3）商户在选择办理聚合支付产品时，应选择信誉度和安全度大的银行企业，做好自身资金的有效安全管理……

譬如针对聚合支付的市场乱象，一个月间，《中国人民银行支付结算司关于开展违规"聚合支付"服务清理整治工作的通知》《中国人民银行关于持续提升收单服务水平规范和促进收单服务市场发展的指导意见》相继发布。其以官方的角度，从定位、管制和预期三方面对聚合支付的发展做出规范。从行文可以看出，央行坚持审慎监督的态度，辩证看待聚合支付行业，对其创新之处抱以肯定、鼓励的态度；同时对消费者权益的保护以及风险防控着重强调——在聚合支付"收单外包机构"的定位基础上，央行画出三道红杠：不得处理核心业务，不得沉淀商户资金，不得采留敏感信息。

当然，支付业务只是聚合支付的一个入口场景，背后却是宏伟蓝图。如何推进聚合支付的产品创新，推动支付服务向综合金融服务转变，才是解决问题的根本途径分析。国家和产业相关人员应该具体问题具体分析，从实际出发探寻"聚合支付"的发展方向。如在扩大聚合支付的市场地域范围，抓住广大县域和农村市场；而在较发达城市运用信息技术构建智慧城市等。

五、从"聚合支付"看中国发展大势

2017年7月1日，深圳农商银行正式发布互联网支付品牌——"收钱宝"。这款"让收钱更简单"的产品也聚合了多种支付通道。"收钱宝"坚持社区零售银行战略,提供在线离线(O2O)综合服务,布局扫码支付市场的重要举措。"收钱宝"除了如建行的"龙支付"一般,能够解决用户扫码选择难的问题,为大量的中小型用户提供新型的门店管理方式外,更重要的是,深圳农商银行能为收钱宝商户逐步提供现金贷,现金管理等更丰富的增值服务。从这也可以看出,中国的支付领域将朝向更加便捷化、智能化的方向发展,所涉及的领域和所起到的作用将会更宽更大。

随着家乡的发展,金融互联网无时无刻不在影响着家乡人民生活生产的方方面面。我们要用联系的观点看问题,事物之间以及事物内部主要素之间相互依赖,相互影响,也将相互作用。我们要处理好发展中的主次矛盾,促进"聚合支付"呈良好态势发展。而恰值贵州省遵义市创建全国文明城市的关键时期,聚合支付对于家乡金融系统规范性、商户生产销售的条理性和简洁性、市容市貌的有序性都起到了助推作用。相信随着时间的发展,聚合支付无论在经济领域和生活领域,无论对国家地区或是集体个人都会十分有益。虽然其间不可避免会出现某些问题,但我们必须在马克思主义的历史唯物主义和唯物辩证法的指导下,正确认识社会现象,实事求是、与时俱进,坚持聚合支付的科学性和革命性,在实践中有效破解所遇到的难题。

参考文献:

[1] 杨烁苹.深圳农商行推出"收钱宝"[J].金融科技时代,2017,(08).

[2] 罗锦丽.聚合支付飞升路[J].金融科技时代,2017,(07).

[3] 蚂蚁金服集团研究院、互联网+百人会联合发布.新空间、新生活、新治理——中国新型智慧城市.蚂蚁模式白皮书(2016年)(节选),行业研究[J],2014,(04).

[4] 赵付玲、张晓锋.县域POS收单应走聚合支付之路.金融博览[J],2017,(09).

求索学院161004班　甘文艺

指导教师　张秀英

北苗头村生活变奏曲

张美丽

　　摘　要:改革开放以来,天津静海区北苗头村发生了巨大变化。经济上从以农为主转变为工、农、林等业多条腿走路,收入及生活水平不断提高;政治上积极响应党中央的号召,不断优化政策,选举民主,事务透明,充分体现人民当家作主的宗旨;文化上从日出而作、日落而息的单调劳动生活,变为更加注重生活的品质、精神世界的丰富和满足的文化生活;社会上改旧房危房为红砖瓦房,修建宽阔平坦的水泥路代替泥泞土路,更新桌椅、增设教学设施、引进优秀师资力量,教学品质不断提高;生态上完善给排水系统,引入清洁能源,改善空气质量,合理处理垃圾,提高生态环境,减少了污染。各个方面水平不断提高,人民生活不断改善。

　　关键词:北苗头村　就业机会　事务透明化　文化生活　红砖瓦房　整修道路　教育设施与教育质量　生态改善

　　经济飞速发展,国家政策不断改善,人民生活水平不断提升,我的家乡天津市静海县北苗头村也有了很大的改变。本文在对家人、村民访谈调研的基础上,从经济、政治、文化、社会、生态五个方面总结了北苗头村的在改革开放后的变化。

　　我生活的地方是一个普通的小村庄——北苗头村,它隶属于静海区的一个小镇——王口镇。这个普通的小村庄从我记事起就不停地改换面貌,最近十年更是在经济、文化、政治、社会、生态等方面发生了很大的变化,以下是通过本次调研记录的历史和现状,以及发现的问题和提出的改进意见。

一、经济:从以农为主转变为工、农、林等业多条腿走路,收入及生活水平不断提高

北苗头村位于城镇的边缘,大约有115户人家,一开始是一个90%的人以种地为生的小村庄,村内没有任何小型工厂或者其他小型产业。村中每户人家根据家庭人数拥有一定数量的土地,靠着土地的收成和家中青壮年离家外出打工挣得的工资维持生计,每个家庭的收入很低,如果遇到收成不好的年份,又没有其他经济来源,没有其他工作岗位和工作方式,生活会更加拮据。村民生活水平低,劳动力充足,工作机会少,工作岗位少。

近十几年中,村庄不断改变,随着经济发展和政策的改善,农村种地得到补贴,减少了对收成不好的年份的担心。随着科技的进步,犁地、播种、除草、收割都采用机器帮助,减少劳动力,减少劳动时间,提高劳动效率。村中引入投资,新兴了其他产业,建立了食品加工厂、林海产业园区,鼓励村民种树,给予适当补贴,增加了许多工作机会和工作岗位,种地不再是人们唯一的收入来源。

虽然经济不断发展,工作形式不断多样,但是村中30%的青壮年找不到自己合适的工作,远离家乡外出打工,村中50%的妇女得不到工作,只能在家中照顾家人。政府和村委会应该统筹兼顾,合理规划,引入小型手工业,给更多的妇女提供适宜的工作,鼓励青年自主创业,建立工厂,提供技术指导,让人们充分实现自己的价值,进一步提高人民的生活水平。

二、政治:村干部选举愈加民主,公共事务愈加公开透明

最近几年来,学习习近平同志的一系列重要讲话和建设廉洁的党风党纪,村中各项事务不断透明化。例如张贴享有国家最低保障的人户名单,让真正需要帮助的人得到帮助,避免浑水摸鱼现象发生。选举村干部更加公平,不记名投票,村内当众唱票,更加公开透明,让人们选出自己认为有能力的人领导全村,带领全村人民奔向小康生活。村干部的领导影响着全村的发展,为了村庄的发展,应该更加深入了解每家每户的情况,多听取村民的意见,真正做到从群众中来到群众中去。

三、文化：空闲时间日益增多，文化生活丰富多彩

过去，人民生活水平低，生活不算富裕，每天忙于工作，承担着沉重的家庭重担，每天日出而作、日落而息，一天的劳累已经让人们无暇顾及精神世界的享受和文化生活的丰富程度。村中没有任何娱乐、健身场地与设施，人们最多的娱乐活动就是茶余饭后在某家人的门口，铺一张凉席，拿几个小板凳，一群人坐在一块儿闲聊生活琐事。

随着生活水平的不断提高，人们空闲时间增多，对生活的品质要求增加，村里组织修建了广场，增添了娱乐健身设施，村民自发组织广场舞和秧歌队，还在春节期间为大家带来表演。村里增添了篮球架，给青少年提供一种健康快乐的娱乐方式。有时还会在广场放电影，丰富人们的文化生活。

虽然文化生活比之前丰富了许多，但是娱乐形式相对较少，村里的文化建设还需要不断地提高。可以组织一些兴趣组，比如二胡、京剧、太极、唱歌、茶艺，建造更多的休闲娱乐场所，丰富人们的文化生活。过节日时，组织一些比赛，促进村内人与人之间的交流，增进人与人之间的感情，促进团结，最大程度地丰富人们的文化生活，丰富人们的精神世界。

四、社会：旧房危房重新翻盖，修整道路促进发展，提升教育水平，共建美好社会

1. 住房：泥房到砖房再到楼房，居住条件步步高

以前村中多是老房子，有少数的还是那种泥房子，土坯房还是干打垒的房子，当时比较好的房子就是红砖瓦房，然而这种房子仅仅占全村房子的10%。80%的老房子久经风雨，已经变得很破旧，每次下雨很多人家的房子都会漏雨，雨中会看到多户人家到房顶上去添加瓦片，雨后端着一盆水泥和泥板去补漏的地方。

随着经济的发展，人们的收入增加，几乎所有的老房子都重新翻盖，曾经在风雨中摇摇欲倒的房子已经变成了崭新坚固的红砖瓦房。少部分经济相对困难的家庭在政府的帮助下也脱离了危房，住进了安全的红砖瓦房。村中引入投资商，投资商在村中建起了小区楼房，一些人家已经住进了小区里，房子不再是一

个让人担忧的问题。

2. 交通:土路到红砖路再到水泥路,通途促致富

2014年以前,村中的3条主要道路是红砖铺成的道路,日积月累,风雨侵蚀,无数车辆通过,无数的行人走过,已经变得坑坑洼洼了。乘坐汽车经过或者骑自行车经过,会感觉非常颠簸。村中其他小路或者胡同大多是各家用多余的砖铺设的,有些还依然是土路。每到下雨下雪,一些车经过泥泞的路面会陷进去,雨雪天出行成了一个大难题。

自从2015年底,村中出资,整修了所有道路,所有路都变成了水泥路,交通便利了,出行方便了,通畅平坦的道路不仅方便了出行的人,而且促进了村中的经济发展。

3. 教育:教学设施和教学质量不断上台阶

十年之前,村中只是一个简单的小学,几排房,几间教室,每间教室十几张桌子和椅子,教室中有一块黑板,一周只有语文数学英语和体育课,操场只是一块空地,没有塑胶跑道和草坪,只有杂草和泥土。学校中没有任何音乐设备,偶尔上一节音乐课,也只是老师和同学们唱一下自己喜欢的歌,没有任何乐器作伴奏。幼儿园也只是几间简单的教室,教室里几张桌子凳子和一张黑板。

随着村里的不断发展,人们对教育也越来越重视,教学设施与来越好。小学更换了新的桌椅,替换了以前破旧的两人一桌一条长木凳,增设了图书馆,添置了钢琴等乐器。教育质量也在不断提高,从县里调来了优秀的教师,加强了师资力量,完善课程安排,通过了全国统一教学达标测试,让学生们在德智体美劳方面全面发展。

五、生态:完善给排水设施,引入清洁能源,取缔污染工厂,促进生态良好发展

村里自从2016年2月每家每户接通了自来水管道,不再使用井水和其他地下水,不再限制每天放水时间,而是拥有了24小时供应的安全干净的用水。村中在2015年11月完成了全村的排水系统的完善,每家每户通入了下水道,不再有脏水乱倒的现象了。

做饭取暖使用清洁能源。为了减少二氧化硫等有害气体排放对空气的污

染,自 2016 年起,政府为每家每户更换取暖炉,统一订购无烟煤球,为了减少秸秆焚烧对温室效应的影响,村中通入天然气,使用更清洁能源取暖做饭。

前几年,村里有一两个化工厂,污染及其严重。化工厂排出来的水未经处理直接排入河流中或者排入水坑中,化工厂排出来的难闻刺鼻的气体弥漫在空气中,严重影响着人们的正常生活,危害着人们健康。村中有的人家拆废品,拆出其中的金属卖掉,会经常烧一些电线的胶皮,浓烟和刺鼻的气味污染着环境,同样影响着人们的生活。

村中垃圾处理也是个很大的问题,每天很多垃圾,人们会习惯性地倒入附近的废坑中,垃圾长年积累,占据了更多的土地,周围附近的住户每天忍受着腐烂的味道,影响人们的正常生活。

近几年,村中取缔了化工厂,填埋了过去的垃圾沟,设置垃圾倾倒处,为每家每户设置了垃圾桶和垃圾筐,安排人员每天收取垃圾集中处理。政府部门派人巡视,关闭私人拆废品的地方。

村中环境有所改善,但是还存在一定的问题,需要不断地完善。应该积极倡导垃圾分类,循环利用,废物回收,减少一次性塑料袋的使用,多使用布袋等。发展手工业、种植业或者轻工业,给更多的人提供就业机会和工作岗位,在发展经济的同时,更加注重生态环境的保护和提高,时刻谨记"绿水青山就是金山银山"。

结语

随着科技的进步,经济的飞速发展,国家政策的不断改善,农村在经济、政治、文化、社会和生态方面都发生了很大的改变。通过本次调研,我深切地感受到了上述变化,感受到了一个村庄的成长与发展。我们可以清楚地看到一座城市不断向外扩建,一栋栋崭新的大楼拔地而起,一个个大型商场开业,交通更加通畅,出行更加方便。农村虽然发展相对落后,但是也在以超越自己的速度发展着。农村对于一个国家来说就像是环卫工人对于一座城市一样,虽然弱小、默默无闻,但却不可缺少,城市的整洁干净离不开它。

一个远离城市、地处偏僻的村庄在各方面都在不断发生变化,经济在发展,政治政策良好,文化生活不断丰富,交通住房教育条件不断改善和提高,生活环境不断改善。它只是一个国家的一角,见微知著,从它的发展中,我们可以看出中国的发展趋势,可以对比中国和世界的发展,正确认识中国特色社会主义道路。通过本次调研,我们更深入地了解历史和现状,发现问题,分析问题,解决问题,更加正确地认识时代责任和历史使命,更加坚定不移地走中国特色社会主义道路,更加脚踏实地地学习,为中国的发展做出贡献。

英语学院 160104 班　张美丽

指导教师　张秀英

家乡樟门坎村生活变奏曲

吴 帆

摘 要:樟门坎村是我的家乡,我们家族在此扎根繁衍接近百年。在百年的发展过程中,樟门坎村一直是典型的农业社会,但其农业耕作类型在百年中也发生了不小的变迁。自中华人民共和国成立以来,为了更好地种植农作物,樟门坎村在政府和村委会的带领下,因地制宜,不断地改造家乡的地理环境,使其更有利于作物种植。通过对马克思主义基本原理的学习与应用,本着"求实""求是"的原则,我们可以从樟门坎村的发展,得到更多的启示。

关键词:樟门坎 水土流失 生态保护

我的家乡是贵州省遵义市遵义县苟江镇的樟门坎村,自晚清便已经存在着小型聚落,大部分定居村民来自沿海地区省份,来到此地或为躲避战乱,或为寻找发展机会,理由不一而足。后来在婚嫁迁徙中,逐渐在樟门坎村形成了以吴姓族人聚居为主的村落,所以,樟门坎又叫做吴家湾。

从我吴氏家族所记载的族谱上可知,在晚清时候,樟门坎的居民从事的主要农事中养蚕植桑。众所周知,贵州地区大部分是喀斯特地貌,多裸露岩石,土壤贫瘠,客观条件不足以支持谷物种植,且当时的耕作技术落后,生产基本依靠人力与畜力,缺乏改造大自然的主客观条件,所以当时的农事生产以蚕桑为主。当时家庭内部分工为:妇女在家养蚕织布,男子则负责前往市集进行交易,日常在家则喂养一些家畜，如鸡鸭等。古代社会的男耕女织在我的家乡则演变为男商女织，虽然做的是小本生意，但是当时的樟门坎依旧出现了几个不小的贩布商人，贩卖最远处可达湖南大部分地区。

中华人民共和国成立后，由于科技的进步，生产力得到了相应的提高，樟门坎村的村民开始有一定条件对自然做出改造，例如运用机械填土、开凿水渠、建造水库等，逐渐开始了玉米、高粱等的种植。

20 世纪六七十年代，由于特殊的历史原因，樟门坎村民大多放弃了贩布为生的商人生活，转而开始专注于农作物的种植。当时村里决定种植水稻，但是由于地形和土壤因素，村里大部分地区并不适宜种植水稻。村委会决定发动村民对村里一块盆地进行改造，具体步骤为：首先挑运山上多余的土壤对盆地贫瘠的土壤进行填充，然后对土地进行改造，比如在土地周围进行水渠引灌，建造一定高度的圩堤对土地进行稳固，防止土地流失。经过一段时间的改造，盆地里的土壤有了种植水稻的条件。就这样，樟门坎村开始了种植水稻的历史。

但是近几十年以来，由于人口的增多，人们开始了对山坡树林的过度开发，滥砍滥伐现象更加剧了水土流失，作物收成也无法保证，村民种植作物没法得到应有的收入。于是陷入了贫困—破坏生态环境—问题越发恶劣—更贫困的死循环当中。村民之中的有识之士与政府都认为要根除村民的贫困问题，首先就要解决水土流失这一问题。

喀斯特地貌地区所出现的水土流失，不单是由于土壤底下存在着透水性很强的碳酸盐岩，还因为降雨时空分布不均，导致了相当一部分土壤无法固存。如果这些问题没有得到很好解决，种植水稻的可能性也就没有多少了。为了解决喀斯特地貌对水稻种植的影响问题，村民们集思广益，希望可以得到一个好的解决方案。可村民们想到的办法，也都是前人想到过的办法，例如建造圩堤、加厚土层等，也都是一些治标不治本的办法。后来在国家政策的号召和鼓励下，政府和村委会，一边引导村民开拓新的农林副业，不再单纯依靠水稻、高粱、玉米等种植活动获得收入，一边在实践中探索和总结。经过长达 5 年的摸索，樟门坎村逐渐形成了比较完备的防治水土流失的体系：首先引进了具有固土和涵养水源能力的树木和草甸，在山坡上进行种植，并且严禁砍伐树木，村民们的生活能源则依靠沼气；其次，将坡度更陡的坡田改造成适宜作物种植的梯田，再在田埂边种植有良好固土功能的草种，大大降低了土壤滑坡的危险。再加上近些年来，国家实行的退耕还林和封山育林等政策，不仅使得水土流失问题得到了有效地解决，更使村民开始脱贫致富，奔向小康生活。

水土流失是樟门坎村村民在长期农业生活中遇到的最大拦路虎，但降水不足、灌溉水源不够，同样让村民们伤透了脑筋。由于喀斯特地貌的限制，要涵养水源本就是很困难的事情，再加上我的家乡降水分布时空相当不均，每到水稻种植季，灌溉问题就困扰着村民。曾经有人提出在有水的地方打洞引水，这在当时看来确实是个好办法，可是经过后来一系列事情，大家意识到这只是饮鸩止渴——那个地方引出来的水是地下水，经过相当长时间的引流后，导致水位下降，土层结构松动，加上大雨，引发了一场泥石流。这使人们意识到，地下水不能够随便引用。后来。在政府的牵头下，村民开始修建小型水库，在周围种植有优良涵养水源能力的树种，旱季用水，雨季蓄水，用水问题得到了相当程度的解决，村民们不仅有足够的水源进行灌溉，更为家中引入了自来水，从此告别了以往需要上山挑水贮存在家中的艰辛。

上述二者都是环境给人们带来的困扰，而人们给环境同样也带去了不少的问题。村民们为了提高作物的产量，或者为了防虫害，施用了大量的化肥和农药，导致土壤板结，作物"烧苗"，水资源受到污染，病虫抗性提高等问题，以往山清水秀的家乡不见了，空气开始散发着一股刺鼻的化肥味，水库里的水更是散发着阵阵恶臭。多亏了村委和政府及时纠正，实行了相应的措施，例如控制化肥的施用、积极推广有机肥、限制大部分农药的使用，这些措施其实并不难，只是以往村民们贪图眼前禾苗长势喜人，忽略了过量施肥给环境带来的大量伤害。经过几年的逐步调整，家乡的面貌得到了改善，空气中不再有随时随地都可以闻到的化肥味，水不再呈现出一种晦暗不明的状态，大家一起努力，又找回了那个曾经山清水秀的家园。

马克思主义认为，实践决定认识，认识反作用于实践；生产力是人类社会发展的最终动力。樟门坎村的百年历史变迁，尤其是中华人民共和国成立后，在党和政府的领导与支持下，樟门坎村所取得的发展和进步，印证着中国劳动人民与大自然斗智斗勇的艰苦努力。樟门坎村的村民也许并没有系统学习过马克思主义基本原理，但在实践中，却自觉或不自觉地遵循马克思主义的科学发展观的要求去解决实际问题，并在实践中不断总结经验与教训，以更好地指导生产和生活。

家乡的变化让我深深理解到了马克思主义在生产和生活中的指导意义及其强大的生命力，同时也更理解我们党，在领导国家前进时，为何将马克思主义当作指导思想。马克思主义为我们提供了正确的世界观和方法论，同时也提供了正确认识世界和改造世界的强大思想武器，我们在实践生活中只有通过马克思主义的观点来认识人类社会的发展进程，用发展的眼光看待实践、指导实践，才能在认识和改造世界的实践活动中不断提高预见性，增强主动性，克服片面性，减少盲目性。总而言之，马克思主义是我们党和国家的指导思想，只要坚持马克思主义的指导，把马克思主义基本原理与我们的生产和生活实际相结合，就能不断进步和发展。

欧语学院 160310 班　吴　帆

指导老师　赵学珍

家乡江西省新干镇生活变奏曲

黄　蕾

摘　要:本文选取笔者一家三代人的经历,从衣食住行四个方面,寻找家乡生活的变化,衣服服饰色彩样式、购买方式的变化,食品供应种类、购买方式、销售方式的变化,生活方式、房屋、人口、生活条件、生活质量、幸福度的变化,人们出行方式、交通工具、交通便捷度的变化,以小映大,从过去和现在看中国的发展大势,中国经济稳定持续向前发展,人们生活水平,衣食住行各方面均有所提高,并将不断提高。经济发展时代进步是大势所趋,同时必然带来诸多问题,如何扬长避短正是我们需要探索并知道的。

关键词:家乡　经济发展　变化

马克思主义认为,生产力和生产关系、经济基础和上层建筑相互作用构成的社会基本矛盾是社会发展的基本动力,生产力是最终动力。从中华人民共和国建立到改革开放后经济高度发展的今天,无论是上海北京等高度发展的大城市,还是笔者家乡所在的、位于江西省中部的这个叫新干的小镇,都发生着翻天覆地的变化。经济发展了,社会各个方面才能更好地发展。多年以来,从衣食住行、就业、互联网各个方面都能看到家乡的变化。

一、衣

在爷爷奶奶那个年代,走在大街上,深蓝、深绿、深灰,衣服的颜色、样式很单调。姑娘们要么扎着两个大大的麻花辫,要么就是短发,照片还是黑白的。爸爸妈妈的年代,就流行穿着白色的衬衫、牛仔裤,姑娘们披着头发,散发着年轻的朝气。而现在,不仅衣服款式新颖,种类丰富,而且出现了很多奢侈品,国外的品牌也出现在小镇上。新时代的大家,自然是喜欢买衣服的,走在大街上,各种颜色,各种款式,背带裤、A字裙……什么都有。人们生活富裕了,温饱问题解决了,就开始追求更高的乐趣,化妆,时尚设计也开始流行,伴随着互联网的发展,网店的兴起与发展,某宝爆款更是应有尽有。不仅是我的家乡如此,在其他各个城市,商品更是琳琅满目,应接不暇。互联网与时尚相结合,淘宝成为手机必备,送货上门,更加丰富了我们的生活。互联网是大势所趋,我们都应该积极学习信息技术知识,与时代接轨。同时,中国元素正积极地走向世界,我们也应该更加开放,更加包容地接纳外来的元素,走中国创造之路,中外融合,取长补短,共同进步。

二、食

爷爷说,他小的时候,家里人多,劳动力少,没有饭吃,每天都只能吃红薯粥,炖着各种青菜。我拍着手说,"这不是挺好的吗? 我最喜欢吃红薯了。"爷爷说,"每天吃,十几年,再喜欢,也会吃腻的,再说,只是一小把米,加几个红薯,一大锅水,炖出来的,也差不多是水,根本是吃不饱的。"我若有所思,的确,现在我们吃红薯不是为了吃饱,而是因为好吃,为了营养均衡,或当零食吃,若让我现在吃一大锅水煮出来的红薯粥,我定然是不吃的。爷爷说,那时候,小孩们最喜欢的就是过年了,不仅有新衣服(虽然是哥哥姐姐们穿剩的,但好过没有),还有肉吃,因为很少吃,很贵,所以家里只会买肥肉。不像我们,从小没有缺过新衣服,新玩具,饭桌上也不缺肉。爷爷笑着说:"你看看你啊,就是没过过苦日子,不知道挨饿是什么感觉,还挑食,一点肥肉也不吃,你要是生在以前,不得饿死你?""可是现在生活好了呀,我没有生在你们那个年代,嘿嘿嘿。"正是因为社会的进步经济的发展,才有现在我们衣食无忧的生活。

20世纪80年代初,人们会拿着政府提供的各种票证,到国营商场排队购物。粮食、油盐、肉鱼、禽蛋等食物,绝大多数都是以国营主渠道供应;蔬菜、水果等也有,农村小贩走进城市做起了个体生意。一些农民、城市无业者开始跑买卖,倒腾衣裤鞋帽,摆摊做起了小生意。过去物资匮乏,现在却完全不一样了。从供不应求过渡到了供过于求,顾客是上帝,商场林立,购物广场到处都是,想要什么,想买什么,缺什么,都可以轻松搞定,甚至足不出户,用手机,各种购物软件手到擒来。民以食为天,食永远是第一位的,而在舌尖上的中国,食物之广泛和讲究,是很值得赞扬的。但是很多食品却不健康。作为消费者,我们应该关注自己的身体健康,积极维权,举报不合法的生产厂家。相关部门应加强监督,严惩不贷,完善消费者权益保护法,保护消费者权益,规范相关法律法规,督促商家良心生产。

三、住

四合院大家都很熟悉,我是南方人,按理四合院是北方的建筑,但是在太奶奶家,我却见到了不一样的房屋构造,太奶奶家有着像四合院一般的格局,进门是客厅,旁边一圈,都是房间,但是啊,都是自个儿家的,以前没有计划生育,鼓励多生,太爷爷有 5 个儿子,3 个女儿,再加上长太爷爷家 7 口人,一家一共 17 口人,全住在一个屋里,可想而知,多挤啊。爷爷说,床上可以睡人,地上也可以睡,客厅也能睡,谁困了谁先睡。现在却不同了,一家三四口人,房子空间很大,不仅如此,还有很多空巢老人,房子空着,只有老人家,也因此出现了许多社会问题,留守老人、留守儿童等。以前房子小,大家都聚在一起,反而热闹,年轻人也不用背井离乡外出谋生,而现在,清明假期与春节才能一家团圆,只有老人和孩子在家,年轻人常年在外似乎成了常态。如今高楼大厦在不停地建,大家在拼命地赚钱买房子,可是空着的时候很多,邻里交流少了,也不热闹,街坊邻居都互相不认识。"远亲不如近邻"现在还真是行不通啦!虽然人们的生活质量提高了,但是生活的幸福度却不见得高。年轻人都纷纷外出,家里只有老人孩子,说到底,还是经济发展不平衡的问题。所以,发展地方经济、鼓励创业、促进就业,平衡贫富差距。同时,还要完善福利制度及教育制度,让独自在家的老人不感到那么孤独,也让留守儿童拥有更多来自社会的关爱,有更快乐的童年。

四、行

印象中过去的中国,是自行车的世界,确实,我家现在还摆着爷爷用过的老旧自行车呢!可在 20 世纪七八十年代,不是人人都买得起自行车的,人们主要的出行工具还是公交和步行。爷爷说,他读书的时候,开学要交米,太爷爷都是乘船、走路,把米扛到学校的,根本没有别的交通工具。但是到爸爸的年代,爷爷就能骑自行车送爸爸去上学了。在我小的时候,家里也还是很穷的,只有自行车,而现在,也有了轿车,出行越来越方便了。但是污染也越来越严重了,汽车尾气、汽车噪音、交通拥堵,快捷的交通工具虽然带来了一系列便利,但是也带来了很多危害。应该要积极发展清洁能源,保护环境,减少能源消耗。

事物的发展变化是由矛盾运动造成的,矛盾是指事物自身所包含的既相互排斥又相互依存,既对立又统一的关系,马克思认为任何事物都是作为矛盾统一体而存在的,家乡经济社会的发展会带来许多益处,同时必然也有不好的一面,如同国家的发展一样。实施乡村振兴战略。我们应该扬长避短,在稳定经济向前发展的同时保护好环境,权衡好各方面问题与矛盾,使益处最大化,害处最小化,既要金山银山,又要绿水青山,坚定走生产发展、生活富裕、生态良好的文明发展道路,携手共建美好家乡,共建美丽乡村,共建美丽中国。

欧语学院 160309 班　黄　蕾

指导教师　赵学珍

安徽省萧县白土村生活变奏曲

孙明慧

摘 要：本文描绘了安徽省萧县白土村的发展变化，那里的社会主义新农村建设成绩显著：种植业和旅游经济的发展使当地人民生活水平不断提高；环境保护意识有所提高，环境治理有所进步；基础教育得到普及，但教育的私有化令人堪忧；村民的文化和医疗等公共事业也得到一定程度发展。

关键词：白土村 新农村建设 变化

我的家乡是位于安徽省北部萧县的一个小乡村。实话说，以前并没有认真地关注过家乡的变化，但自从上了大学，每次回家都能感受到整个小乡村在蜕变。正好借着这个暑假，对家乡做了深入地调研。

谈起家乡的变化，一定是从政治、经济、文化、生态讲起，简单地可以概括为：政策惠民，经济增长，文化丰富，基础建设完善，环境却恶化了。

自2005年10月党的十六届五中全会提出了建设社会主义新农村的重大历史任务，随后根据中央精神，全国各地新农村建设活动如火如荼地展开。建设社会主义新农村，总的要求是"生产发展、生活宽裕、乡风文明、村容整洁、管理民主"。在此基础上白土村所属的镇政府联合煤矿企业，借助企业投资开始了新农村的建设。其中，街道两旁的房屋墙壁都被涂成了白色；门前围起了一个个小栅栏，栅栏里种植着浓绿的植被，零星点缀着芬芳的小花；每家每户门前都摆放了蓝绿不一的垃圾桶。新农村建设不仅做到了房屋整齐，道路清洁，还搞起了种植大棚、包塘种藕以及旅游项目。大棚种植最出色的就是草莓。诱人的颜色，甘甜的口感，吸引了很多外地人专程来到白土村采摘园自己动手采摘草莓。在大棚种植区不远处，有两大片围着电网的藕塘。藕塘内的荷花以白色为主，夏风吹拂，荷花随风微摆散发出清香，村内很多老年人会在早晨绕着荷花塘晨练。白土村有著名的两大旅游景点——天门寺、皇藏峪。2017 年底，皇藏峪内建成了玻璃隧道，再加上原有著名的古寺、古木，春节放假时期前来游览的旅客比原来多了30%。在"新农村建设"提出的十几年间，白土村取得了较为显著的成效，与前几年、前几十年相比，着实发生了巨大的变化。80% 的农户把过去的土木房屋重新修建成了砖瓦房屋，有的甚至盖上了三层小洋楼。以前雨天里走在泥泞的道路上，大家挽起高高的裤脚低声埋怨道路的难行。现在无论大街小巷都铺满了水泥路，两边立起了高高的太阳能路灯，在雨水的冲刷下更是显得道路洁净。村内有一条路，名为"代花路"。2013 年以前它还是一条坑洼小路，宽度仅容一辆载客汽车。2013 年它被修成了一条宽广平坦的大道，为运载水泥砖瓦的大卡车提供了巨大的便利。另外，我们村早早地解决了吃水难、用电难、看有线电视难、通讯难的问题，90% 的家庭从原来只能看天线电视到前几年看上有线电视；但是对现在的我们来说，有线电视已经是过去式，随着无线的推进，85% 的家庭用上了网络电视。前几年90% 以上的家庭在相关技术员的指导下在院内打旱井储水，但是现在，村内管道建设已经成熟，家家户户都有方便干净的自来水可用。近几年得益于互联网的普及，即使在农村，基本家家户户都有网络，视频、语音通话不再是问题；淘宝，支付宝等手机软件的开发，让我们农村人也可以方便地网上购物。而且村内设立了各种快递的寄取地点，我们不需到 10 公里之外的县城寄取快递，这着实给我们提供了许多便利。村里的农业机械化程度也不断提高，运肥、种田、收割、耕地使用农用车、拖拉机、脱粒机、扬场机等机械已经不是什么新鲜事，彻底改变了过去人背、驴拖、马载的状况，大大解放了生产力。

近年环境污染成为发展中最严重的问题。外来工厂排出的大量污染性气体，造成空气质量骤降，雾霾天气出现。排出的污水使得河流污染严重，导致水体富营养化，河中生物腐烂，影响了人们正常生活。村内最大的一条河——倒流河就被附近造纸厂排出的废水污染了。大约是 2010 年前,村内有很多大人小孩来到河边钓鱼,抓螃蟹、泥鳅。天热了,还会有人跳到河里洗澡。后来去到河边的人却寥寥无几。河里散发的腐臭味儿把村民都熏跑了。最近几年,政府开始重视环境问题,关闭了很多违规的工厂,在道路两旁种植了许多植被。

现在国家愈来愈注重教育,为孩子实行"两免一补"政策,大大减轻了农民的负担。笔者听父亲曾说过,在他们小时,家里人口多粮食少,孩子上学普遍晚,十几岁才能上一年级。在此之前,很小的孩子都会干活,为家里减轻负担。父亲四岁就背着箩筐拾牛粪,然后拿拾回来的牛粪挣工分换粮票。在我们这个小乡村里辍学或者没上过学的孩子相当多。人们受教育水平低,文盲率很高。限于人们的认知水平,对子女的教育重视不够,再加上经济落后,辍学率依然很高,许多儿童,尤其是女童甚至小学都不上完就辍学外出打工。接受高等教育的人数屈指可数。现在不同了,很多孩子都接受了九年义务教育,家长的观点也与时俱进,越来越多的孩子上了大学,在城市工作甚至安家。与此同时,随着外出打工以及外出求学的人愈来愈多,村内的人口逐渐减少,剩下的也大多是妇女、孩子。还有一个较大问题就是在我们县私立学校极度盛行,很多农村孩子甚至在幼儿园的时候就被父母送到县城上学,学费要比公立贵得多。暑假回去,我发现县里两大私立学校的初中部被政府收取作为公立学校。我个人十分赞同这项政策,既减轻了学生的压力,也减轻了家长的压力。

经济基础决定上层建设,也正是因为人们生活水平的提升,在享受物质生活的同时追求更高质量的精神生活。最近火到国外的广场舞在村里也相当普遍,村里在前几年就开始由幼儿园老师领舞,带领村里妇女强身健体。2019 年又新建了文化宫,有专门的舞台场地,健身器材供大家在繁忙之余玩耍一下。除了这项活动,快走也逐渐流行起来,健康的生活方式已经深入人心。每年春节,村里都会举行联欢晚会,全部表演均是村里多才多艺的人自愿参与,他们还创建了属于他们自己的特色腰鼓队,还受邀到别的村镇进行演出。

尽管现在农村发展迅速,但有些思想还是在人们的心中根深蒂固。尤其是中老年妇女迷信神灵依然成风。在国家提倡"乡风文明"的新农村建设时期,这种风气要根除还需要一段时间。

医疗问题也得到了一定解决。在以前村里因为没钱看病逝世的人不占少数,现在国家推出医疗保险政策,政府分担一部分钱,这样也减轻了看病的负担。医疗保险确实解决了一小部分资金问题,但是这里大医院费用很高,医生为了盈利造成了很多医患问题。还有待于进一步解决。

政府的支持是乡村文明建设不可或缺的动力源泉。几十年的努力拼搏换来沧桑巨变。改革开放使得中国经济蓬勃发展,使人民生活安居乐业。展望未来,我们有理由相信,中国的明天会更好,我们的生活会越来越富足,会享受越来越多的惠民政策和福利。

英语学院 160111 班　孙明慧

指导老师　赵学珍

社会主义核心价值观:拳拳爱国心

孙 洁

摘 要:在参观学习国家级爱国主义教育基地——周恩来邓颖超纪念馆,深入培育和践行社会主义核心价值观,对大学生成长成才意义重大。社会主义核心价值观在公民层面上的要求,首要是爱国,它是重大的政治原则、首要的道德要求和最为基本的法律规范。作为新时代的大学生,中国特色社会主义的合格建设者和可靠接班人,首先要从热爱祖国做起。

关键词:社会主义核心价值观 爱国

社会主义核心价值观是人们对社会主义价值的性质、构成、标准和评价的根本态度和看法,是人们理解和评价各种物质的和精神的现象及主体的行为对个人、集体、社会的意义。社会主义核心价值观,承载着中华民族的精神追求,体现着社会判断是非曲直的价值标准。学习和践行社会主义核心价值观对现当代大学生的思想和行为方式都将产生重要影响,对社会主义现代化的推进具有重要的现实意义。积极培育和践行社会主义核心价值观,是增强思想道德素质和法律素质的根本途径。

党的十八大明确提出了培育和践行社会主义核心价值观的根本任务,强调要倡导国家价值目标的富强、民主、文明、和谐,倡导社会价值取向的自由、平等、公正、法治,倡导公民价值标准的爱国、敬业、诚信、友善。党的十八大以来,党中央反复强调,要培养和弘扬社会主义核心价值观作为凝魂聚气、强基固本的基础工程,不断夯实中国特色社会主义建设的思想道德基础。

作为当代大学生,践行社会主义核心价值观要着重落实在行动上。国无德不兴,人无德不立。我认为,首先要树立服务的理念,把为人民服务作为一种习惯,使其成为一种人生的态度,树立科学的精神,不断加强学习,储备好将来报效祖国的本领。通过参加各类志愿服务工作等平台,努力实现自身的价值,通过学习、读书、体验生活,丰富自己的人生阅历,加强自身的品格精神修养。要勇于担当社会责任,我们自身的行为代表着我们这一代人的形象,诠释着当代青年对社会的责任,我们肩上担负着中华民族伟大复兴的责任和义务。社会主义核心价值观,既是个人的德,也是国家、社会的大德。

爱国,自古至今都是中国社会始终强调的个人品格,也是中华民族标志性的集体精神品格。我们每一个人,从小就受到爱国主义的教育,爱国才能承担时代赋予的使命,但是"爱国"是一个怎样的概念,什么样的行为,如何才能体现,往往难以言说。如果具体谈到爱父母、爱朋友,比较容易让人理解和践行。而那些宏大的词汇,如热爱祖国、热爱人民,就使人失去了很清晰的目标感,心中的这份爱,缺少着一个为之负责的具体对象。

爱国体现为对祖国疆土的一腔热爱。国土构成民族家园,疆域是国家存在的基础。热爱祖国,从热爱国土开始,像爱惜身体发肤那样爱惜每一寸山河、像痛惜生命伤害那样痛惜每一分沦丧。正因如此,当中国面临列强欺压瓜分时,陈天华在这片即将支离破碎的大地上悲愤叩问"好个江山忍送人";正因如此,当清朝与日本签订了丧权辱国的《马关条约》时,黄遵宪悲痛地呐喊着"寸寸山河寸寸金",甚至更加痛切地疾呼:"国民知醒宜今醒,莫待土分裂似瓜!"

鲁迅弃医从文,用如椽之笔杆唤醒人们心中的爱国热情;赵一曼用自己无比刚强的意志向人们传达她的爱国信念……他们就像战火烧不尽的野草,一根根、一簇簇,以他们顽强的生命和无法磨灭的爱国激情支撑着伟大民族度过了这场浩劫,为中华人民共和国的到来奏响辉煌篇章。那些在民族危难之际背叛祖国,毫无爱国之心的人,必将受到祖国和人民的强烈谴责和严厉审判。

谈及近代中国的著名爱国人士,无人会忘记那样一对夫妇,男人英俊潇洒,女人端庄高雅,他们相互依偎,相互扶持,共同战斗,并肩度过那些艰苦卓绝的岁月。他们是周恩来邓颖超这对伟大的爱国夫妇。

更让人钦佩的是周恩来和邓颖超这对亲密无间的革命伴侣,以海的博大面对人生岁月,必然获得大海的磅礴、大海的瑰丽、大海的永恒。他们如大海般壮阔,而大海却不及他们那样雄浑。周恩来邓颖超的行为品格和精神情操形成一种巨大的能量,深切影响着、感染着芸芸众生。他们的生命历程中,那些超乎生命过程之上的永恒的精神和业绩,熠熠闪光,是岁月无法埋没也无法割断的。两位伟大的革命家用自己有限的生命让世人领略了中华儿女的英雄气概,展示了他们的无比强烈的爱国情怀。

如果说前人的爱国观,主要表现为对有形疆土的珍视,那么在当今、在未来、在"地球村"的全球视野下,我们当代人的爱国观应当更为具体丰富,例如热爱悠久的民族文化、精神价值和国际影响力。我们对民族文化的坚守,对民族文化的自信,又绝不是要一味排外的,而是深谙"取精华,去糟粕"的道理。中华文化的兼容并蓄,决定了它能包容中外而又不失自我,能够跟上时代的潮流发展进步,不被淹没于时代的潮流;对中华文化的坚守,也并不是一味复古,而是能够在众多纷杂的文化洪流中,坚守自己的优良传统,又能与时俱进,适应当代社会的发展要求。历史不能倒退,这是客观规律。我们今天的文化形态就是时代的选择,不能只求仿古而不谈创新、墨守成规、固步自封。

所以我们今天要做的,就是成为一个具有中国优秀传统文化修养的现代公民:立足当代,不忘过去,传承历史精华,面向光明未来。继承传统文化的精华,同时也为传统文化不断注入新的血液——这就是我们每个公民的一份"守土有责",这是无法推卸的、流淌在我们血液之中的民族自尊。坚守文化的根基不断、坚守精神的土壤不灭,用我们个体的文化修养,构筑中华文化这道万里长城的绵延不绝。这便是热爱国土、热爱祖国。

伟人的事迹不断激励着我们前行。作为当代大学生,应深知我们的历史使命和爱国职责,承担社会责任,积极培育践行社会主义核心价值观,为中华民族复兴而奋力拼搏。

陆游曾有一句诗说"位卑未敢忘忧国",忧国就是爱国,爱我们的疆土完整、爱我们的民族团结、爱我们的文化精神,这既是公民责任,更是历史担当。守土有责,守住家国的土,守住人民的心,守住民族的魂。

历史在变迁,时代在前进,我们是新时代的领航者,文化潮起潮落,我们只有不断吸收外来优秀文化,坚持自身文化,推进社会主义文化强国建设,有利于构建社会主义核心价值体系,在全社会形成团结奋斗的共同思想基础,不断增强社会主义意识形态的吸引力和凝聚力。爱国主义是中华民族精神的核心,它贯穿民族精神的各个方面。团结统一、爱好和平、勤劳勇敢、自强不息的精神,相辅相成,无不体现着爱国主义这个主题。无论什么时期,爱国主义都是动员和鼓舞中国人民团结奋斗的一面旗帜,是各族人民风雨同舟、自强不息的强大精神支柱。社会主义核心价值观,为中国人民真正走向当家做主奠定了坚实的思想基础。全国各族人民只有紧密地团结在习近平同志为首的党中央周围,努力践行社会主义核心价值观,"爱国"就会成为一个全国各族人民的自发行为。

践行社会主义核心价值观,需要我们不断加强对社会主义核心价值体系的学习,用社会主义核心价值观来引领我们的思想,不断形成精神共识。要坚持不懈的用社会主义核心价值观来武装自己,大力弘扬党的群众路线,把握民族精神和时代精神实质,深入开展爱国主义、集体主义和社会主义教育,不断增强自身的精神品格力量。把"三个倡导"和自身实际相结合,踏实做好本职工作,将自身真正融入到实现中国梦的伟大实践中去。

培育和践行社会主义核心价值观,并不是一件特别困难的事情,我们只需要身体力行,在日常生活中始终保持着爱国的热情,积极担当属于自己的一份责任,勇于贡献自己的一份力量!

欧洲语言文华学院 170313　孙　洁

指导教师　宋　戈

天津科技发展从"开发"到"多元"的变迁

刘梓璇

　　摘　要:改革开放40年以来,天津的科学技术获得了突飞猛进的发展。从天津"开发"做起的天津高新区华苑产业园的发展到时代的科技成就,从天津"高铁"着眼的京津城际,再到身边的科技生活,多方面阐释了天津科技发展从"开发"到"多元"的变迁。

　　关键词:科技发展　开发　多元　变迁

　　70年的沧桑巨变,40年的风雨兼程,改革开放的40年以来,中国发生了翻天覆地的巨变。天津,屹立在中国东部,掌握着雄鸡的喉咙,它位于环渤海经济圈的中心,是中国北方最大的沿海开放城市、近代工业的发源地、近代北方最早对外开放的沿海城市之一、我国北方的海运与工业中心。作为拥有中国第四大工业基地和第三大外贸港口的大都市,自从2006年滨海新区发展上升为国家政策后,重新走上了高速发展的道路。

　　为深入了解家乡发展变化,总结出好做法、好经验,发现存在的问题,2019年寒假,笔者踏上了开展天津调研的路程。

一、伟大的科技变革　从天津"开发"做起

——第一站，天津高新区华苑产业园

几十年的风雨兼程，回顾天津名为"开发"的这一条路，专属于天津的科学技术正变得越来越发达，专业技术工人和百姓的生活也变得越来越好，科技成就不断丰富，天津人民过上了越来越幸福的日子，其中，天津高新区华苑产业园的发展历程可以说是天津科技发展变迁的一个缩影。

1978 年前，由于长期以来体制机制的局限，天津的科技发展在改革开放之前的特点很明显，那就是科学技术与经济建设"两张皮"，很多科研人员经毕生努力研究出来的成果往往都陷入到"无用"的境地，百分之九十都被束之高阁，可以说，当时的天津在高新技术方面的发展很不景气。1978 年，改革开放的春风吹拂津门大地，许多外资企业、外国产品进入中国市场，这促进了天津本土科学技术的发展，唤醒了天津人自主研究的潮流，让禁锢许久的创新思维悄悄伸出了触角。

1984 年 5 月，全国第一个有固定活动地点的常设"技术市场"在天津长江道拉开帷幕。几千人涌入这个有着新鲜名字的市场，寻找技术成果与企业之间的契合点。

1988 年 3 月 29 日，天津市政府批复同意筹建天津新技术产业园区。

1991 年是天津新技术产业开发区的重要历史转折点。这一年，天津新技术产业园区获国务院批准，成为全国首批 26 个国家高新技术产业开发区，迈入全国高新区的"第一梯队"。

2002 年，园区正式迁入华苑科技园，于 2004 年正式搬入现在的办公地点海泰大厦。沿着复康路一路向西，一座拔地而起的现代化科技之城取代了原来的小鱼塘和荒地，国家自主创新示范区、国家双创示范基地的陆续获批，为天津高新区注入了新的发展活力。

天津，在这片 200 多平方公里的土地上打出了时代样板。

30 多年后的现在，繁华热闹的华苑科技园、环抱渤龙湖的未来科技城核心区、承载滨海高铁站的塘沽海洋科技园、深处宁河腹地的未来科技城拓展区，一

区四园构成天津高新区的核心,规划面积从 22 平方公里扩至 240 平方公里,注册企业从 36 家发展至 13000 多家。

宁河湾畔,规划中的未来科技城,是承接北京非首都功能的京津合作示范区,也是天津高新区的第四片核心区域。放眼望去,机器轰鸣,建设中的火热景象,让我感受到家乡天津的发展变化。

回首过去,改革开放 40 年天津的风雨历程,道路虽艰辛,却硕果累累。

经过天津高新区华苑产业园的调研,我认为,天津应继续保持这种创新精神,还要在创新的过程中不忘回首过去,发现科技化道路中的种种不足,把过去 40 年中没有捋顺、没有弄明白的地方好好想一想,优化发展如今的华苑产业园,从而提高生产效益,推动天津现代化进程,从之前的"开发"成功转变为如今的"示范";同时,我认为,我们不应只抓生产,当然,在这一点上,党领导下的天津做得非常好,天津的百姓有目共睹,因此,保持初心,时刻铭记着这 40 年的实践,加深理解,走商品化、产业化、国际化的道路,造福人民,把天津发展的越来越好。

改革开放 40 年以来,天津市科技发展的变迁有目共睹,作为参与实践调研的一位新时代大学生,我应紧跟时代步伐,做一个对家乡有贡献的有为青年!

二、时代的科技成就　从天津"高铁"着眼
——第二站,天津站城际铁路

2019 年,是我国改革开放 40 周年,是中华人民共和国成立 70 周年,也是中国进入高铁时代的第 10 个年头。"四横四纵"到"八横八纵"的变化激起了多少人胸中的丘壑,让十几亿中国人为之骄傲。经调研,截止 2017 年底,我国全国铁路运营里程达到 12.7 万公里,其中高铁 2.5 万公里,占世界高铁总量的 66.3%,京津城际等高铁线路让城与城的距离变得越来越近,其中,天津高铁最为出名的"和谐号"就是这一变化的缩影。

在寒假,我实地走访了天津西站高铁站,和朋友一起踏上了前往北京的路。周六一大早我们便赶到了天津西站,乘坐上了开往北京的高铁,仅仅半个小时的路程,我们就到达了北京,坐在早点铺吃着老北京早点,等待着一会儿的北京之

旅。下午,我们提前在手机上订好了返程的车票,又趁着天色未暗回到了天津。

"我觉得,自从高铁出现在天津后,和谐号就深入我们的生活了。记得以前小时候想去一趟北京,感觉路程就像出国一样遥远,大巴车摇摇晃晃的,小时候的自己不知道在车上吐了多少回。花两三个小时的车程抵达北京,又要花两三个小时返回,如果是北京一日游的话,根本玩不了什么景点,一点儿意思都没有。"

"而且现在乘坐高铁前往北京的票价连我们这些还在上学的穷学生都能支付得起了,54.5元的票价对现在的人来说很可能就是一顿饭的钱。"

"没有高铁的支持,我还真不能去到这么远的地方!"

这是我调研身边朋友的原话。

通过走访调研的亲身经历,我相信随着科学技术的日新月异,越来越多的城市都能让大家享受到双城生活的乐趣,改革开放40周年暨中华人民共和国成立70周年,我的家乡天津科技越来越发达,科技成果越来越显著,便捷的交通让我体会到了家乡的发展变化。

三、身边的科技生活 从天津"小物"体现
——第三站,天津人和天津生活必备品

70年的流金岁月,40年的风雨兼程,我们的生活习惯在科技的影响下,很难用一个词语、一句话来形容。中国发生了翻天覆地的变化,每一个天津人、每一个天津家庭都能感受到这种巨变,也都尝到了改革开放的甜头。

从通讯上来说:

1978年,乡愁是一枚小小的邮票,分隔两地的至亲都通过写信来传达内心中对家人的思念;1988年,电话开始进驻天津百姓的家庭,当时的电话都是座机,虽说和现在的手机相差很远,但是当时电话的初装费十分昂贵,寻常人家是装不起的,只有那些收入很高的家庭才能拥有,可以说,通讯科技远远没有普及到家家户户;1998年,通讯工具是父辈腰间的寻呼机;2008年,智能手机终于出现了他的身影,诺基亚智能手机垄断中国市场近七成;2018年,确切数据表明,中国成为

全球智能手机用户数量最多的国家，没有之一。

40年前，我们通过写信传达感情；40年后，我们通过微信寄托情怀。

我发了一张调查问卷，供天津的朋友们填写，调查如今天津的百姓对于改革开放40周年和中华人民共和国成立70周年以来通讯工具变化的态度。

经调查，有98%的人使用的通讯工具是手机和网络，人们在目前使用的通讯工具中最主要的是手机。

由此可见，科技的发展，让天津市民生活的变化显而易见。

盛世年华，喜浪千叠，改革开放，华夏同庆。改革开放40年，中华人民共和国成立70周年，天津的变化日新月异；沧桑岁月虽留痕，繁荣盛事正展现在我们面前。作为当代大学生，我们应贯彻落实习近平新时代特色社会主义理论，不断提升自己，拥有一双发现家乡变化的眼睛，尽自己所能为家乡发展贡献出自己的一份力量。

英语学院180110班　刘梓璇

指导教师　王淑莉

繁荣改革路

——安徽省亳州市利辛县的发展变化调查报告

胡　宣

摘　要:改革开放40年来,中国发生了翻天覆地的变化,安徽省亳州市利辛县也从以前贫穷落后的小山村一跃成为富裕乡村,特色旅游和工业成为利辛县发展的支柱产业。从居民的饮食、娱乐和居住等方面都能看到其发展与变化。

关键词:改革开放　饮食　娱乐　居住环境

改革开放,一路风霜雨雪;40年来,安徽旧貌新颜。

以利辛县为代表的诸多长期处于温饱状态以下的落后城镇,乘着这次改革的机遇,走向轰轰烈烈的繁荣改革路。

改革的成果随处可见,从整体上看,40年来,利辛县已基本实现温饱,部分实现小康。近些年来更是发展了自己的工业和特色旅游业,在2018年正式摘掉了"贫困县"的帽子。从细节来看,人们生活水平的提高,主要反映在饮食变迁、娱乐变迁、居住变迁和出行变迁四个方面;而人们生活水平提高的反映,在教育行业表现得尤为明显。

鉴于笔者对"吃"比较敏感,我们先来说说饮食变迁吧。据笔者祖母回忆,60年前,随时可能饿死人。"没粮食的时候晚上一个人就一碗水半个丸子,前一天晚上少给小闺女分了一点丸子,第二天早上就饿死了。"40年前,虽然也吃不饱饭吧,但饿死人的情况几乎没有了。现在,吃不饱?不存在的。笔者小时候还只能喝母乳和稀糊糊,到了比笔者小 13 岁的妹妹,可是喝着牛奶粉、羊奶粉、米粉长大的。

如今,人们对食物的要求已不仅仅是充饥,色香味形俱全是人们的新追求。40 年前,白面馒头还是稀罕东西,现在,各式各样的面包甜点尝起来似乎也极为平常。而且,早已满足温饱的人们,也更加懂得享受生活。乡村流水席走向城市酒店,不仅免去了人们"一顿饭准备几天"的忙乱,还给了人们尝试另一种味道的机会,变的是场合,不变的是气氛。

至于娱乐变迁,名副其实传统现代"两开花"。从前的人们,闲来无事时,最爱聚在谁家门口闲聊,一群人,一条板凳,一把瓜子,可以聊一个下午。但现在的人们,显然已不满足于村口闲话。世界那么大,怎么能不去看看?东京、巴黎太远,那我们可以去周边县城来个全家一日游。重点是全家。

说到现代的娱乐方式,那是肯定绕不开互联网的。2004 年,利辛县出现第一家网吧,此后,各种网吧就次第在利辛这片美丽的土地上涌现。个人电脑和智能手机出现得更晚,可短短几年,电脑就几乎家家必备,智能手机则是男女老少人手一部。手机可以实现通讯追剧打游戏,可以支付外卖世界游,总之,手机在手,天下我有。

再来说说居住变迁。住房是近些年来被提到的最大的变化,没有之一,现在的说法是:"十年前还都搁农村住着泥瓦房,那时候谁能想到有朝一日住得起小区房。"没错,近几年,面朝学校春暖花开,超市向左医院向右早已不是难事;在农村,泥瓦房也纷纷改头换面变成二层小洋房。

最后是出行变迁。真难想象,寥寥无几的带梁自行车与家家必备的小汽车之间的距离,只有 40 年;动辄坐几天的老式火车与高铁飞机之间的距离,也只有 40 年。不光如此,定时定点只收一元全城行的公交车、大街小巷的共享单车共享电动车、随叫随到的网络约车也大大方便了人们的出行。目前,合肥市的交通管理已趋于成熟,各个大站点小站点之间都配备有相应的代步工具。利辛县也正朝这一方向努力,并且已经在 2015 年成功取缔了三轮车,全城推行公交车。

"万般皆下品,惟有读书高。"中国人自古就崇尚教育,但读书,从来都是有钱人的事。从艰苦中走出来的利辛人们,在利辛几十年的沧桑巨变里,真真切切看到了知识的力量,与寒门贵子的可能性。叫孩子都能念书,是改革开放大刀阔斧改造了多少年,才挣到的希望。

40 年前,"大学生"还是个稀罕概念,笔者 1984 年参加高考的大姑奶,是全村第一个女大学生,人们奔走相告,前后几个村子都知道了这个念书念出小村庄的姑娘。40 年后的今天,2018 年,安徽省高考本科达线率近 50%,其中理科达线率61.9%,文科达线率 31.3%。

比高等教育的发展更有趣的是初等教育。现在父母加大对孩子的教育投资,从幼儿阶段就开始了。据搜狐网消息:2019 年亳州市三县(涡阳县,蒙城县,利辛县)农村拟建幼儿园 15 所,小学 1 所。计划总投资 7220 万元。其中,涡阳县农村拟新建 5 所公办幼儿园,计划总投资 190 万元。蒙城县农村拟新建 3 所公办幼儿园,1 所小学,计划总投资 6500 万元。利辛县农村拟新建 7 所公办幼儿园,计划投资 530 万元。与此同时,幼儿园的学费也水涨船高,2006 年,我上幼儿园时,一学期学费只要 450 元,这在当时还算全县最贵的。现在,农村幼儿园的学费也要 1200 元,城市里幼儿园学费则超过 3000 元。即便如此,一些知名幼儿园仍然名额难求。在教育问题上,家长从来不心疼钱。

看中了这一行业的巨大潜力,各种教育机构、培训班便如雨后春笋般蓬勃发展。这方面没有可参考的调查,不过仅就笔者所见,利辛县最好的公立中学利辛中学周边至少有 7 家课外辅导机构,地图上显示的智才教育仅在利辛县就有 10家,分布在城区各个学校周边。这些都是近些年才出现的。

根据利辛县人民政府官网的数据,2016 年,利辛县全县公共财政支出 544234万元,其中教育支出 113150 万元,占比 20.79%,较上年增长 5.10%;2017 年,利辛县全县公共财政支出 639090 万元,其中教育支出 166647 万元,占比 26.08%,较上年增长 47.28%;2018 年,利辛县全县公共财政支出 675103 万元,其中教育支出 178251 万元,占比 26.40%,较上年增长 6,96%。教育行业正成为公共财产支出占比最多的行业,而且还有逐年增长的趋势。

截至 2016 年,利辛县普通中学适龄人口入学率达 100%,初中辍学率仅有0.05%,基本实现九年义务教育,下一阶段的目标是实现十二年义务教育。同时,职业高中在校学生人数也由 2006 年的 4740 人,增长到 2016 年的 9980 人。职高的发展给了考不上高中或不愿意上高中的孩子另一条出路。

总之,即使现在教育多少存在"唯分数论"情况,但整体上看,教育环境、教育水平都有了大幅度提高。改善人们对教育的认知狭隘,还需我们的继续努力。

国际传媒学院 181102　　胡　宣

指导教师　王淑莉

改革开放大潮中的黄骅

张 凯

摘 要:处于环渤海经济圈中部位置和环京津枢纽地带、渤海新区核心区的黄骅市,在改革开放的 40 年中勇立潮头。无论工业产业,还是居民生活水平以及服务业都获得了长足的发展,成为河北省经济发展较快的县市。

关键词:改革开放 工业产业 服务业

黄骅市,河北省辖县级市,由沧州市代管。因纪念 1943 年牺牲于此的冀鲁边区司令员、革命烈士黄骅而得名。位于河北省东部,渤海湾西岸,总面积 2391 平方公里,常住人口 46.7 万人(2016 年),辖 3 个街道、4 个镇、7 个乡。

黄骅市地处华北平原东端,地势平坦。属暖温带半湿润季风气候,年平均气温 12.9℃,年平均降水量 567.8 毫米。东临渤海,有子牙新河、捷地减河等 12 条河道入海,地下水多为苦咸水,盐碱地分布广泛。矿产资源以石油、天然气、地热为主。

黄骅地处环渤海、环京津("双环")经济圈核心地带。市区距北京 240 公里,距天津 120 公里,距石家庄 252 公里。205 国道和 307 国道("双国道")纵横贯穿全境,石黄高速和津汕高速("双高")、朔黄铁路与黄万铁路("双铁")交错,"双国道""双高""双铁"在境内构成三个"黄金十字"。位于市区以东 45 公里的黄骅港,是亚欧大陆桥新通道桥头堡。国道、高速、铁路、港口相互呼应,形成完整的公路、铁路及海洋运输网络。

黄骅市处于环渤海经济圈中部位置和环京津枢纽地带,是沧州渤海新区的核心区,渤海新区管委会、南大港产业园区(农场)、中捷产业园区(农场)、沧州临港经济技术开发区、长芦盐场坐落于境内,是原盐、石化、五金、汽车等工业生产基地。主要种植小麦、玉米、棉花等作物,特产黄骅冬枣,渔业以海洋捕捞、海水养殖为主。黄骅市交通区位条件优越,境内有国际深水亿吨大港黄骅港,是河北省东出西联的出海口和桥头堡,朔黄铁路、沧港铁路、邯邢黄铁路联通腹地,荣乌高速、黄石高速、沿海高速、205 国道、228 国道、307 国道、337 国道等干线公路穿境而过。2017 年,黄骅市实现地区生产总值 280.6 亿元,比 2016 年增长7.6%;公共财政预算收入 16.37 亿元,比 2016 年增长 5%。

黄骅市先后获得国家卫生城市、国家园林城市等荣誉称号。2016 年,黄骅市实现地区生产总值 259.58 亿元,比 2015 年增长 8.8%;人均地区生产总值 55943元,比 2015 年增长 7.8%。三次产业结构为 12:41.1:46.9。全部财政收入 27.47亿元。工农业总产值 299.43 亿元,比 2015 年下降 15.7%。民营经济增加值199.94 亿元,比 2015 年增长 9%;占国内生产总值(GDP)比重 77%。实缴税金19.08 亿元,增长 14.7%,占全部财政收入的 69.3%;民营经济从业人员 161504人,比 2015 年增长 4.4%,占全社会二、三产业从业人员的 78.9%。

2016 年,黄骅市全社会固定资产投资 259.96 亿元,比 2015 年增长 9%;其中固定资产投资 254.74 亿元,增长 10.1%,农村个人投资 5.22 亿元,下降 25.4%,房地产投资 17.13 亿元,增长 19.2%。全部财政收入 27.47 亿元,比 2015 年增长 20.2%。其中公共财政预算收入 15.67 亿元,增长 20.4%。

2016 年,黄骅市城镇居民人均可支配收入 29173 元,比 2015 年增长 8.9%,人均生活消费性支出 16300 元,增长 7.5%;农村居民人均可支配收入 13758 元,比 2015 年增长 9%,人均生活消费支出为 8942 元,增长 19.5%。在岗职工年平均工资 56431 元,比 2015 年增长 3.6%。

第一产业。2016 年,黄骅市第一产业增加值 31.23 亿元,比 2015 年增长2.7%;农林牧渔业总产值 59.64 亿元,比 2015 年增长 2.6%。其中农业产值14.83 亿元,增长 10%;林业产值 2289 万元,下降 39%;农林牧渔服务业产值5.17 亿元,增长 9.5%。

第二产业。2016 年,黄骅市第二产业增加值 106.55 亿元,比 2015 年增长 7.5%。2016 年,黄骅市有工业企业 4844 家;工业总产值 239.79 亿元,比 2015 年下降 18.2%;增加值 93.9325 亿元,增长 6.5%。其中规模以上工业企业 110 家,产值 1279355 万元,下降 24.3%;增加值 659677 万元,增长 7.8%。工业生产平稳增长,产销衔接状况良好,工业企业效益明显好转。

第三产业。2016 年,黄骅市第三产业增加值 121.79 亿元,比 2015 年增长 11.8%。现代服务业增加值 73.11 亿元,占地区生产总值的比重为 28.2%,占第三产业比重 60%,比 2015 年增长 13.2%。现代服务业增加值对 GDP 的贡献率为 40.2%,对服务业的贡献率为 66.1%,拉动 GDP 增长 3.5%。

2016 年,黄骅市全社会消费品零售总额 105.45 亿元,比 2015 年增长 10.2%。居民消费价格指数累计上涨 1.6%,物价涨幅明显低于经济发展速度,居民消费心理稳定。

2016 年,黄骅市直接利用外资 2306 万美元,比 2015 年下降 26.1%;引进省外资金 567343 万元,比 2015 年增长 7.6%;出口创汇 19279.86 万美元,比 2015 年下降 12.4%。

截至 2016 年末,黄骅市金融机构各项存款余额 333.63 亿元,比年初增长 22.7%,其中个人存款余额 225.25 亿元,比年初增长 23.4%;各项贷款余额 231.87 亿元,比年初增长 2.9%,存贷差额 101.76 亿元,存贷比 69.5%。

1978 年,中华大地吹响了改革开放的号角,这个足以被载入世界历史的伟大时刻掀起激情澎湃的时代潮流。

2018 年,中国迈入新时代、开启新征程,再次吹响出发的号角,为夺取新时代中国特色社会主义伟大胜利奋力前进。

40 年沧海一粟,40 年波澜壮阔。

回望来路,渤海岸边的英雄城市黄骅在改革开放的时代洪流中勇立潮头、砥砺前行。回望是为了不忘,我们致敬那些开辟了新时期的前人们,处于新时代下的我们将从 40 年的发展历程中汲取力量,向着下一个辉煌迈进。

国际商学院 180708　张　凯

指导教师　王淑莉

喜看家乡大变化

申素虹

摘　要:通过贵州省遵义市务川县在衣食住行、通讯和医疗等方面的变化，论述了改革开放 40 年来的巨大发展。通过对比反映了改革开放政策对农村的影响和给农民带来的巨大变化。

关键词:改革开放　衣食住行　变化

笔者的家乡在贵州省遵义市务川县,说起改革开放 40 周年以及中华人民共和国成立 70 周年以来的变化,那可以用两个字来形容——快、大。

记得小时笔者最喜欢听的就是奶奶讲述她们以前的生活,她有时讲着讲着便开始泪眼婆娑,奶奶生了 6 个孩子,她说小孩从没吃过一顿饱饭,换句话说就是每个人都是在挨饿中长大的。

集体劳动大概是生活在那个年代的人们最难以忘记的吧。一起干活一起吃饭,不能说是你一个人勤勤恳恳地干活,就可以收获很多的粮食。笔者询问了村里几个爷爷奶奶,还有自己的爸爸妈妈,他们给笔者的感觉就是特别想给笔者诉说那段日子,但又特别不想再提起那段让他们受苦的经历。笔者或许能理解他们,他们想告诉我们的原因是希望我们能好好地珍惜现有的生活,不要再随便地糟践粮食、浪费粮食。虽然他们没有读过什么书,但他们是真真切切地感受到——谁知盘中餐,粒粒皆辛苦。他们不想告诉我们的原因是因为那段时间对于他们来说就是一场噩梦,每天都要忍受着饥饿带来的痛苦,到了冬天还要忍受寒冷。此时此刻的我想象着那样的生活,我真的很同情他们,很尊敬他们,看看现在的我们,只要是哪顿饭菜不合自己的胃口,就不吃了,那件衣服觉得不好看就不穿了,当手脚感到寒冷的时候就哪里暖和哪里呆着。以前是你有钱都买不到什么好看的东西,而现在的商品则是琳琅满目。以前是只有到过年的时候才能吃上一顿肉,如今则是基本上天天都能吃上大鱼大肉。

其次在交通方面,就以笔者所在村庄为例,不管你去哪里,你都必须是走路去,如果你有什么要紧的事情得去镇上办,那你需要早早地起来,马不停蹄地赶紧走,赶紧把要办的事情办好,然后又要马不停蹄地往家里赶,这一来一回,就又耽误了一天的干活时间。在农村,你要是不干活,那你是没办法生活下去的。种了点庄稼,用人工根本就背不了多少,都是用马或驴来驮庄稼,人也不能闲着,也多多少少要帮忙背一点。再来看看现在,公路已经实现了村村通,你要去哪里办事情,也不用第二天早上早早地起床。现在就连我们这样的小村庄,基本上都已经每家拥有一辆小汽车了。庄稼地的道边儿也修了马路,庄稼成熟的时候,也是开着农用车去载回来。

在医疗卫生方面,以前很多的小孩由于医疗技术不好,就算是生了一场感冒之类的小病,也会有人因此而过世。那个时候的人们,基本上都是瘦瘦小小的,一是和当时的生活条件有关,二则和当时的医疗卫生条件也有很大的关系。现如今在医疗卫生条件方面可是发生了极大的变化。在镇上,有了专门的卫生院,有专门的诊治医师,对于很多的病症都能做到对症用药,不仅大大地减轻了病人的痛苦,而且也减轻了人们的担忧。

通讯方面,也是一次又一次地上了新台阶。笔者小的时候,人们用的都是同一种类型的老式手机,手机也没有各种各样牌子的,即使是那样,也不可能是人人或者说每家都能拥有一部的,都只能是那种有点钱有点地位的人才能拥有的。笔者还记得家里有一部座机,亲戚要是有什么事情需要打电话就来我家打。到了现在,村里已经没有一部座机了,用的都是智能手机,基本上每人都有。就连小孩拿的不是智能机也是电话手表。当然,随着通讯工具的发达,很多问题也随之出现了,现在的一家人在一起不再是开开心心地聊天了,而是人手一部手机,各玩各的,亲戚朋友之间很少有了语言的交流,随之而来的就是人与人之间的感情淡了。所以,我们需要倡导的是,不管科技再怎么发达,我们都要好好地陪陪自己的亲人,多关心一下自己的亲人。

在住房方面也改进了不少,以前住的都是茅草屋,现如今村民们都盖起几层的楼房。村民们都说如今的政策越发地好了,不仅政府会给经济困难的人家户经济补贴,服务态度也是极好。人民也算得上是安居乐业了。在教育方面,不会再有孩子因为交不起学费而辍学了。政府还会定期进行法制宣传,使大家多了解国家的相关政策,做一个懂法的人。

回顾以前,再看看现在,笔者的家乡在很多方面都发生了翻天覆地的变化。现在令人担心的是村里的留守儿童、留守老人逐渐增多,年轻力壮的都外出打工去了,只留下老人和小孩在家,只是过年才回家。这难免会让孩子和老人隐隐地感到孤独。

致敬过去,紧握现在,更要展望未来。我坚信自己的祖国会越来越好,自己的家乡也会越来越好。未来,希望每个人脸上的笑容都是幸福的。

国际关系学院 180402　申素虹

指导教师　王淑莉

论近代以来哈尔滨在中国经济中的地位

王　淼

摘　要：近代以来，哈尔滨的兴起与发展很大程度上依赖于中国特定的地理条件与历史条件：因路而兴、历史遗留、侨民移居、人口多元、政策倾斜。因此，哈尔滨是中国较为典型的具有自身特色的近代新兴城市。本文通过对大量资料的搜集整理，将对哈尔滨城市地位在近现代的显著变化进行梳理，并以此来探究中国近现代经济的发展变化趋向。

关键词：中国经济　近代化　哈尔滨　经济政策

据历史资料分析可知，哈尔滨这座城市形成于近代，在外来侵略与内部反抗以及本土文化与西方文化的共同交融与作用下，形成了而具有鲜明特色的地域文化。哈尔滨这座城市的建筑风貌、格局环境、风俗气息处处体现了文化的多元性、包容性、独特性，其间发生的一些重大历史事件对哈尔滨自身的地域经济发展具有深远影响。

一、清末——两次世界大战时期

鸦片战争后，因闭关锁国、故步自封而远远地被甩在世界工业化潮流之后的中国，被迫打开国门，腐朽的清政府无法捍卫自身主权，逐渐沦为帝国主义统治中国的傀儡。巨额的赔款、大片土地的割让、封建制度的腐朽等原因使得中国逐步沦为半殖民地半封建社会。

19 世纪末,俄国想要确立在东亚地区的领主地位,扩大原有版图,于是把目光投向我国的东北地区。俄国为了节省在远东修建铁路的成本,同时也为了更好地控制中国东北地区,说服清政府同意由中俄合资在中国东北修建一条铁路,连接西伯利亚赤塔地区与海参崴地区。这条铁路以哈尔滨为中心,西至满洲里,东到绥芬河,南达大连,铁路呈"丁"字形,全长 2400 公里,被称为"大清东省铁路",也就是后来普遍被国人认知的"中东铁路"。中东铁路于 1897 年 8 月开始施工,1903 年 7 月正式通车运营。

中东铁路建成后,大量资本注入,商贸发展迅速,30 多个国家在哈尔滨设立领事馆和银行,以中东铁路为依托,以商贸为中介开埠,哈尔滨的经济由此发展起来,城市的发展速度在当时中国社会位居前列。并且,哈尔滨是一个移民城市,随着中东铁路的建设,大批欧洲人移民哈尔滨,他们对近代哈尔滨的文化、经济繁荣做出了不可小觑的贡献。据调查,犹太侨民凭借自己的才智精明和艰苦努力,创办了为数众多的工商企业。1906 年,俄籍犹太人约瑟·加斯普创建了马迭尔宾馆,1913 年建成开业,它是当时哈尔滨旅馆建筑中最豪华的多功能旅馆之一。1923 年,哈尔滨犹太侨民集资创办了一家民营银行——哈尔滨犹太国民银行。此外,带有国际犹太资本的银行还有华俄道胜银行、汇丰银行、花旗银行等,这些建设都为哈尔滨近代工商业的发展奠定了坚实雄厚的基础。

"九一八事变"之后,日本对我国东北地区非法侵占与迫害,对当地人民造成极大的恐慌与危机。同时,为了加强对当地的经济的侵略与开发,巩固对殖民地区的统治,日本利用东北地区丰富的自然资源在东北地区建设了大规模的工业基地和基础服务设施,这在客观上刺激了哈尔滨地区的重工业发展。犹太人给哈尔滨打下了丰富的商业基础,因而在日本统治东北地区的时期,34 家外国银行在哈尔滨并设了分支机构,与巴黎、纽约等国际金融中心有直接业务往来,哈尔滨商埠的金融动态左右远东的整体金融格局。据记载,外国列强在哈尔滨设立的商业机构,更是高达的 1809 个。更令人震惊的是,到 1945 年,东北工业规模居然远超日本本土,成为亚洲第一,东北工业化水平迅速提高,工业总产值占工农业总产值的比重由 26.9% 增加到 59.3% 。[①]

鸦片战争以来直到中华人民共和国成立前夕,近代中国在列强的压迫、封建因素的干扰下始终处于水深火热之中,由于封建主义,帝国主义,官僚资本主义三座大山的压迫,中国局势动荡不宁,中国近代化趋势在外国资本主义的压迫和束缚下举步维艰 ,中国社会的进步与发展在夹缝中生存。同时,帝国主义对东北地区的侵占与开发客观上刺激了东北地区的经济发展,使得东北地区的发展速度超过当时国内的其他地区,但是,这是一种畸形的发展。

二、中华人民共和国成立初期——改革开放初期

中华人民共和国成立初期,百废待举,如何恢复因战乱而严重破坏的国民经济,成为中国亟待解决的问题。由于哈尔滨战略位置重要,中华人民共和国成立之后,国家给予了特别的重视。国家积极推进民主改革,大力进行国民经济恢复工作。在抗美援朝时期,中央决定南厂北迁,哈尔滨积极接受从辽宁迁来的电机、电线、轴承等16个大中型工业企业。到了1952年底,该市工农业产值已超过解放前最高年份的2.4倍。比1949年增长2.3倍。平均每年增长49.2%。这说明哈尔滨在国民经济恢复时期进行顺利。[②]

20世纪50年代,中国获得了苏联为首的社会主义国家在资金上、技术上的援助与支持,经济迅速恢复。其间,中国进行大规模的"一五"计划。"一五"计划的两大战略性任务为:集中力量进行工业化建设(优先发展重工业),加快推进各经济领域的社会主义改造。由于历史和自然原因,我国东北地区的资源开发潜力巨大、工业发展较领先于其他地区、靠近苏联易受援助,因此"一五"计划的重点实施地区为我国东北地区。其中的一些主要成就改变了当时中国一穷二白的工业面貌:1953年底,鞍山钢铁公司大型轧钢厂等三大工程建成投产;1956年底,长春第一汽车制造厂建成投产;中国试飞成功第一架喷气式飞机;沈阳第一机床厂建成投产;形成了以鞍山钢铁公司为中心的东北工业基地。随着这些重点建设项目的开展,哈尔滨的工业结构和城市性质随之就发生了深刻的变化,即

---

① 郑敏:《试论东北沦陷时期日本资本在东北的扩张》,《社会科学战线》2000年第6期。

② 林楠:《经济社会发展探索文集》,黑龙江人民出版社2007年版,第219页。

由消费城市变为生产城市。据相关资料表明,该时期哈尔滨工业产值占全国的2.1%,占全省的42.5%,工业产出规模跃居全国城市第5位。哈尔滨市在上缴利税、提供配套产品、抽调设备、人才支援其他地区上发挥了历史性的贡献。①

不过,1958至1965年,哈尔滨经历了"大跃进"和经济调整的曲折发展过程,主要形式是农业以粮为纲,工业以钢为纲的翻番运动。高指标、浮夸风之势难以阻挡。"文化大革命"期间,领导干部被打成走资派,技术人员受到冲击,工厂生产面临崩溃的边缘,哈尔滨的国民经济遭到严重挫折,正常的经济、社会秩序受到严重破坏。

三、改革开放至今

20世纪70年代起,由于西方国家经济政策调整、企业贸易活动的全球化、新兴技术的发展与升级等因素使得经济全球化浪潮影响范围逐步扩大。1978年召开的党的十一届三中全会确立了改革开放的伟大政策,此后,中国经济发生质的飞跃,哈尔滨城市的发展迎来了新的契机。

1. 起步和恢复阶段(1978—1980年)

党的十一届三中全会以后,哈尔滨城市经济处于恢复性平稳增长。截止1980年底,全市实现地区生产总值45.7亿元,三年年均增长7.8%;人均地区生产总值由505元增加到576元。

2. 跨越温饱线阶段(1981—1992年)

经过"六五""七五",哈尔滨经济由恢复性平稳增长进入稳步增长时期,成功跨越温饱线,1992年,全市实现地区生产总值247.3亿元,人均地区生产总值2792元。

3. 实现总体小康时期(1993—2012年)

这一时期,哈尔滨市国民经济连续保持两位数以上的增长速度,其间还抵御了亚洲金融危机,战胜了百年一遇的特大洪水灾害,哈尔滨市于2001年便突破了1千亿元大关,2011年则突破了4千亿大关。城乡居民人均可支配收入为23538.8元、9468.9元,城乡居民恩格尔系数为32.9%、39.4%,实现总体小康。

---

① 高滨健:《哈尔滨百年经济发展脉络及定位》,《学理论》2005年第5期。

4. 全面建设小康时期(2013—至今)

党的十八大以来,全市以习近平新时代中国特色社会主义思想为指引,坚持新发展理念,坚持稳中求进工作总基调,该市于 2017 年生产总值达到 6355 亿元,人均地区生产总值达到 66301 元,达到中等收入国家平均水平,开启高质量发展时代新征程。[①] 民营企业的发展同样也可显示出改革开放以来哈尔滨经济的活力。据相关资料表明,截至 2017 年,哈尔滨市民营企业由 1978 年的 610 户,增至 147235 户,是 1978 年同期的 241 倍;注册资金 7274.26 亿元,是 1978 年同期的 1681 910 倍。[②] 哈尔滨市已经形成国有、外资、民营经济等三驾马车拉动经济大发展的格局。

不过,与快速崛起的东部城市相比,包括哈尔滨在内的东北众多城市地位相对下降了。20 世纪 80 年代中后期后,沿海地区的优先发展使得改革和发展的重心都集中在东部,东北地区在这种区域不平衡的发展中开始远离它曾在历史上的地位。20 世纪 90 年代以后,东北陷入了相对衰退时期,其在全国经济中的份额迅速下降,由 1960 年的 23% 到 1980 年的 16.2%,再到 2000 年的 9.8%。[③] 在此过程中,哈尔滨也从曾经的一线城市下滑为二线城市,如何推动哈尔滨市经济转型和产业升级,显然是该市重塑辉煌的必经之道。

求索荣誉学院 171002 班　王　淼

指导教师　杨红运

---

① 徐明阳、石新权、兰宇航:《励精图治 沧桑巨变——哈尔滨市改革开放四十年经济社会发展综述》,《统计与咨询》2018 年第 5 期。

② 钟学志:《改革开放是推动哈尔滨市民营经济大发展的强大动力——纪念改革开放 40 周年》,《哈尔滨市委党校学报》2018 年第 5 期。

③ 邵文武:《东北地区产业集群形成与演化研究》,东北大学出版社 2016 年版,第 57 页。

浅析五四运动时期的妇女解放运动

陈明雨

摘　要:鸦片战争以来,中国开始走向近代化进程。五四运动前夕,旧式妇女和新式男子的矛盾激化,妇女解放思想理论和实践的传播和启蒙,妇女经济地位的变化,都为妇女解放运动埋下了伏笔。五四运动时期的妇女解放运动蓬勃发展,妇女参政热潮袭来,男女同校、教育平等得以实现。

关键词:五四运动　妇女解放运动

几千年来,受男尊女卑、三从四德等封建伦理纲常的束缚,中国妇女长期受到封建制度的摧残和迫害。从鸦片战争到维新变法、再到辛亥革命,中国逐步走向近代化,可大多数妇女却仍然受旧社会的影响。在爆发于1919年的五四爱国运动中,中国妇女展现出了前所未有的斗争性,掀起了妇女解放运动的高潮。

一、五四时期妇女解放运动兴起的背景

1. 旧式妇女和新式男子的矛盾激化

中国传统的封建文化造就了畸形的女性观念,妇女不是一个独立的个体,而是丈夫的一件附属品。即使中华民国成立,中国妇女也依然挣扎在社会底层。她们几乎没有受教育的权利,政治上没有权力,经济上不独立,婚姻上不自由。例如鲁迅的第一位夫人朱安,经由鲁迅母亲包办选定。结婚时,鲁迅是江南水师学堂的学生,留洋日本的进步青年。朱安是裹小脚不识大字的旧式妇女。鲁迅

对这个贴着包办婚姻的旧式女人不闻不问,朱安终其一生独守空闺,自嘲"先生由内而外都是革新,只有我是他的一件旧物"①。旧式妇女一边为封建思想所禁锢,一边为新式男子所鄙弃。"新旧"矛盾的激化推动着妇女解放运动的兴起。

2. 妇女解放思想理论和实践的启蒙

戊戌变法时,维新派推广不缠足运动和兴办女学运动,谋求中国妇女形体和精神上的解放,揭开了中国近代妇女解放运动的序幕;辛亥革命前后,资产阶级妇女理论大量传入,中国知识女性积极推广妇女解放思想;新文化运动时期,《新青年》登载了许多有关国内外妇女解放的文章,讨论了男女平等、女子教育等问题。新文化运动既传播了世界妇女运动和民族主义思想,又冲击了中国传统的封建主义,为五四爱国运动中的妇女斗争作了理论上的铺垫和思想上的启蒙。

3. 妇女经济地位在发生变化

从根本上说,经济问题是妇女问题的根源。妇女不是从来就受压迫的,而是社会经济发展的结果,是社会分工和私有制的产物,随着资本主义在中国的产生,中国半封建半殖民地的社会性质不断深化,传统的自给自足的封建经济受到强烈冲击,并逐步走向解体。尤其在"一战"期间,中国民族资本主义的迅速发展给封建经济以沉重的打击,加速了封建经济的崩溃。这种现象使得妇女经济地位上发生了变化,自身地位得以提高。这为妇女摆脱被束缚、被压迫、被控制提供了条件。

4. 五四运动的推动

反帝爱国和民主与科学是五四运动的两个鲜明主题。爱国民主运动,促成了妇女运动的高涨。五四运动产生于中国半封建半殖民地社会的特定历史环境中,又发生在新、旧民主主义革命转变的特定历史阶段,它揭开了新民主主义革命的序幕。在这样的社会背景下,一股巨大的思想解放浪潮冲击着妇女解放运动,马克思主义的妇女理论也逐渐深入人心,打开了人们,尤其是女性封闭的思想。

二、五四时期妇女解放运动概况

1919 年,巴黎和会中国政府的外交失败,直接引发了中国民众的强烈不满,

---

① 李梦霁:《一生欠安》,北岳文艺出版社 2016 年版,第 16 页。

从而引发了五四爱国运动。5月4日,北京城里爆发了学生运动,以北京大学为代表的高校学生(男生)都走上街头,抗议不平等条约的签订,但是由于学校和家长们的严格管理,女生们没能参与这次游行。5月6日,北京学生成立了北京学生联合会,以"尽学生天职谋国家之福利"为宗旨。这个联合会促成了中华民国学生联合会的成立,而后者变成了全国学生活动的大本营。这意味着在北京的所有中等以上男校和女校,都需要联合在一起。随后的请愿活动中,女生代表成为向政府请愿的重要力量,给予了学生运动有力的激励。随后全国响应,各大城市建立妇女救国团体,共同对外。如湖南地区妇女运动领袖向警予,在五四运动爆发后立即带领学校师生上街游行,在各商店向市民宣传抵制日货,并当众把一个日本制造的瓷脸盆摔烂在地上,向广大群众发表演说,号召大家起来,"外争国权""内惩国贼"。① 为了扩大五四运动的影响,女性们与男同胞一起印发传单,露天演讲,组织宣传队。随着五四运动的开展,女大学生在宣传爱国热情的同时,更呼吁广大女性勇敢表达自己的心声,做独立的个体,不再做男性的附属品。

1919年6月3日,北洋政府出动军警逮捕爱国学生一千多人。6月4日,消息传来,各女校代表立即集会,决定下午齐集天安门。派代表到总统府上书,提出释放被捕学生,尊重学生人格等要求。当时的女学生不顾校方威胁,破门而出。她们自豪地称这次请愿为"中国女子的参政行动"。学生的能力毕竟有限,他们的力量很难涉及有关国家命脉的经济方面。但是因为学生团体的大力宣传,越来越多的人开始勇敢站出来,越来越多的妇女开始走上街头同学生一起并肩战斗。政府逮捕学生的消息传到上海,学生罢课、工人罢工、商人罢市的"三罢"行动在上海波澜壮阔的展开。男女学生、男女工人以及各界民众纷纷勇敢走上街头。由学生发起的这场爱国运动逐渐波及了社会各个阶层。迫于各方面的压力,北洋政府释放了被捕学生,罢免了参加巴黎和会的曹汝霖、陆宗舆、章宗祥的职务,并且拒绝在不平等条约上签字。五四运动取得了初步的胜利。

三、五四时期妇女解放运动的影响

在五四运动之前,妇女解放运动只局限于一小部分人中。五四运动的开展,

---

① 张黎明编:《中共创建史研究》第 1 辑,上海人民出版社 2016 年版,第 75 页。

为广大女性提供了表达自我、展示自我的平台。在五四时期的妇女解放运动中，知识女性与劳动女性的联合，马克思主义与妇女解放实践的结合，更是为妇女解放运动创造了更广阔的发展空间，促进了整个社会的思想解放；推动了女性独立意识和爱国意识的增强；对1920年中国男女合校的措施有着重大贡献，推动了中国男女平等受教育权的实现；加快了自由恋爱与自由婚姻的步伐，也开启了妇女参政的热潮。

1. 妇女解放运动蓬勃发展

妇女的独立意识和权利意识增强，积极谋求自身权益。1920年长沙妇女游行示威，要求婚姻自由和人身自由。翌年2月，湖南女界联合会成立，她们提出实现妇女的五种权利，即平等的财产继承权利、选举和被选举权利、平等受教育的权利、平等工作的权利及婚姻自主的权利。1922年7月25日，一些女学生在北京组织了女子参政会，要求宪法赋予妇女平等权利，8月23日另一些女生在北京成立了女权运动同盟会，她们提出了与"五权"相似的要求，同时也号召妇女参加推翻封建军阀和实现民主的革命。1927年，"盛七小姐"盛爱颐将欲独吞家产的兄长告上法庭，盛七小姐是个现代女性，她依据民国法律关于男女平等的条款提起公诉，打赢了这场轰动一时的争取遗产的官司。这也成为中国第一起女权案。

五四运动的推动，马克思主义理论给予妇女解放运动以有力的指导。在实践当中探索，是青年在探索中国妇女解放道路过程中的一种勇敢尝试。1920年初，北京、天津等地一些女青年离开家庭，建立工读互助团，力图通过集体劳动、集体生活创造一种新的生活模式。还有一些女青年则在1919—1920年的赴法勤工俭学热潮中，选择赴法留学，成立留法勤工俭学会。如向警予应蔡畅之邀，到长沙参加发起组织"周南女子留法勤工俭学会"，同蔡和森、蔡畅等30余人远涉重洋，赴法勤工俭学。在法国，向警予阅读马克思主义著作，还广泛地接触法国工人阶级，受具有巴黎公社斗争传统的法国工人阶级的影响，进一步坚定了共产主义信念。在留学期间，向警予始终站在斗争的前列，密切注视着世界形势和国内斗争，表现出非凡的组织和领导才能。1920年5月26日，她为李大钊主办的《少年中国》杂志撰文《女子解放与改造的商榷》，批驳改良主义的错误主张，明确指出"财产私有制"是"万恶之源",把妇女解放与社会改造联系起来,表明她对中国革命有了高度的认识。

2. 开启妇女参政热潮

1919 年爆发的五四运动,拉开了新民主主义革命的序幕。同时,由于中国女学生开始像男生一样对政治事件产生极大兴趣,妇女参政运动再次兴起。如 1921 年广东女界要求参政权,并举行有 300 人参加的示威游行,虽然要求未被批准。浙江、四川两省的妇女争取到选举权。北京女学生相继于 1922 年相继成立了"女子参政协进会"和"女权运动同盟会"。不到一个月,湖南、湖北、广东等地建立了分会。为妇女参政出谋划策。

1920 年远在法国的向警予明确地提出:"应用俄国式的方法去达到改造中国与世界"的目的,即"主张马克思主义及俄式革命,实行无产阶级革命和无产阶级专政",并"旗帜鲜明地提出成立共产党","认为共产党是无产阶级运动的神经中枢",是革命运动的"发动者、宣传者、先锋队、作战部"。1920—1921 年,向警予不但与蔡和森共同提出"中国共产党"的名称与计划,同时向各路宣传,陈述建党之急。之后向警予与周恩来、李立三在法国成立旅法中国共产党早期组织,几乎与国内的中国共产党同时建立。因此,她后来被毛泽东称为"她是我党惟一的女创始人"。向警予也于 1921 年底启程回国。1922 年初,向警予加入中国共产党,成为最早的女共产党员之一。7 月,在党的二大上,她当选为第一个女中央委员,担任党中央第一任妇女部长,开始领导中国最早的无产阶级妇女运动,撰写大量文件,用马克思主义理论阐述中国妇女问题,号召广大女性团结起来,为解放自身投入到革命运动中去。

3. 男女同校

男女同校的想法萌生在五四运动之前。1919 年 3 月蔡元培先生在青年会演讲时,就公开提倡应该有男女合校的平民小学。率先提出男女同校的是一位名叫邓春兰的女学生。1919 年 5 月 19 日,她为此事给蔡元培写信申请入学,之后,邓春兰又发表《告全国女子中小学毕业生同志书》,再次呼吁大学开女禁。经过五四运动洗礼的报纸杂志从这件事情上敏感地嗅到了"新闻因素":北京《晨报》第 6 版以"邓春兰女士来书请大学解除女禁"为题,开辟了"大学开放女禁"讨论专栏；上海《民国日报》第 8 版则以"邓春兰女士男女同校书"为题发表了她的请求。邓春兰的信在报纸上发表后，更多的女学生受新思想激荡，请求北大学校当局准许她们入学。男女合校的措施成为当时在校园里和报刊上广为讨论的热点话题。① 女学生们的勇敢和主动，是在以实际行动影响着社会积极思考男女平等的受教育权。1920 年元旦，上海《中华新报》发表蔡元培的讲话："大学之开女禁问题，则余以为不必有所表示。因教育部所定章程，对于大学学生，本无限于男子之规定，如选举法中之选举权者。且稽诸欧美诸国，无不男女并收。故余以为无开女禁之问题。即如北京大学明年招生时，倘有程度相合之女学生，尽可报考。如程度及格，亦可录取也。"这实际上宣布了北大开放女禁的决定。蔡元培此举被认为是中国男女合校的开始。几乎与此同时，南京高等师范学校在陶行知的倡导之下，也开始招收女生了。男女同校，是最实际落实男女平等权利的行动。

五四运动在妇女解放运动史上画上了浓墨重彩的一笔，但妇女解放仍然是一条任重而道远的路途。虽然五四运动中的妇女解放运动找寻了妇女解放的路径，支持妇女参政，男女社交公开，婚姻自由、大学开女禁等，但此时妇女解放运动仍主要集中在受过高等教育的女性身上，以女大学生为代表。下层女性仍未意识到自己的权利，仍没有主动去解放自我的欲求。时至今日，仍然有我们需要去争取去斗争的层面，这就需要我们一代又一代的青年努力，让更多的女性意识到自身的风采，让她们有享受平等和追求梦想的权利。

欧洲语言文化学院 170309 班　陈明雨

指导教师　杨红运

---

① 罗苏文：《女性与近代中国社会》，上海人民出版社 1996 年版，第 351 页。

风"秦"云"甬"的踏潮之路

——秦皇岛与宁波城市发展的对比视角

任　轲　王天鹤

摘　要：本文运用共性和个性的研究视角，基于经济、文化、生活水平等方向，将中华人民共和国成立初期与改革开放新时期下秦皇岛和宁波的城市发展进行对比，进而论证中国改革开放决策的正确性和前瞻性，也论证了当前我们需要继续依托改革开放不断发展自身，从而更好地面对未来的机遇与挑战。

关键词：秦皇岛　宁波　发展　改革开放

一、中国改革开放的历史与逻辑基础

1978 年 12 月党的十一届三中全会后，中国开始实行的改革开放的政策。中国的改革先从农村开始，1978 年 11 月，安徽省凤阳县小岗村实行"分田到户，自负盈亏"的家庭联产承包责任制，拉开了中国对内改革的大幕。1979 年 7 月 15 日，中央正式批准广东、福建两省在对外经济活动中实行特殊政策、灵活措施，迈开了改革开放的历史性脚步。随即，秦皇岛、天津、宁波、大连等 14 个港口城市相继开放。

从 1978 年党的十一届三中全会至今，我国改革开放已经走过了整整 40 年的辉煌历程。习近平同志在纪念改革开放 40 周年的讲话中提到："以数千年大历史观之，变革和开放总体上是中国的历史常态。中华民族以改革开放的姿态继

续走向未来,有着深远的历史渊源、深厚的文化根基。"由此可见改革开放是今日中国发展的关键力量。

1. 中国改革开放的理论逻辑

《马克思主义基本原理》中曾经提到,生产力决定生产关系,生产关系反作用于生产力,生产力和生产关系之间的矛盾运动,这三项内容构成生产关系必须适合生产力性质的规律。这是人类社会发展最基本、最普遍的规律。生产关系必须适合生产力性质的规律,是无产阶级政党制定正确的路线、方针、政策的理论依据。而社会主义社会的基本矛盾是我国实行改革开放政策的理论依据。改革开放是社会主义基本矛盾运动的必然结果。社会主义社会的基本矛盾理论主要内容包括:判定一种生产关系和生产力是否相适应,要从实际出发,主要看它是否适应当时当地生产力的要求,能否推动生产力的发展;在社会主义社会依然有解放生产力的问题;把社会主义社会基本矛盾、主要矛盾和根本任务统一起来;解决社会主义初级阶段主要矛盾的途径是改革。

改革开放之所以能够成为决定当代中国命运的关键抉择,其原因主要是当代中国共产党人对社会基本矛盾运动规律的深刻把握和自觉遵循。

邓小平提出"不解放思想不行,甚至于包括什么叫社会主义这个问题也要解放思想。经济长期处于停滞状态总不能叫社会主义。人民生活长期停止在很低的水平总不能叫社会主义。""讲社会主义,首先就要使生产力发展,这是主要的。"①人们这才真正意识到什么是社会主义,在中国怎样建设社会主义。

2. 中国改革开放的实践基础

首先从国际背景分析。当时世界的时代主题由"战争与革命"转变为"和平与发展",为我国改革开放决策的出台提供了必要的国际条件。历史的车轮转到了 20 世纪 70 年代末,亚非拉的民族独立斗争高峰已过,绝大多数殖民地半殖民地都实现了民族独立,建立了独立的国家,民族民主革命的任务已经基本完成。这些新独立的国家,在政治革命以后,必须要转变观念,由破坏一个旧世界转变为建设一个新世界,做到善于破坏一个旧世界,更要善于建设一个新世界,也就

---

① 邓小平:《邓小平文选》第二卷,人民出版社 1994 年版,第 314 页。

是把工作重点转向经济发展和国家建设,大力发展经济,改善民生,以赢得人民的支持,进而巩固新生的政权。

经济全球化的初露端倪以及飞速发展,为我们国家实行对外开放,利用外部有利条件发展自己提供了难得的历史机遇。在"和平与发展"成为时代主题的同时,伴随着统一的世界市场的形成,世界各国的国际分工越来越细化,这使得各国的生产过程和经济联系越来越紧密。在市场全球化和国际分工细化的推动下,世界各国的生产要素,如资本、科技、原材料、人力资源等交流日益密切,而第三次科技革命的推动、快速交通体系的建立、网络的兴起使得经济全球化不再是纸上谈兵,而是成为不可抗拒的历史潮流。经济全球化时代,利用经济全球化来发展壮大自己,为广大发展中国家提供了难得的机遇。适应经济全球化的需要,对外开放,利用经济全球化来发展自己,也为我们的社会主义建设事业提供了难得的机遇。

其次从国内背景分析。长达 10 年的"文化大革命"使中国经济和社会发展水平同发达国家相比差距更大了。在经历发展进程中的这一重大曲折后,我们党积极反思"文化大革命"出现的原因,思索中国的命运和前途、方向和路径。

在全国范围内真理标准大讨论中,党和人民终于迎来了具有划时代意义的十一届三中全会的召开,这次会议从根本上冲破了长期"左"倾思想的严重错误,端正了党的指导思想,重新确立了马克思主义的思想路线、政治路线和组织路线,提出了党的工作重心从以阶级斗争为纲转移到以经济建设为中心上来,提出了实行改革开放的伟大决策,中国人民又踏上了现代化建设的新征程。

二、中华人民共和国成立初期秦皇岛与宁波的发展困局

1. 中华人民共和国成立初期秦皇岛与宁波城市状况的相似性

作为全国性综合交通枢纽,中国海滨城市的秦皇岛位于河北省东北部,南临渤海,北依燕山,东接辽宁,西近京津。1948 年,这是秦皇岛解放的年份。中华人民共和国成立后,政府机构对秦皇岛著名的北戴河海滨的房产和人员做了普查,资料记载,"住宅、教会建筑、公共建筑、商务建筑,中外别墅共计 719 幢,其中外国人的别墅 483 幢,建筑面积 21 万平方米。涉及美、英、法、德、日、意、比、奥等 20 多个国家。中国人的别墅 236 幢,建筑面积 8.5 万平方米。"由此可见秦皇岛建筑受到西方影响之大。

北京大学陈蔪哲教授评论说:"论秦皇岛北戴河区的特点,一是西洋化,二是时髦。"加上近代史上康有为、徐世昌、顾维钧、张学良、周学熙等风云人物,以及中华人民共和国成立后毛泽东等领袖人物在北戴河区的活动和文学创作,秦皇岛被赋予了中西融合的浓厚人文色彩。

然而中华人民共和国成立初期,秦皇岛经济却十分落后,仅仅依靠自然经济占主导地位的农业和极为薄弱的工商业支撑。1949 年,全市农业、工业和商业的增加值分别占国内生产总值的 67.1%、6.7% 和 11.6%,其中工业门类极少,结构低下,除耀华玻璃工业有一定规模外,基本上是手工作坊式生产。

无独有偶,地处东海之滨的宁波,东有舟山群岛为天然屏障,北滨杭州湾,西接绍兴市,南临三门,与台州相连,三面环山,是中国曾经重要的通商口岸。1949 年 5 月 25 日拂晓,65 师官兵雄赳赳、气昂昂地跨过灵桥,与兄弟部队在市中心会师,宁波全城宣告解放!

老宁波人都知道,桥西北块的江厦街,是钱庄银楼云集的金融大本营,为往昔甬城最繁华之所在。而三江水网在历史上曾对繁荣浙东地区的文化、经济起了积极作用,所以在古代又有"东南之要会"之称。优越的地理位置也使宁波自唐以来成为我国对外(特别是对朝鲜半岛诸国和日本)进行经济、文化交流的主要港口城市之一。历经宋、元、明、清而不衰,所以宁波人常以"走遍天下,不如宁波江厦"这句话为荣。作为曾经的通商口岸,宁波如同秦皇岛一样,亦深受"西洋风"的影响。

只是这样的繁华,在战争后消失了一段时间。留下的是中华人民共和国成立初期宁波国民经济发展的停滞不前,且原有的经济基础也受到了严重摧残,人民生活处境较为困难。从当时的经济结构看,宁波与秦皇岛一样仅仅依靠第一产业勉力支撑,第二、三产业较为薄弱。

2. 中华人民共和国成立初期秦皇岛与宁波发展问题的差异性

(1)秦皇岛基础设施建设的瓶颈

1949 年 6 月,朱德总司令成为第一个在秦皇岛北戴河区疗养的中共领导人。他非常喜欢这片海和山,几乎每年都来,直到逝世前一年。

从 1953 年到 1965 年这 12 年间,夏季的中央重要会议几乎都在北戴河召开,"新华社北戴河电"这样的字眼频频出现在报端。1966 年"文革"开始,中央暑期办公制度也废止了。随之而来的就是秦皇岛基础设施建设的停滞。这严重影响了旅游业的发展。

当时整个北戴河区只有两万人口,可是暑期每天就要接待两万游客,高峰时的旅客数量竟达四万。一时间北戴河海滨人满为患,不少游客没有住处,当地的各个学校都成了国内游客的接待站,教室成了客房;一些游客因为找不到住处,不得不当天晚上返回,有的甚至在海边沙滩过夜。

(2)宁波城市经济发展战略的难题

反观中华人民共和国成立初期的宁波,由于战争原因,不仅基础设施损毁严重,而且国民经济发展停滞不前,原有的经济基础也受到严重摧残。那时市场商品供应严重不足,为保证群众基本生活的需要,国家决定实行"计划经济",发放各种商品票证来分配商品。一张小小的票证,现在看起来略显粗糙,但在那个物资匮乏的年代,却囊括了生活的方方面面,吃喝拉撒都离不开。

1953年,政府颁布《关于粮食的计划收购和计划供应的命令》,实行粮油计划供应,即划片、定点、凭证供应办法。1955年,第一套全国粮票开始发行。这种购粮凭证,成为百姓生活中必不可少的一部分。

所谓民以食为天,在实行粮票制度的年代,若是没有粮票,即便口袋里装着钞票,也可能会饿肚子。因此,粮票又被称为"第二货币",或者说得夸张一点就叫"命根子"。

据说,那个年代的人娶媳妇是要攒粮票的,甚至还有人用粮票作红包,在当时也是非常受欢迎的礼金,由此可见粮票的珍贵。

然而,光靠"粮票"和计划经济对于宁波长远的发展显然是不够的。国民经济的健康发展和现代化建设的顺利推进还取决于是否有一个能够保证社会主义制度生机和活力充分发挥的经济体制和一套能够保证国民经济持续快速协调增长的发展战略。

20世纪80年代之前,一方面我国选择了高度集中和僵化封闭的经济体制,严重束缚和阻碍了生产力的发展,另一方面,采取了优先发展重工业的发展战略,而浙江宁波没有什么发展重工业的历史。所以在当时宁波国民经济的发展进展迟缓。

三、改革开放新时期秦皇岛与宁波的城市发展对比

我们应当看到,尽管在党的领导下中国人民从水深火热的战争中被解放了出来,可无论是战争遗留问题还是原本就存在的经济、政治等问题依然亟待解决。这些问题严重阻碍着如秦皇岛和宁波等地人民生活水平的提高。中华人民共和国成立初期我们国家的探索虽发挥了两座城市的部分特点,但始终无法达到“物尽其用”的效果。秦皇岛北戴河虽有优美的环境但却受到政策变动影响,没有匹配优美环境的基础交通住宿设施,严重影响了优势产业旅游业的发展;宁波虽然曾经是商埠重镇,却因战争摧残辉煌不再,尽管有所恢复,但相关政策始终如同“拳头打棉花”,无法使宁波健康发展。终于,这一切随着1979年的一阵“春风”开始出现历史性的转变。

1. 新时期秦皇岛与宁波城市发展的共性研究

改革开放后中国进入到历史发展的新时期。此时的中国既充分发挥市场在资源配置中的决定性作用,又注重更好发挥政府作用;既通过释放市场活力提升了财富创造效率,又通过完善基本制度改善了人民的生活水平。

(1)改革开放推动秦皇岛与宁波的经济发展

改革开放的号角打破了秦皇岛的沉静。1979年7月1日,中国国际旅行社北戴河旅游公司正式开业,到10月14日,公司共接待国外游客2766次,国内游客2171次。国外游客的到来扩大了中外民间的交往。在这之后,杭州、庐山、大连、济南等地纷纷效仿,中国发展旅游业的势头逐渐拉开。

此后,中外旅游者像潮水般地涌向北戴河。资料统计,1979年,北戴河海滨接待中外游客72.62万人次。到1980年,数字翻了一番,达158.7万人次,这时,平民百姓已经成为北戴河旅游的主体人群。与此同时,为了满足游客数量的激增,当地迅速发展起相关产业,大力发展了基础交通设施以及酒店住宿等行业。

经过曲折和艰辛的磨难,党的十一届三中全会结束了“以阶级斗争为纲”,工作重心转向现代化建设。奋起的秦皇岛人终于抓住了改革开放的大好时机。在20世纪80年代和90年代,对着蔚蓝色的大海而面向世界的新一代领导人,在北戴河勾画了祖国新的图景。秦皇岛在2017年全年接待海外游客30.65万人次,旅游外汇收入2.11亿美元,接待国内游客5223.5万人次,旅游总收入658.29亿元。

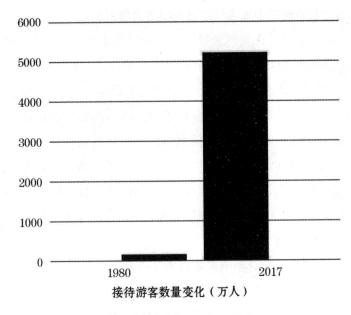

接待游客数量变化（万人）

图 1　秦皇岛接待游客示意图

与此同时,在 1978 年改革开放后,宁波认清了以往发展中的错误定位,重新依托自身的港湾沿海优势使得对外贸易迅速发展。由此也带动了宁波各方面的改变和进步。其中最为显著的就是宁波支付手段的演变——由"饭票"到现金,再到信用卡,最终到达先进的移动电子支付。在调研后我们发现,作为较早普及电子支付的城市之一,今日的宁波已几乎在所有实体经济中设置了移动电子支付,而宁波人民也已不再将现金作为主要的支付手段,一张 100 元人民币的现金也许可以在钱包中留存数月。

除了移动电子支付外,宁波在改革开放后的变化也可参考我们归纳的以下数据:

宁波地区生产总值从 1978 年的 20.17 亿元增加到 2017 年的 9846.9 亿元,年均增长 13.2%。宁波以占全国 0.1% 的土地面积,创造了全国 1.2% 的生产总值、1.4% 的财政收入,以占全省 9% 左右的土地面积,创造了浙江省近 20% 的地区生产总值和 23% 的财政收入。

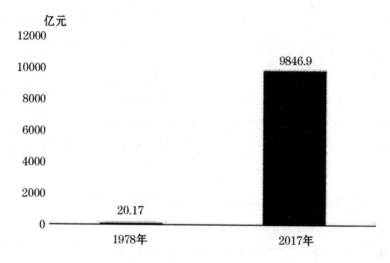

图 2　宁波地区生产总值示意图

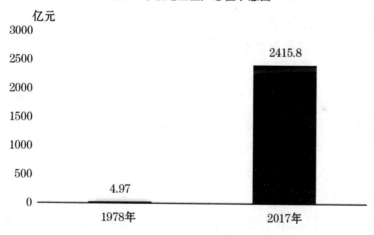

图 3　宁波财政总收入示意图

（2）改革开放提高秦皇岛与宁波人民的生活水平

新时代下秦皇岛市民的生活水平显著提高——成功被评为最幸福地级城市。作为第一批沿海港口开放城市，改革开放以来，秦皇岛市的国民生活水平实现了前所未有的发展。"现在，想吃什么，吃什么；想穿什么，穿什么。回家有热水，出门有汽车，生活就像每天泡在蜜罐子里一样。"经历过 20 世纪的物质大匮乏、年近六旬的秦皇岛市民张玉贵大爷幸福地说。

改革开放以后,秦皇岛市居民的物质生活逐步丰富,各种鲜活肉类、中西菜蔬为人们提供了前所未有的挑选余地,小型餐饮连锁店、大型饭店给饮食消费提供了良好场所。

从穿的风格来看,现在服装的样式从单一转变为款式多样,面料从粗布棉麻发展到棉、麻、毛、丝、化纤混纺各式各样,呈现品牌化、时装化和个性化趋势。如今,秦皇岛市民家里的衣柜里早已五彩缤纷起来,一些人不得不为换季清理衣柜而感到烦恼。

同时,随着秦皇岛市交通基础建设的飞速发展,百姓出行条件也更为便利,居民自用的交通工具经历了从自行车、两轮摩托车到小轿车的大变样,再辅以迅速发展的城市公交系统、出租车行业以及铁路、公路等,"日行千里"早已不是梦想。20世纪80年代,秦皇岛城市居民的代步工具以自行车为主,进入20世纪90年代后,两轮摩托车以其省力、快捷逐渐步入居民家庭,到了21世纪,随着汽车工业的快速发展,居民收入水平的大幅提高,汽车开始进入居民家庭,并成为新的消费热点。

反观宁波,除了像秦皇岛一样餐饮业得到迅速发展其服装业也发展迅猛。目前,宁波服装生产企业达1800余家,年生产能力达14亿余件,占全国服装生产总量的12%,并形成了众多全国知名品牌。自1997年以来,宁波已连续成功举办了七届国际服装节。第八届宁波国际服装节将于2004年10月18日至22日举行。

在交通建设方面,宁波先后建成宁波栎社机场、杭甬高速、宁波杭州湾跨海大桥、杭甬客运专线等一批重大交通项目,宁波城市实现从交通末梢到区域性枢纽的转变。中心城区形成以轨道交通为骨干、常规公交为主体、出租车为补充、公共自行车为延伸"四车一体"的公共交通体系,全市基本实现市域1小时交通圈。

(3)改革开放提升秦皇岛与宁波的文化软实力

今日的秦皇岛十分重视非物质文化遗产宣传展示。海港区在求仙入海处开展了地秧歌、太极拳、舞龙舞狮、梅花刀等展演,以及鲁班锁的制作技艺、沙土画、烙画、孙老大酿酒等展示展销活动;山海关区在天下第一关景区开展了太平鼓、镇关武术等展演和砖刻画等展示展销活动。

为实现文化大旅游,近年来,秦皇岛充分挖掘本地历史文化资源,先后打造了长城览胜之旅、醉美红酒之旅、温泉舒缓之旅、亲近观鸟之旅等一批具有本地特色的旅游线路,开展了望海祈福文化旅游节、祖山天女木兰文化节、山海关大樱桃文化旅游节等一系列参与性强、影响力大的旅游节庆活动,有效地树立起秦皇岛文化大旅游的品牌。

宁波自 1986 年就成为了国家级历史文化名城。拥有 1 个省级历史文化名城(余姚),3 个国家级历史文化名镇,5 个省级历史文化名镇,6 个省级历史文化街区,72 个各级历史文化名村,22 个中国传统村落,22 个省级传统村落,880 处历史建筑。拥有国家级文物保护单位 31 处,国家级非物质文化遗产 25 项。2014年中国大运河宁波段申遗成功;2015 年它山堰入选世界灌溉工程遗产。宁波 10个区县(市)成为浙江省体育强县(区),区县(市)级全民健身中心实现全覆盖。

2016 年宁波荣膺"东亚文化之都",建成投用宁波大剧院、宁波音乐厅、宁波美术馆、宁波博物馆、中国港口博物馆、宁波书城、宁波文化广场等一批重点文化设施,建成文化礼堂 900 余家。形成"天然舞台""天天演"文化惠民工程、"一人一艺"全民艺术普及工程等一系列文化活动品牌。

2. 新时期秦皇岛与宁波城市发展的个性研究

在改革开放的大潮之中,我们既看到了党在关键问题的英明决断,也看到了两座城市在经济、生活、文化方面的共同进步。随着改革开放的进一步深入,我们发现,两座城市依托正自身的特点进行多样且迅猛的发展。以下是我们对新时代秦皇岛与宁波城市发展的个性研究。

(1)海岸旅游业助秦皇岛迅猛发展

秦皇岛之所以经济发展速度迅猛,是因为其地理位置得天独厚,这让旅游成为其经济发展的主要推动力。其地理资源优势得天独厚,不仅拥有连绵 82 公里的美丽海岸、中国北方最优质的沙滩海水浴场、华北最大的潟湖 七里海和 20万亩的葱郁林带,更有世界上罕见的海洋大漠、被誉为"大海与沙漠的吻痕"中国最美八大海岸之一的黄金海岸,而且交通便捷,是世界一流的钻石级开发宝地。

河北沿海开发上升为国家战略,京津冀协同发展的深入实施,给 425.8 平方公里、人口 13.9 万的北戴河新区提供了千载难逢的历史机遇。新区定位于"北京新城",将与京津及河北相邻地区错位发展、互补发展、融合发展,打造成为北京的滨海新城区,整体承接首都的教育科研、卫生医疗、健康养老、体育休闲、文化创意、总部办公等城市功能及高新技术产业项目,真正实现与京津的同城化。

地处北戴河新区的省级高新技术产业园区正式获准成立,新区正在整合辖区内海洋养殖加工企业谋划实施海洋产业园区,选定 20 平方公里土地打造国际医疗旅游先行区。力争到 2020 年,高新区年实现产值 35 亿元,使之成为"国内一流的创新型特色产业基地"。到那时,北戴河新区将建设成为面积 65.7 平方公里,人口 40 万的滨海中等城市。

(2)"港口经济"推动宁波城市综合发展

1978 年宁波港的货物吞吐量仅有 214 万吨,2017 年宁波舟山港货物吞吐量 10.1 亿吨,是世界上首个超"10 亿吨"的大港,连续 9 年蝉联世界港口吞吐量第一;集装箱吞吐量达 2461 万标箱,位居国内第三、全球第四。依托港口发展临港产业,沿杭州湾、象山港、三门湾已形成产值超 5000 亿元的百里绿色临港经济带。

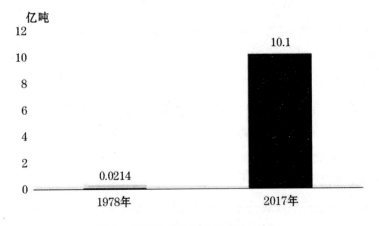

图 4 宁波舟山港货物吞吐量示意图

作为一直以来国家开放的先行先试城市,宁波依托自身的港口优势,相继设立宁波经济技术开发区、宁波保税区、宁波大榭开发区、宁波梅山保税港区等一系列重大开放平台。宁波先后与 220 多个国家和地区建立了投资贸易关系,是全国第 4 个境外投资额超百亿美元的副省级城市。

2017 年市区面积扩大到 3730 平方公里,城市建成区面积达到 345.49 平方公里。城市能级、城市地位、城市品质大幅提升,东部新城、南部新城、镇海新城展露新姿,形成"一核两翼多节点"网络型城市架构,"拥江揽湖滨海"的城市格局逐步形成。

推进城乡统筹发展,宁波所辖县(市)均成为全国百强县,其中慈溪、余姚跻身全国 20 强县(市)。城乡居民收入比缩小为 2017 年的 1.8∶1,低于全国平均的 2.71∶1。美丽乡村建设深入推进,涌现出世界十佳和谐乡村滕头村等一批先进典型村,余姚梁弄横坎头村的建设发展成果获得了习近平同志亲自回信肯定和鞭策。

结论

中国社会主义道路,是中国共产党人不断探索、反复摸索的伟大事业。从中华人民共和国成立之初,直到改革开放我们党成功开辟出以经济建设为中心、物质文明建设和精神文明建设两手抓的中国特色社会主义建设道路。这探索的过程、实践的历程,就是坚持解放思想的过程,就是实现了思想解放的历程。

从现实上来说,改革开放目的就是要解放和发展社会生产力、发展和完善社会主义制度、在引领当代中国发展进步中确保我们始终走在时代前列。因此,在进一步解放思想中推进改革开放、发展中国特色社会主义——我们必须永无止境地解放思想、永无止境地改革开放,在永无止境的改革开放中坚持解放思想、实事求是、与时俱进,在永无止境的解放思想中勇于变革、勇于创新,永不僵化、永不停滞,不为任何风险所惧,使中国特色社会主义道路越走越宽广,中国特色社会主义建设事业取得更加伟大的成就。

以秦皇岛和宁波为代表所走的踏潮之路实际上正是改革开放之路的成功典型。尽管难免风起云涌,但 70 年的历史足以证明我们的道路是正确的,改革开放是成功的。只有社会主义才能救中国,只有改革开放才能发展中国、发展社会主义,使中国特色社会主义焕发新的生机和活力!

在纷繁复杂的世界环境下,也唯有不断的改革开放才能确保我们在未来拥有从容不迫的心态以面对国内外的机遇与挑战!

国际商学院 170705 班　任　轲　王天鹤

指导老师　郑海呐

中华人民共和国成立 70 周年
中部崛起战略的重大意义

——以湖北、江西、山西 3 省为例

马玥琨　　余紫菲　　张鑫烨

摘　要:本文针对我国区域经济发展不均衡的问题选取了改革开放进程中有重大意义的中部崛起战略,对湖北、江西与山西展开调研,总结出 3 省的"改革共性"与"举措个性",重点关注湖北的"高新技术产业"、江西的"环鄱阳湖城市群"和山西的"太原经济圈"的特色整改,介绍中部崛起战略的具体内容,并通过对比分析中部崛起战略前后 3 省的状况与这项里程碑式的战略所产生的实际影响,更好地论证了中华人民共和国成立 70 周年以来我国取得的巨大成就。

关键词:中部崛起战略　改革开放　十九大　区域协调发展

一、以改革开放为背景的中部崛起战略

2019 年,是中华人民共和国成立 70 周年。70 年披荆斩棘,70 年风雨兼程。70 年来,在党的正确领导下,在中国人民及海内外华人同胞的共同努力下,中华人民共和国取得了举世瞩目的成就,民族独立、国家富强、百姓安居乐业;尤其是党的十八大以来,在以习近平同志为核心的党中央正确领导下,中华儿女正式踏上了实现民族复兴梦想的伟大征程。

然而,回顾这 70 年,我们发现中国东、中、西部发展进程各不相同,地区经济

发展很不平衡、不协调。这是自然环境、历史和经济条件多种因素长期共同作用的结果。改革开放以来,各地区经济都有了很大发展,但区域间经济发展的差距在不断扩大。党中央、国务院十分重视区域经济协调发展问题及中部地区经济发展缓慢的问题。制定了中部崛起战略,致力于中部地区的经济发展以促进区域经济协调发展。在中华人民共和国成立70周年与改革开放40周年后的今日中国,中部地区的经济得到了良好的发展与改善,得到了显著的成效。

1. 中部崛起战略的理论与实践基础

早在1956年,毛泽东在《论十大关系》中就详细阐述了沿海工业与内地工业的关系问题。21世纪70年代末至80年代初,梯度推移理论被引入我国生产力总体布局与区域经济研究中,运用这个理论探讨开拓重点的空间转移和调整空间结构的途径。

各梯度区域经济虽然发展取得了显著成就,但是区域经济发展差距扩大的问题也逐渐浮现。20世纪90年代末以来,针对区域经济发展差距扩大带来的突出矛盾和问题,按照邓小平同志"两个大局"的战略构想,党中央审时度势,统揽全局,适时实施促进区域协调发展的战略部署,在继续鼓励东部地区率先发展的同时,先后于1999年、2003年和2005年提出"实施西部大开发战略""振兴东北地区等老工业基地""促进中部地区崛起"等区域协调发展战略。

2017年10月18日,习近平同志在党的十九大报告中指出,实施区域协调发展战略。加大力度支持革命老区、民族地区、边疆地区、贫困地区加快发展,强化举措推进西部大开发形成新格局,深化改革加快东北等老工业基地振兴,发挥优势推动中部地区崛起,创新引领率先实现东部地区优化发展,建立更加有效的区域协调发展新机制。2018年11月,出台《中共中央国务院关于建立更加有效的区域协调发展新机制的意见》。2019年,李克强总理在全国人民代表大会第二次会议上作政府工作报告,其中谈到"统筹城乡区域发展,良性互动格局加快形成"时说,"推进西部开发、东北振兴,东部率先发展,出台一批改革创新举措。"

2. 中部崛起战略的发展进程

中部崛起是指促进中国中部经济区——山西、河南、湖北、湖南、安徽和江西6省共同崛起的一项政策。中部崛起的概念于2004年由温家宝总理首次提出,

2006 年 4 月,国务院颁布实施《关于促进中部地区崛起的若干意见》,文件明确"三个基地、一个枢纽"的定位,标志着这一国家层面的区域发展战略正式启动。

2009 年 9 月 23 日,国务院常务会议讨论并原则通过《促进中部地区崛起规划》。2016 年,国务院正式公布《促进中部地区崛起规划(2016—2025 年)》,强调要在新十年内继续促进中部地区崛起。2017 年 10 月 18 日,党的十九大报告提出"实施区域协调发展战略"。2017 年 12 月 23 日,国务院发布《关于促进中部地区崛起"十三五"规划的批复》。规划期限到 2020 年,与全面建成小康社会同步。《规划》提出了"一中心、四区"的战略定位,这一定位实际将中国未来经济增长两个抓手——新型工业化和新型城镇化的任务交给中部崛起。

改革开放 40 周年来,中部崛起战略取得了长足的成效,实现了目标计划。从总体上看,区域经济发展呈现出布局改善、结构优化、协调性提高的良好态势;为全国经济进一步发展开辟了新的广阔空间,为推进区域经济协调发展打下了良好基础,改善了我国地区梯度分化区别过大的现状。

二、中部地区发展历史及现状

1. 中部崛起战略提出前中部面临的难题

中部地区 6 省,长期以来一直担负着我国的粮食、能源、原材料等生产的供给重任,同时也是我国人力资源输出的重要区域,在全国发展格局中处于重要地位,也为我国经济社会发展做出了巨大的贡献。然而,在国家的东部开放、西部大开发和振兴东北老工业基地等一系列战略措施实施以后,中部地区曾在全国经济板块中处于不断被边缘和忽略的地位,逐渐形成了"中部坍塌""政策洼地"的态势,这种国家层面战略关注的缺失导致中部地区的经济发展速度相对缓慢,人们生活水平的提高相对乏力。此种状况影响的不仅仅是中部经济,也危及中国经济大战略格局,因而中央及时果断提出推动"中部崛起"。

我国改革开放虽然已经走过了 40 个春秋,但对于中部地区来说,真正感受到改革力度的还是得到中部崛起战略以后。中部崛起后,随着改革进程的大力度推进,中部地区才算是真正发生了翻天覆地的变化。

我们搜集了在中部崛起战略概念提出前 4 年中部与东、西部经济社会发展数据,汇集成如下表格:

2000—2003 年各地区 GDP 数据对比

年份	东部人均 GDP(元)	中部人均 GDP(元)	西部人均 GDP(元)	平均值	东部与中部平均之比	西部与中部平均之比
2000 年	11800.44	5927.93	4630.48	7759.83	1.991	0.781
2001 年	12811.06	6395.21	5006.84	8365.49	2.003	0.783
2002 年	14170.59	6954.8	5461.97	9250.70	2.038	0.785
2003 年	16334.92	7810.67	6253.62	10592.12	2.091	0.801

数据来源：国家统计局

结合上表与历史背景，东部与中部人均 GDP 比值一直大于 1，而西部则相反，且改革开放以来三大地区国内生产总值（GDP）的增长速度一直是东快西慢中部居中的态势。然而计算 2001、2002、2003 年的东、中、西部 GDP 增长率，汇集成如下条形图：

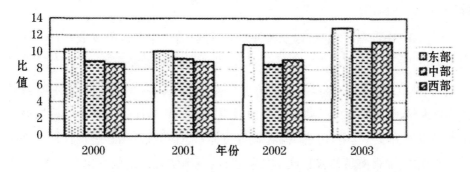

图1 2001、2002、2003 年的东、中、西部 GDP 增长率

数据来源：《中国统计年鉴》

我们可以看出，2002 年首次出现东快西次中慢的新态势。原因之一便是在西部大开发战略和国家有关政策的引导下，地区发展差距缩小而东部地区继续保持快速增长态势，成为支撑国民经济全局的重要力量。综上，中部崛起刻不容缓。

2. 中部崛起战略实施过程中各省发展状况

湖北、江西、山西3省在中部崛起战略中推出众多举措,下文重点关注三省的"特色整改":以湖北的"高新技术产业"、江西的"环鄱阳湖城市群"和山西的"单一煤炭资源向复合新型能源转变"为例,介绍中部崛起战略的具体内容。

湖北在高新技术产业基地建设方面,以培育新的经济增长点为重点,推进高新技术产业发展区的建设。湖北以武汉东湖新技术开发区为龙头,以襄阳、黄石、荆沙、宜昌等高新技术产业开发区为重点,大力培育支柱型高新技术产业,加速建立高新技术产业开发带。武汉国家光电子产业基地建设、武汉国家生物医药产业基地等项目建设进展顺利。2008年,湖北以建设现代制造业聚集区和高新技术发展区为目标,形成了围绕富士康综合制造基地和集成电路、多晶硅、显示器等三大产业的配套企业群。2009年9月20日,国家发展和改革委员会正式批复认定武汉为综合性国家高技术产业基地,这是继前两个产业基地之后国家发展和改革委员会(发改委)在武汉批准设立的第三个国家级高技术产业基地,全省形成了以武汉东湖新技术开发区为核心,辐射带动周边高新技术开发区共同发展的产业格局。

江西在"中部崛起"战略这个大背景下,面临着一个重大的发展机遇。在中共中央正式提出"中部崛起"国家战略后,江西环鄱阳湖城市群应运而生,提出"以省会城市为核心、以区域其他5个中心城市为重点,加快构建鄱阳湖城市群,形成以点带轴、以轴促面的城镇集群发展模式",标志着江西实现了协调发展与重点发展的结合。其中,构建环鄱阳湖经济体系,即明确南昌这座现代化大都市的核心地位,加强南昌的核心城市功能建设,逐渐实现网络信息化。其次,广泛结合景德镇、抚州等不同级别,不同类型城市以及各重要县城,从建设产业合理、分工明细的城镇产业体系出发,发展具有金融、交通、劳动力等资源核心优势的中心城镇,从而形成一个全面的经济网络。将九江、鹰潭等作为增长级城市重点发展,通过昌九产业带的连接以及南昌的辐射作用,逐步建设一个以上饶和抚州为中心的高效集约型环鄱阳湖经济圈,最终以实现环鄱阳湖区域发展的健康体系。

就山西而言,为解决山西长期以来由于种种原因一直徘徊于单一煤炭资源富蕴而发展相对滞后的困境,山西省委、省政府于 2004 年在总结结构调整经验、充分考虑到山西省在全国发展格局中的区域定位和作用的基础上,提出了把山西省建成"新型能源和工业基地"的目标,并确定了今后重点发展的七个优势产业,即能源产业的发展及其延伸和开发、金属材料及其制品工业、装备制造业、化学和医药产业、新型材料工业、农畜产品加工业、旅游文化产业和现代服务业。通过发展七大优势产业,"小转型"与"大转型"并重,按传统产业新型化与新兴产业规模化的要求,在巩固接续产业的基础上,大力推进替代产业的发展,使其逐渐成为强势产业,培育山西新的经济增长点和产业整体竞争能力,实现资源型经济的"循序渐转"。"十三五"期间,山西省围绕创新、协调、绿色、开放、共享的发展理念,以加快转变能源发展方式和提高能源质量为基础,逐步减少单一煤炭资源的消费,增加新能源的消费比重;同时加快产业结构转型和升级的步伐,促进山西省社会经济的全面发展以及山西省对能源的有效利用,夯实未来山西省经济继续发展的基础,实现可持续发展。

3. 中部崛起战略实施后取得的成效

(1)中部各省经济的快速增长。总体来看,实施促进中部崛起战略以来,中部地区经济发展水平显著提高,中部 6 省发展速度明显加快,城乡人民生活水平稳步提高,经济规模和市场份额快速提升。2008 年河南、湖南、湖北 3 省 GDP 已经超过万亿元,在全国 13 个 GDP 过万亿元的省区市中,中部占据 3 席。面对国际金融危机,2008 年,中部各省 GDP 增速大都高于全国 9% 的平均增速,保持了较平稳的发展态势。与此同时,社会消费品零售总额、进出口总额、财政收入等反映区域竞争力综合绩效的关键指标,增幅均高于全国平均水平。

2015 年,中部地区实现生产总值 14.7 万亿元,十年年均增长 11.6%,比全国平均水平高 2.1 个百分点。经济总量占全国的比重由 18.8% 提高到 20.3%,位居四大板块第 2 位。中部地区已经成为中国重要粮食生产基地、能源原材料基地、装备制造业基地和综合交通运输枢纽,在全国经济社会发展格局中占有重要地位。另外,笔者查找了正式实施中部战略后十年内中部地区生产总值的报道数额,绘制成如下折线图。从图中,可以看出中部地区经济总量呈现持续上升趋势。再选取头尾两年数据做出直观对比:2006 年中部地区生产总值为 43480.6

亿元,占全国 GDP 总额的 18.7%,到 2015 年中部地区生产总值增长至 146950.5 亿元,在全国所占比重上升到 21.4%,十年内中部地区 GDP 总量的年均增速为 12.9%,高于同期全国 GDP 年均增速 0.8 个百分点。由此可以看出中部地区对我国经济增长的贡献不断在显著提高。

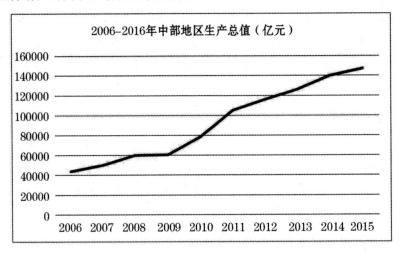

图 2　2006－2016 年中部地区国民生产总值

数据来源:国家统计局

(2)鄂赣晋 3 省取得的巨大成就。就湖北、江西、山西而言,3 省固定资产投资开始以超过 30%的速度领跑全国,3 省城市群建设如火如荼,从湖北的"武汉城市圈",到江西的"鄱阳湖生态经济区",再到山西的"太原经济圈",有的进入国家示范区,有的已经成熟,有的初具轮廓。

分开看,3 省各自的成果如下:

就湖北而言,湖北的高新技术产业迅猛发展,其在产业规模、技术水平和经济效益等方面均走在中西部地区前列,拥有了属于自己的高新技术产业新增长点,湖北在光纤通信、激光技术等若干领域的研发实力在全国始终保持领先地位,基本上已代表了国家最高水平。由图 3 可看出,实施中部崛起战略后,湖北省生产总值增长明显,增长率创下新高。"十二五"时期,湖北高新技术企业总数达到 3300 家,增加值突破 5000 亿元,占全省 GDP 的比重提高了 6.3 个百分点。

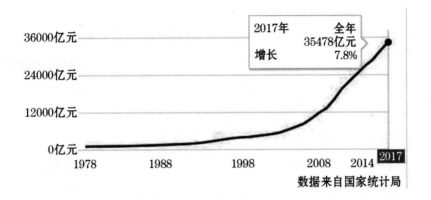

图 3　湖北省国民生产总值(GDP)变化

数据来源:国家统计局

　　就山西而言,改革开放以来,依托煤炭等矿产资源优势,山西逐步形成了以煤炭等矿产资源开采及其初级加工为主导产业的资源型经济结构,在经历因结构失衡、市场剧变等带来的一段时间经济断崖式下滑的切肤之痛后,全省上下实行深化关键领域改革、突出产业项目牵引、持续优化营商环境等重大举措,超常规大力推动了产业结构转型升级和发展动能转换。全省经济发展由"疲"转"兴",以煤炭资源整合、煤矿兼并重组为主的新型能源和工业基地建设取得重大进展,煤炭产业进入"大煤炭经济"时代,煤炭行业历经十年快速发展的黄金期。另外,由于结构调整取得了积极成效,山西的城镇居民可支配收入和农民人均纯收入都有明显上升,达到全国中等水平。据统计,中部崛起战略开展短短 4 年间,人均 GDP、城镇居民人均可支配收入、农民人均纯收入与全国平均水平的差距就分别缩小了 9.5%、8.5%、8.3%,尤其是城镇居民人均可支配收入从全国第31 位上升到第 22 位。

　　就江西而言,江西省于 2016 年完成了《环鄱阳湖生态城市群规划(2015—2030)》和《南昌大都市区规划(2015—2030)》编制工作。不管是鄱阳湖生态经济区还是江西省,从 2008 年到 2017 年,在经过这十年来高达 9% 左右的增长后,都明显得到快速发展。不管是 GDP 总量还是在财政收入等方面,鄱阳湖生态经济区整个江西省的比重均超过 60%,同时,鄱阳湖生态经济区在一些微观数据例如人均 GDP、城镇居民家庭人均可支配收入等方面上处于全省水平之上。另外，截止 2017 年，鄱阳湖生态经济区经历了近十年的发展，作为鄱阳湖生态经济区建设先导工程的"十二大生态经济工程"进展顺利。全区在核电项目、水利枢纽工程、天然气、电网建设工程、水污染治理工程、工农业污水处理工程、水资源保护工程、农村清洁工程、造林绿化工程等相关工作成果显著。

三、中部崛起战略下鄂赣晋三省未来发展展望

在中部崛起战略中，湖北的高新技术产业迅猛发展，其在产业规模、技术水平和经济效益等方面均走在中西部地区前列，拥有了属于自己的高新技术产业新增长点；山西煤炭产业进入"大煤炭经济"时代，煤炭行业历经十年快速发展的黄金期山西的城镇居民可支配收入和农民人均纯收入都有明显上升，达到全国中等水平；江西则构建鄱阳湖生态经济区，不管是 GDP 总量还是在财政收入等方面，鄱阳湖生态经济区整个江西省的比重均超过 60%。

区域协调发展是中国长期以来指导地区经济发展的基本方针。党的十九大报告提出区域协调发展战略，是对"两个一百年"奋斗目标历史交汇期中国区域发展的新部署，是今后一个时期推进区域协调发展的行动指南。国家区域政策的变迁是具有中国特色区域发展战略的成功探索，也是中部地区在国家总体区域战略布局中不断找准发展定位、实现区域价值的有效指引。

改革开放以来，我国区域发展战略目标依次为东部沿海地区优先发展、倡导区域协调发展、区域总体发展和主体功能区建设并行。在区域发展战略实施过程中，区域类型划分逐渐精确、相关配套政策日渐丰富、空间规划体系逐步完善、中央和地方经济社会事务管理权限日益明确、区域协作逐渐精细。总体看，我国区域发展战略的制定经历了由计划经济向市场经济的市场化变革、由相对封闭向对外开放的国际化探索、由学习模仿向中国特色的自主性构建的过程。

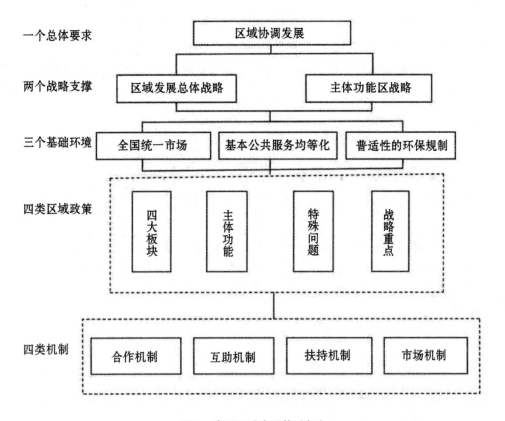

图4　我国区域发展战略框架

中部地区位于我国内陆腹地,中华人民共和国成立以来作为我国重要的农产品、能源、原材料和装备制造业基地,为全国经济发展做出了重要贡献,中部地区的发展也面临一些突出困难,如"三农"问题突出,工业结构调整任务繁重,城镇化水平低,人口、就业和生态环境压力大,对外开放程度不高,体制机制性障碍较多等。

"十一五"规划是我国区域发展战略的重要节点,确立了长期影响我国国土空间格局的两大战略———区域发展总体战略和主体功能区战略。区域发展总体战略包括推进西部大开发、振兴东北地区等老工业基地、促进中部地区崛起和鼓励东部地区率先发展,区域发展格局逐渐趋于合理。

中部崛起战略的实施提升了中部地区约2%的经济增长速度。分析表明,这一增长效应来源于产业投资的增加和工业企业的发展。中部崛起战略的实施有效调动了地方政府发展产业的积极性,促使地方政府主动调整政府职能,利用东部产业转型契机积极开展招商引资,吸引产业资本进入,实现了产业经济的快速发展。

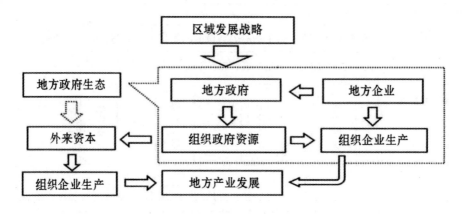

图5 区域经济发展模式流程

当前,在全国经济发展进入新常态,工业化和城镇化进入新的发展阶段,新的中部崛起战略规划将指引新的中部崛起。《促进中部地区崛起规划(2016 – 2025 年)》,进一步明确今后十年促进中部地区崛起的工作思路和重点任务,加大对中部地区发展的政策支持,推动中部地区全面崛起,更好地发挥对全国发展的支撑作用。尤其是规划中对于中部地区未来十年的五大定位,即"一中心、四区"。这一新的定位显然是在原来"三基地、一枢纽"基础上的升级。全国重要制造业中心显然比过去的现代装备制造及高技术产业基地涵盖更广,战略定位更高。这将是未来十年引领中部崛起的核心,也是实现中国制造 2025 的主要力量。

参考文献:

[1] 陆军,聂伟.中部崛起战略促进了中部经济增长吗?[J].江西社会科学,2018,38(09).

[2] 丁文珺,伍玥.新时代国家区域政策下中部地区发展的思路及展望

[J]. 决策与信息,2019,(01).

[3] 胡焕文. 湖北省建成中部崛起重要战略支点的历史进程及其经验研究[D]. 武汉理工大学,2017.

[4] 刘云中. 改革开放以来我国区域发展战略的逻辑演进[J]. 经济纵横,2018,(10).

国际商学院 170703 班　马玥琨　余紫菲　张鑫烨

指导教师　郑海呐

"中华人民共和国反腐败第一大案展览"的启示

吴路茜　郑燕敏

摘　要:"中华人民共和国反腐败第一大案展览"以详实的史料展示了刘青山、张子善由革命功臣堕落成为历史罪人的历史过程,这是一个从量变到质变的过程,深层次的原因是他们背弃了共产主义理想信念。参观"中华人民共和国反腐败第一大案展览"的实践教学创新课成了"行走的最强思想",让我们对马克思主义和反腐倡廉有了更深的感触和体会启示。反腐倡廉是国家健康、稳定发展的政治保障;只有以共产主义远大理想为指引,才能树立廉洁自律和为人民服务的意识,为新时代实现中国特色社会主义共同理想而成才、奋斗。

关键词:反腐败　马克思主义　共产主义理想

2018 年 11 月 10 日,笔者参加了"马克思主义基本原理概论"(简称"原理")课关于"行走的最强思想"实践教学创新课,跟随老师一起来到了有"华北第一宅"之称的天津杨柳青石家大院"中华人民共和国反腐败第一大案展览"暨反腐倡廉教育基地,思想上有很多收获。

一、触目惊心的中华人民共和国反腐败第一大案

展览主要部分是"惊天大案""警钟长鸣"和"任重道远",以翔实的史料展示了刘青山、张子善由革命功臣到因为经受不住执政的考验,背弃共产主义理想信念,在"糖衣炮弹"面前打了败仗,最终堕落成历史罪人的触目惊心的过程。"挪

用公款""贪污""奢靡"成为了刘青山和张子善的代名词。在他们的刑事判决书里记录着他们的罪行：1950 年至 1951 年他们在担任天津地区领导期间，盗窃地方粮款 289151 万元（注旧币 1 万元合新币 1 元）、防汛水利专款 30 亿元（还 10 亿元）、救灾粮款 4 亿元、干部家属救济粮款 14000 万元，克扣修理机场民工供应补助粮款 54330 万元，赚取治河民工供应粮款 37473 万元，倒卖治河民工食粮从中渔利 22 亿元。此外还以修建为名骗取银行贷款 60 亿元，从事非法经营。以上共计 1554954 万元。他们还借给机关生产名义，进行非法经营，送 49 亿巨款给奸商倒卖钢材，使国家资产损失 14 亿元。两人还派人员冒充解放军，用救灾款从东北套购木材 4000 立方米，严重影响了灾民的生产和生活。刘青山和张子善当时的办公室有两部电话，一部为工作专线，却从来打不通；一部为私人专线，吃喝玩乐的时候却总能打通。他们大量贪污、挪用中华人民共和国百废待兴中的建设款和救济款，任意挥霍，过着极度奢侈的生活。奢侈到冬天非要吃韭菜馅的饺子，又怕消化不好，逼厨师以肉和白菜做馅，把几根韭菜叶包到饺子里，外面留韭菜的跟茎，等饺子熟了再把韭菜抽出来。经调查，1950 年到 1951 年短短一年时间里，刘青山、张子善利用职权，盗用、贪污的钱款总计达 171 亿 6272 万元（旧币），相当于现今人民币 171.6272 元。按当时的币制标准和市场物价指数，这些钱可买大米近 1000 万公斤，足够 5 万人吃一年；如果折合成黄金，171 亿元在当时可以购买将近一吨！可购买米格战斗机 12 架。当时正值抗美援朝时期，著名豫剧大师常香玉曾为志愿军捐献了一架价值 15.27 亿元旧币的米格战斗机，这是她拿出多年积蓄，卖掉香玉剧社唯一的一辆卡车和自己的房子，带领 59 名演员吃大锅饭、睡地铺，通过 180 多场演出才筹到的。而且跟豫剧大师常香玉和全国那些为支援国家建设以及抗美援朝战争的人民群众相比，刘青山、张子善作为党的高级干部思想境界如此之低，罪行更显得如此恶劣，让人触目惊心！

二、刘青山、张子善腐化堕落的深层次原因

在参观"中华人民共和国反腐败第一大案展览"暨反腐倡廉教育基地过程中，讲解员主要是以实证资料给我们介绍刘青山、张子善由革命功臣堕落成为历史罪人的历史过程，而"原理"课教师随后通过多个理论联系实际的问题，为我们进行了一堂深入浅出的马克思主义基本原理现场教学。

刘青山、张子善是怎样由革命功臣堕落成历史罪人的？就是从生活中的小事、小的细节开始，私欲不断膨胀，无论衣食住行，追求生活上的奢华享受，一发不可收拾地以权谋私，贪污挪用公款，在国家财政极其困难的情况下盗窃克扣给群众的救灾粮、治河款，不顾百姓死活，不管人民疾苦；最终发展到挪用军用机场修建费、甚至倒卖军用物资，用于个人享乐、挥霍，给国家和人民造成巨额损失，最终堕落为人民的罪人。

刘青山和张子善在革命时期不曾被拿枪的敌人征服过的，但是革命胜利进城后经不起用糖衣裹着的炮弹的攻击，在生活中的一个个"糖弹"面前打了败仗，走上了腐化蜕变的不归路，从小贪到巨贪，从小贿收礼到大贿收钱，这就是量变的积累必然引起质变，质变是量变的必然结果。

刘青山和张子善贪污腐化的深层次原因是什么呢？归根到底就是理想信念这个"总开关"出了问题，即丧失了理想信念。像刘青山和张子善这样的领导干部革命胜利进了城后，随着环境、权力地位的变化，他们经不起利益、金钱的诱惑，逐渐产生了"革命胜利啦，该享受享受啦！""天下是他们打的，享受也是应该"的错误念头，放弃了艰苦奋斗的作风和为人民服务的宗旨，于是大肆贪污挪用公款，挥霍浪费，生活奢侈腐化。习近平同志曾说，理想信念就是共产党人精神上的"钙"，没有理想信念，理想信念不坚定，精神上就会"缺钙"，就会得"软骨病"，最后滑向违法犯罪的深渊。所以，党的几代领导人反复强调要坚定理想信念，要艰苦奋斗！

三、"中华人民共和国反腐败第一大案展览"的启示

这次的实践教学创新课成了"行走的最强思想"：笔者学到了很多有关于马克思主义基本原理的知识，对马克思主义和反腐倡廉有了更深的感触和体会。

我们得到的最重要启示：反腐倡廉是国家健康、稳定发展的政治保障。中华人民共和国成立后，特别是改革开放以来，党中央每年都查处一批要案。世界上其他国家如印尼、菲律宾、韩国、尼日利亚、秘鲁等部分政府官员贪污腐败行径也很猖獗，说明腐败现象各国共有，是人类历史上不可避免的现象。这说明反腐败是世界性的难题，如果不能遏制腐败，就会影响到一个政党和政权的前途、命运。因此，坚决惩治和反对腐败，是马克思主义政党始终高扬的旗帜。党的十八大以

来,习近平同志为核心的党中央反腐败坚持无禁区、全覆盖、零容忍,"老虎""苍蝇"一起打,中纪委重点严查腐败高官,无论地位多高、功劳多大,只要腐化堕落,触犯党纪国法,都必须受到最严厉的惩处。这是把马克思主义"两点论"和"重点论"的辩证法运用于反腐败斗争,只有这样才能实现执政党的净化和不变质。维护国家长治久安,也维护全体中国人民的根本利益。所以,每一个中国人包括学生在内都应该自觉地跟腐败作斗争。

刘青山、张子善的腐败案也警醒、启发我们,在未来的工作和发展中,不管处于何种地位,无论遇到什么、做什么,都要经受住诱惑,不要为了眼前的利益而不考虑前途和命运,就像一旦做错一件事,之后需要你用无数的错事去弥补。法网恢恢疏而不漏,要记住违法犯罪终将有被暴露的一天,暴露后也会追悔莫及。因此,我们一定要树立强大的防范意识、忧患意识,防微杜渐。

"中华人民共和国反腐败第一大案展览"给我们的启示还在于,坚持和发展中国特色社会主义是中华民族通向共产主义的必由之路。没有共产主义远大理想的指引,就不会有中国特色社会主义共同理想的确立和坚持;没有共同理想的实现,远大理想就没有现实的基础。所以,任何时候都要坚持远大理想和共同理想的统一。刘青山、张子善的典型案例说明他们贪欲膨胀、利欲熏心,就丧失共产主义远大理想信念,在"糖衣炮弹"面前打了败仗。作为一名在校大学生,我们是国家的希望,民族的未来,我们应该努力学习,一是以马克思主义的共产主义远大理想为指引,才能修炼廉洁自律、知诚讲信的品质,树立为人民服务的意识,避免单纯追名逐利的个人主义、利己主义和拜金主义,在以后的工作过程中拒腐防变。二是,掌握建设祖国的本领。党的十九大确立了中国特色社会主义发展进入了新时代,为新时代把我国建成富强民主文明和谐美丽的社会主义现代化强国的共同理想而奋斗,是我们大学生崇高的历史使命,只有国家好,我们才会好,只要我们认真跟随国家的步伐,一步一步地坚定向前,从坚定中找寻自我,在认真中创造未来,理想一定会实现。

国际商学院170715班　吴路茜　郑燕敏

指导教师　赵学珍

党的基层干部在农村脱贫致富中的重要作用

——以天津市蓟州区毛家峪党支部为例

潘伟委

摘　要：马克思主义认为，人民群众是历史的创造者。回顾毛家峪村发展的历史，可以看到毛家峪的村民在村党支部书记李锁及党支部一班人的带领下，把握物质和意识的辩证关系，实现了主观能动性和客观规律性的统一，一切从实际出发，实事求是，不断改革，解放和发展生产力，先富带后富，实现乡村振兴。

关键词：规律　主观能动性　基层党组织　乡村振兴

周末，在老师的带领下，笔者来到了天津市蓟州区毛家峪村，这里迷人而别具特色的风景很快就吸引住了我。全国海拔落差最大的高尔夫球场，温馨而舒适的农家风光，小桥流水，瓜果飘香。怪不得这儿又叫长寿村，在这样舒适的环境下生活，颐养天年，怎会不长寿呢？

看到现在的毛家峪村，给人的感觉真是太享受了，而且我们还得知，毛家峪村的人们每家每户几乎都过着不愁吃穿的小康生活，村里村民每年的收入大约人均5万。

但是回想当年的毛家峪，还只是一个穷乡僻壤，一个几乎只有老年人独守在家的空巢。年轻强壮有力的小伙们看不到村里的发展前途，于是大多数都选择离乡出村，寻找自己的发展道路。

一个贫困的乡村,是如何走上发家致富的道路的呢?有一个人的贡献不可忽视,他就是村党支部书记——李锁。

毛家峪村在 1986 年时,还是个只有 46 户、168 口人的小山村,蜗居深山,交通不便,村子只有一条狭窄的山间小路通往山外,人均耕地很少,少有的平地上种些豆子、玉米之类的杂粮,不能填饱肚子,贫瘠的山坡上栽种少量的果树,产出量很少,卖不了多少钱,是当地有名的光棍村。李锁发挥主观能动性,首先找到的规律是农业与交通运输业、工业的级差规律。

在农业上,经济再生产与自然再生产交织在一起,受生物的生长繁育规律和自然条件的制约,具有强烈的季节性和地域性;农业生产周期长,资金周转慢;产品大多具有鲜活性,不便运输和储藏,单位产品的价值较低,因此收益比较低。

在交通运输,工业生产上,交通运输业、工业生产受自然环境影响小,地域生产上具有灵活性和季节上的连续性;交通运输业、工业大都比农业生产周期短,资金周转快;工业产品都便于运输和储藏,单位产品的价值较高,因此收益比较高。

掌握到这个规律后,李锁开始行动起来,利用自己掌握的驾驶技术简单对接市场需求跑运输,解决个人温饱。为了让乡亲们能挣点钱,不再受穷,1989 年,李锁借钱开办了村内第一家私营企业——跃华瓶盖厂。把村里的大部分劳力都安排到企业上班,经过几年的摸爬滚打,企业资产达到 300 多万元,自己富裕起来了,但仍然不能改变全村贫穷落后的面貌。

2000 年 11 月,李锁担任村党支部书记,带头捐资修路,其后又改造自来水,整修街道,安装路灯,使全村面貌焕然一新。解决了村民出行后,李锁便在思考。怎么才能让村民脱贫致富,腰包鼓起来?于是他带领群众尝试养殖波尔山羊、栽植优质果树,但都由于风险大、收益慢、群众不积极而放弃。李锁没有气馁,积极探索发家致富的道路,积极发挥主观能动性,找到了第二个规律:随着收入水平的不断提高和闲暇时间的不断增加,国民尤其是城市居民从观光旅游转向休闲度假。恰逢蓟县县委、县政府提出了以"念山水经、打旅游牌、走联合路、做环境文章、构建中等旅游城市"的总体发展目标。遵照第二个规律,李锁带领村民开启了共同富裕道路的转型升级。毛家峪有万亩林场,森林覆盖率高,非常适合发展山村休闲度假旅游。李锁迅速产生了"开发资源办旅游,办好旅游促发展"的构想。经过邀请专家考察、论证,根据毛家峪村环境优越、水质纯净、空气清新、粮新果鲜、邻里和睦以及长寿老人多的六大特点,最终确定以"长寿为主题,科技做支撑、院校为依托、旅游为支柱、组织做保障、大家共同富裕为目的"的产业化发展思路,大力发展农家旅游休闲度假产业。他自己起示范带头作用。2002 年春,李锁带头推倒了自己老房,投资 50 多万元,在全村建起了第一家农家院。同时,动员党员带头开办农家院,谁家缺钱,就为他担保,前后共担保贷款 200 多万元,当年全村建起了 12 家农家院。

为把毛家峪长寿度假村的品牌打出去,把游客引进来,李锁亲自驾车到天津、北京等城市的旅行社进行推销。2002 年"十一"黄金周,一向沉寂的小山村突然热闹起来,京、津、唐等地游客纷至沓来,12 家小院,家家爆满,取得了意想不到的"开门红"。事实胜于雄辩,群众信服了,心眼活了,眼睛亮了,剩余的农户也自觉行动起来,2004 年底,全村都办起了农家院,全村群众从此走上了农家旅游共同致富之路。

现如今毛家峪村共有接待床位 4000 余张,并建有国家 3A 级景区元古奇石林、情人谷和山地高尔夫球场、滑雪场、高山漂流等高端休闲场所。毛家峪要发展旅游,做大做强,还缺少玩儿的地方,没有景点就好比无源之水。于是,李锁又萌生了开发景点的想法。

打造景点的有利条件:毛家峪四面环山,虽比不上盘山险峻,但是自然景观也很有特色,于是李锁与党基层干部们决定以"小盘山、奇石林"为主题,打造自己的景区。钱的问题永远是最需优先解决的发展难题,村民们建设农家院的投入还没缓过劲来,上哪拿钱建设景区呢? 为了打破僵局,李锁再次以个人名义贷款 200 多万元,修建了登山路、开发了奇石林、寿缘亭、许愿池、飞来泉、情人谷等旅游景点,推出了果品采摘、拓展训练、彩弹射击、睡热炕头、当山里人等十多个农家特色旅游体验项目。这一下,不仅招来了回头客,而且吸引更多的外地游客慕名前来。凭借优质的服务水平和特色的旅游项目,长寿村登上了中央电视台的"消费主张"节目,受到周边地区游客的追捧和欢迎。

2005 年,李锁以真诚和朴实打动了天津永泰红磡集团,建立起了合作关系,成立了天津毛家峪旅游发展有限公司,引进了资金、"公司介入发展"模式及一批优秀管理人才和现代经营理念,为毛家峪快速发展注入了新动力,改变了过去粗放式经营,实现集约化管理。村民们以土地、果树等资金入股,成了公司的股东,既是农家院经营者、土地等资源的出租者,又是公司的员工、股东。既有经营收入、租金收入,又有工资、股金收入。公司还给全体村民缴纳了养老保险,村民到退休年龄后,每月至少可领六、七百元的退休金,毛家峪的村民已在全县率先成为拥有"五金"的农民。

公司成立后,将邻近山里的一个小自然村并入毛家峪村,为扩大产业规模,拓展发展空间奠定了基础。

2007 年,借助天津市九镇三村试点的机遇,毛家峪又兴建了 60 栋集旅游接待、村民居住于一体,体现北方宗族文化底蕴的别墅新区,同时也实施了 2000 亩山地体育运动公园项目,吸引高端客户来此运动养生、居住休闲。

2013 年又完成了室内篝火娱乐中心项目建设,这些项目的建设,进一步促进了毛家峪村旅游业的跨越发展和上档升级。

从毛家峪的发展历史可以看出,按照物质意识的辩证关系原理,从实际出发,发挥主观能动性,认识规律,运用规律,实现主观能动性和客观规律性的统一永无止境,实事求是永无止境,当好村干部也要有永无止境的创新意识。

经济基础决定上层建筑,上层建筑反作用于经济基础,二者相互影响、相互作用。首先,经济基础决定上层建筑。其次,上层建筑对经济基础具有反作用。集中表现在:上层建筑为自己的经济基础的形成和巩固服务,确立或维护其在社会中的统治地位。上层建筑这种反作用的后果可能有两种:当它为适合生产力发展要求的经济基础服务时,就成为推动社会发展的进步力量;反之,当它为落后的经济基础服务时,就成为阻碍社会发展的消极力量。

毛家峪的发展个案体现了党支部书记及党支部在基层脱贫致富、乡村振兴、全面建成小康社会中的作用。

党支部是党的基层组织,是党的全部工作和战斗力的基础,是党联系群众的桥梁和纽带。而做好党支部书记工作则是充分发挥党支部基层堡垒作用的重中之重。一个村子建设得好,关键要有一个好党支部。村党支部带领村民脱贫奔小康,只要有规划,有措施,真抓实干,群众拥护,就一定能把工作做好。毛家峪村从贫穷落后到社会主义新农村的转变,充分说明只有加强基层党组织建设,选好配强党组织带头人,发挥好基层党组织战斗堡垒作用,才能为乡村振兴提供组织保证。

欧语学院170303班　潘伟委

指导教师　何伶俐

改革开放助推我国民营企业的发展

——参观大顺国际花卉股份有限公司的体会

白安民

摘　要:改革开放推动了我国民营企业发展的发展。一方面改革开放成就了民营企业,另一方面民营企业也扩大了改革开放的成果。40年的沧桑,40年的巨变、40年的历程,不但是经济腾飞、思想观念、体制机制的吐故纳新之变,更是中国"站起来""富起来""强起来"的脱胎换骨之变。本文以大顺国际花卉股份有限公司所代表的民营企业为研究对象,探寻该类公司是如何在改革开放政策的助推下一步步发展成为花卉市场的领头先锋的。

关键词:改革开放　民营企业　发展

一、引言

大顺国际花卉股份有限公司(以下简称"大顺国际公司")始建于1991年,坐落于天津市东丽区东丽湖度假区;是目前国内智能化程度最高、温室生产规模最大的花卉研发、生产、销售公司。公司占地3400亩,包括花卉智能温室、综合管理服务、休闲观光三个功能区,建筑面积140万平方米,其中花卉生产智能温室100万平方米,种苗组培研发中心7000平方米,花卉展示交易大厅28000平方米。园区一期30万平方米智能温室已建成投产,年产花卉盆花750万盆,2015年销售额达到1.52亿元;种苗组培研发中心于2017年初投入使用,具备培养面积 11000 平方米；二期 30 万平方米智能温室正在建设中。2015 年，公司获得"全国十佳花木种植企业""2016 年国际最佳种植者"铜奖等荣誉称号。公司发展理念是：科技以人为本，服务创造价值，走科技兴企，科技创新之路。通过改善投资环境，大顺国际公司提高基础设施建设，强化职能管理，提高产品质量，在奇、特、新上做文章，解决了适宜高档花卉生长的水质净化处理问题，保证了高档花卉的品质。同时，还加强了与中国台湾以及荷兰、丹麦、德国、法国等大型花卉生产商和经销商的合作，为越来越多的地区和企业提供产品及服务。

二、回顾：发展沿革

1984 年 10 月，党的十二届三中全会通过了《中共中央关于经济体制改革的决定》。其中，在经济结构上，从过去的单一公有制经济结构逐渐改变成为以公有制为主体、多种经济成分并存的所有制结构。即在公有制经济之外，大力培育非公有制经济。在这样的大背景下，园林学校毕业、专业学习花卉林木种养繁育的杨铁顺从园林单位辞去了事业单位的"铁饭碗"，卖掉摩托车作为起始资本金，决然走上了创业之路。1993 年，注册成立了大顺园林装饰有限公司（大顺园林公司），这是天津市第一家私营园林企业。20 世纪 90 年代初，花卉几乎还不能被视为一个产业。但随着中国人民生活水平逐步提高，百姓对于花卉绿植的需求也会越来越多。2004 年，杨铁顺考察了荷兰花卉市场，看到了花卉王国的先进，发现了荷兰利用了不适于耕种的土地却把花卉产业做大做强，奥秘不是地里"种"花，而是工厂"生产"花。通过分析本地种花环境，天津的地下水和地表水盐碱化程度高，水中微量元素构成复杂，这就给种植名贵花草造成了较大的困难。为此，大顺园林公司通过与高校联合研发膜与水处理成套技术有效净化了水质，根据不同花卉的生长特点与周期，调整灌溉用水中微量元素的含量和配比，取得了成效。而今，大顺国际公司在与欧美主要花卉种植企业广泛合作中，加速实现了现代化与国际化。大顺国际公司在全国的地位和影响力证明了企业升级的准确性和正确性，也从企业的角度体现了我国经济体制改革实践逻辑的正确性。大顺国际公司一直以来以高标准规划、设计，先后建设了包括综合管理服务区、高档花卉工厂化生产区和高新技术展示区的 3 个功能区，是目前中国北方最大的花卉生产基地和交易中心。

三、探寻：核心技术产品

在全面深化改革和"工业4.0"的大背景和大趋势下，大顺国际公司用科技力量赋予农业工业化生产的潜力，同时实现土地、水资源及劳动力的集约利用，最终向市场提供了物质和精神上的两重消费。目前，公司日趋成熟的温室环境控制计算机一体化操作系统已成为国内现代设施农业的示范。从这个意义上说，大顺国际公司不仅是花卉种植者，更是新时代全面深化改革进程中我国企业技术升级、产业升级成功的范例。

尽管近年世界存在着反全球化、逆全球化现象，大顺国际公司的成功依然证明了我国对外开放和融入全球化的积极意义，关键在于怎么开放和怎样利用全球化带来的平台和机遇。2014年获农业部颁发的"农作物种子经营许可证"，为公司扩大国际交流、走向国际市场打开了大门。大顺国际公司除了与中国科学院、中国农科院、中国农业大学、南开大学、天津大学以及美国密歇根州立大学建立有长期密切的产学研合作关系，先后与荷兰安祖（Anthura）公司、比利时丹尼斯（Denise）公司、德国红狐（Red fox）公司、荷兰Stolze公司、普瑞瓦（Priva）公司、美国泛美公司等国际知名花卉生产商和资材供应商建立长期稳定的合作关系，并将国外花卉品种本土化。比如引进被国际花卉界誉为"骄傲的欧洲公主"、后来被中国人称之为"宝莲灯"的一种名贵花种苗。大顺国际公司用了半年时间，成功培育出混血花卉品种——"宝莲灯"，以及其他名贵花木。从此之后，再也不用花高价买外国人的幼苗了，使大顺国际公司从技术上完成了从花卉保鲜养护到花卉种养繁育的重心转移，并实现了对成套技术的全面掌握，也大大降低了公司运营和升级的成本，提高了利润空间。通过这种模式，大顺国际公司的技术也不断积累和提高。可见，无论是引进欧美花卉生产的优质稀缺品种，还是引进其先进的技术设备，大顺国际公司始终以自力更生为主，争取"外援"为辅，即自我研发创新为主，走一条引进、消化、吸收，进行本土化改进的发展思路，让"外"始终服务于"内"，不依赖于"外"，这应该是对外开放和融入全球化的正确方式。

结语

之前，人们无法想象我国花卉种植这类传统产业能够做成如此高度产业化，甚至国际化。通过参观，我探求到了大顺国际公司如何在改革开放大潮下从寻求机遇到迅速崛起的奥秘。改革开放 40 年来,民间投资和民营经济由小到大、由弱变强,现已日益成为推动我国经济发展、优化产业结构、繁荣城乡市场、扩大社会就业的重要力量。在全球一体化的进程中,我们坚信只要坚持改革开放,坚持举起"同和谐,共发展"的旗帜,为世界的发展、世界的和平、世界的繁荣做出更大的贡献。正是改革开放给大顺公司提供了一个绝好的平台,让大顺国际公司得以乘风破浪、顺利发展,才能取得了今天巨大的成绩。

国际商学院 170704 班　白安民

指导教师　张　健

革命理想高于天

——参观"中华人民共和国反腐败第一大案展览"感想

胡　珍　黎雨金

摘　要："马克思主义基本原理"课教师组织同学们到"中华人民共和国反腐败第一大案展览"暨反腐倡廉教育基地开展的实践教学创新课活动，非常富有教育意义：刘青山、张子善由革命功臣堕落成历史罪人的蜕变过程充分说明了马克思主义基本原理中的量变与质变、两点论与重点论等辩证关系原理的正确性，也证明了党员干部坚定理想信念的重要性以及对大学生进行理想信念教育的必要性。实践出真知，这次实践活动给了我很大收获，也懂得了许多道理。

关键词：反腐倡廉　理想信念　马克思主义基本原理

2018 年 11 月 10 日，我校"马克思主义基本原理"课教师们组织同学们开展了一场独特的"行走的最强思想"实践教学创新课活动，到杨柳青石家大院"中华人民共和国反腐败第一大案展览"暨反腐倡廉教育基地进行参观学习。跟随讲解员的脚步，我们走进了天津清末八大家之一——石家大院，无论是通体格局、建筑风格、还是艺术装饰，都让我们真切感受到了清代居民建筑的独特风格，院中有院，院中套院，砖木石雕精美，规模宏大建造精巧，足以显示其家财万贯，不愧被称为"天津第一家，华北第一宅"。石家大院的建筑大多别具匠心，许多小细节十分有内涵。比如进入大门即是一条宽阔的长长的甬路，构成大院的中轴线，甬路上有形式各异、建筑精美的 5 座门楼。从南向北门楼逐渐升高,寓意为"步步高升",而每道院门都是 3 级台阶,寓意为"连升三级"。大院建筑用料考究,做工精细,砖雕木刻形式多样,常用"福寿双全""岁寒三友""莲荷""万福""连珠"等喜庆吉祥图案。让我不得不佩服劳动人民的艺术智慧和创造力,也让我为中国悠悠几千年的历史文化感到深深的自豪,并有了更加坚定的文化自信。

石家大院除了有承载中国民间建筑和民风民俗展览的任务,而且由于石家大院以前曾是腐败分子刘青山和张子善的办公地点,现在这里还成了"中华人民共和国反腐败第一大案"的展览地。一共有四个展厅,分别是投身革命、走向深渊、警钟长鸣和刘青山、张子善办公室复原陈列,各自讲述着刘青山和张子善等人由革命功臣逐渐变为历史罪人的过程。

我们详细了解了刘青山、张子善的生平事迹及其腐败的全过程,并为此感到深深的震撼。刘青山和张子善在很小的时候就参加了革命,是非常勇敢的两个"红小鬼",无论是在抗日战争中还是在解放战争中,都曾进行过英勇的战斗,因为他们都具有坚定的革命理想,即使被捕,在国民党的监狱也宁死不屈,为中华人民共和国的成立做出过贡献。他们过去在党的培养教育下,为党为人民做过很多有益的工作,建立过功绩。但在和平环境下,当了地方领导的他们应酬多了,经不起资产阶级的腐朽思想和享乐主义生活方式的侵蚀,逐渐享受起生活,奢侈腐化,甚至专门派人从香港购置奢侈用品和劳斯莱斯高级轿车。他们还利用职权之便盗用飞机场的建筑款、救济水灾区贫民款、河工款、干部家属救济款等,挪用飞机场建设款,多达 170 多亿的旧币(相当于现在的 170 余万元)。两人将挪用和非法经营所得,大肆挥霍浪费,刘青山甚至堕落到吸食毒品成瘾的地步,从革命功臣堕落成了历史罪人,令人咂舌、也令人叹息。

老师在"中华人民共和国反腐败第一大案展览"现场把马克思主义基本原理与刘青山和张子善腐败案联系起来,进行因果分析的实践教学让我们收获很大,并且体会到了马克思主义基本原理在实际生活中的真理性作用,马克思主义与我们而言不再只是一种书面上的理论。比如刘青山与张子善堕落的过程其实就是一个量变到质变的过程,而党中央和毛主席在此案中"挥泪斩马谡",在两位以前的革命功臣立下的汗马功劳与全国千千万万群众的利益面前,坚决选择了后者。此案最发人深省之处，还是刘青山与张子善共产主义理想信念、信仰不坚定，没有继续发扬艰苦奋斗的革命精神，没有保持住初心，所以才会受到了剥削阶级与资产阶级腐败思想的腐蚀，贪图享乐，他们的事件也一直被当成教育后人的例子。

以刘青山张子善的腐败旧事为鉴，我们领悟到："不以善小而不为，不以恶小而为之。"任何事物的变化都有一个量变的积累过程，量变为质变做了必要的准备，而且量变不会永远持续下去，在量变达到一定程度后质变就会发生，做官为人也一样，不能违背这条规律，小节不拘，则大节不保。因此，善事的积累与恶事的积累会形成两个截然相反的结果，而不再仅仅是刚开始的小善小恶。再者，善恶的选择有客观因素，也有主观因素。从主观上来看，就是世界观、价值观和人生观的问题了，意识具有能动作用。习近平同志曾说，理想信念就是共产党人精神上的"钙"，没有理想信念，理想信念不坚定，精神上就会"缺钙"，就会得"软骨病"。坚定的理想信念是共产党人世界观、价值观和人生观的"总开关"，只有解决了总开关，才会永远记得为中华民族谋复兴、为人民谋幸福的初心和使命，在面对权钱交易以及奢靡腐化的诱惑时做出正确的价值判断和选择，才不会明知故犯。

马克思主义理论不仅是社会主义国家的重要指导思想，而且也是社会主义国家领导干部正确使用国家权力的主要依据，因此，对于国家领导干部来说，正确认识与掌握马克思基本原理特别是关于共产主义远大理想和中国特色社会主义共同理想，就显得十分必要。"不忘初心，牢记使命"是我们党的力量的源泉，是我们党永葆青春的秘诀。"少年强，则国强；少年富，则国富；少年进步，则国进步。"我们要勇于担起自己的责任，要以刘青山张子善这样的贪官为戒，以优秀的党员干部为榜样，牢记为人民服务的使命，不忘初心，方得始终。有担当、敢作为，努力成为国家的栋梁。前路虽远，行则将至。建设更加强大的中国，我们始终在路上！

国际商学院 170708 班　胡　珍　黎雨金

指导教师　赵学珍

基层党支部在农村脱贫致富中的重要作用

——以天津市蓟州区毛家峪村党支部为例

邢博雅

摘　要: 蓟州区穿芳峪镇毛家峪村党支部书记李锁带领群众白手起家,把昔日的贫困山村打造成享有盛名的"北方旅游第一村"。在坚决打赢扶贫开发这场输不起的攻坚战中,农村基层党组织承担着重要责任,因为党的扶贫开发政策,需要他们一家一户去宣传;党的各项扶贫任务,要靠他们带领群众一件一件去落实。脱贫攻坚,关键是要把抓党建与扶贫开发有机结合起来,真正把基层党组织建设成带领群众脱贫致富的坚强战斗堡垒。

关键词: 基层党支部　乡村旅游　脱贫致富

这个周末,学校组织我们去参加蓟州区毛家峪村的实践活动,体会他们的乡村是如何振兴的。我们怀着无比激动的心情踏上了旅程。

在农家院里,丰盛的午餐刚一端上餐桌,就被我们抢吃起来,赞不绝口。下午我们听了毛家峪村民代表的精彩演讲,深刻认识到毛家峪村的飞速发展与国家的改革开放40年所取得的成就是分不开的。

毛家峪村坐落在蓟州城区东16公里处的穿芳峪乡,全村46户,四面环山,过去村民单靠种庄稼,家家户户很穷。2000年11月,退伍军人李锁被推选为村党支部书记。为带领乡亲们快速致富,李锁书记充分利用当地长寿村的自然环境,大力发展农家旅游,鼓励村民兴办农家院,取得了成功。2005 年,毛家峪村与一家企业联合,成立了旅游发展有限公司,实现了旅游产业商业化经营、企业化管理,每个村民都成了公司的股东。

近年来,毛家峪村先后被评为了全国创建文明村镇先进单位、全国生态旅游示范村。2017 年,村接待游客 48 万人,旅游总收入超亿元,农民人均纯收入 7.8 万元,在蓟州区排名首位。"当好带头人,办好农家旅游,让村民越来越富,是我永远不变的追求!"李锁坚定地表示。

"毛家峪火了,我们都非常感谢村党支部书记李锁,是他带领村民搞农家旅游,是他第一个带头捐款修村公路,他把整个身心都扑在了发展乡村农家旅游上。"王平是村中旅游接待大户,年收入超过 100 万元,一谈起李锁,他不禁竖起大拇指,赞不绝口。

李锁,1964 年生,中共党员,大专学历,天津市蓟县穿芳峪镇毛家峪村民委员会党支部书记、村委会主任,全国劳动模范,全国十大旅游风采人物,天津市劳动模范。10 多年来,在他的带领下,曾经无人问津的小山村,变成如今的全国文明村、全国休闲农业与乡村旅游示范点。

"我是一个农民的儿子,世代生活在大山里,过去的毛家峪是一段苦难的记忆。"身为天津市蓟州区穿芳峪镇副镇长兼毛家峪村党支部书记,李锁向记者袒露心声。

毛家峪原本是个偏僻落后的小山沟,四面环山,只有一条狭窄的山间小路通往山外。往日村民们在山坡下的地坎子刨出小片土地,种些豆子、玉米之类的杂粮,吃水要到 4 公里外的邻乡用驴驮,全村清一色的土坯石头房。村民得病没钱治,孩子上学交不起学费,有的家庭穷得连买盐钱都没有。46 户人家,160 多口人,竟然有 12 条"光棍",结婚的 7 个小伙也成为外村的上门女婿。村民们不由得苦笑:若再这样下去几辈儿,村子恐怕要断子绝孙喽!

李锁就出生在这个贫穷落后的村子里。穷,就像一根刺,扎得李锁坐卧不宁。高中毕业后,他穿上军装走出了大山。看了外面的世界,再回到家乡时,内心接受着巨大的差距。

经过 7 年的摸爬滚打,李锁用借来的一万元在家乡建起了一家瓶盖厂,因为效益好,企业规模不断壮大。到1996年底,企业已拥有员工500多人,年净收入在20万元以上。李锁成了家乡一名小有名气的农民企业家。但企业的繁荣发展,并没有给他带来喜悦。企业虽然解决了村里40多人就业,一部分人解决了温饱,但全村整体上依然没有脱贫。

2000年11月,在全村党员群众的一致推举下,李锁被推选为村党支部书记。在上任召开的第一次全体村民大会上,李锁郑重承诺:"我李锁一人富了不算富,只有大家都富起来,才是我最大的心愿。只要我们一起奋斗,肯定会实现,如果3年不能不让大伙儿都富起来,我自动辞职。"

豪言壮语喊出去了,可具体该怎么办?致富的门路到底在哪里?那段日子,李锁吃不下、睡不着。一次偶然机会,当听到下营镇常州村发展村办旅游致富的消息,李锁眼前为之一亮。

毛家峪村拥有万亩林场,森林覆盖率高,环境优美,空气清新,是个"天然大氧吧",非常适合发展山村休闲度假旅游。别的村可以,毛家峪村为什么不行呢?

找到了方向,利用冬闲,李锁多次登门拜访旅游方面的专家学者,邀请他们到毛家峪村考察、论证。许多专家、学者对毛家峪村优美的自然环境大加赞赏之余,尤其对毛家峪村长寿老人较多的现象产生了浓厚兴趣。在专家、学者的建议下,毛家峪村确定依托山村风光,以健康长寿为主题,大力发展观光农业、休闲度假产业,打出"毛家峪长寿度假村"品牌。

发展旅游,当务之急是修路。从毛家峪村到山外有1.5公里远的距离,都是坑洼不平的石头路。修建一条通往山外的柏油路,是全村群众多年的梦想。可是,一听说修路得需要20多万元资金时,全村人傻了眼。如果让群众集资,人均至少1000元。可群众是负担不起的,不少人灰了心,打了退堂鼓。

李锁想:拉起的弓,就不能松劲。只要思想不滑坡,办法总比困难多。于是,李锁带头捐款5万元。妻子一听就急了,哭着说:"这都是咱们的血汗钱,为了挣钱,你和妈的手都残了,你怎么就舍得?!"

如今毛家峪村已成为华北地区著名的旅游专业村。全村户户经营农家旅店,日住宿接待能力达到4000余人。在村内就业的外省市劳动力就有2000多人,周边地区到毛家峪村服务的人员达到2万多人。2015年,全村共接待中外游客42万人次,旅游综合收入3800万元,村民人均纯收入达到6.8万元。

本质决定现象,并通过一定的现象表现出来,现象从属于本质,从不同的侧面表现事物的本质。李锁透过毛家峪村贫穷的现象,找到脱贫致富的方法,带领群众看清了本质。而实践是检验认识真理性的标准,必须要通过实践才能取得认识。

基层党组织在今后的工作中一定要用心用力让自己在脱贫攻坚战中的堡垒作用更加坚固。基层党组织是整个党组织的最末端,只有打造专业的队伍,才能建强基层组织。基层党组织的建设要注重高素质党组织书记的任用,同时树立凭实绩用人导向,把政治素质好、工作能力强,对百姓有益的干部选上来。只有不断加强自身建设,才能更好地发挥脱贫攻坚工作中"主心骨"作用,才能做好这个让群众时刻放心的"主心骨"。

李锁同志很好地发挥了主心骨的作用,他带领乡亲们尽心竭力谋发展,不遗余力做奉献,让山川变得更绿,村民变得更富裕。

毛家峪的发展给我们如下两点启示:

一是必须以提升党的组织力为重点加强基层党组织建设。党的力量来自组织,组织能使力量倍增。在基层治理中,只有充分发挥党的组织优势,借助党的组织力量,才能彰显作用、整合资源、强壮队伍,进而增强党组织的服务能力。

二是必须以"新、实、活"为遵循,注重提高基层服务型党组织建设的实效。所谓新,就是要紧贴变化了的新情况新形势,始终使基层党建工作与新形势、新要求以及群众的新期盼相适应、相吻合,不间断地创新发展有效的、管用的新模式、新方法、新举措;所谓实,就是要力戒形式主义,在唯实、务实上下功夫,真正使党员、群众看到变化、得到实惠;所谓活,就是要使基层党建工作生机勃勃、健康发展、充满活力。

日语学院 170204 班　邢博雅

指导教师　何伶俐

以马克思主义视角认识中国的反腐倡廉

赵云峡

摘 要:刘青山、张子善因贪腐犯罪被处决是"中华人民共和国反腐败第一大案"。以马克思主义分析腐败这种社会现象,其根源主要在于刘、张对共产主义理想和价值信念不坚定,对个人利益的极度追求,私有制和旧有市场经济又为腐败滋生提供了社会经济基础。中国共产党始终坚定如一地反腐倡廉,反腐倡廉关系到人心向背,进而关系到共产党、政权前途和命运;人也是社会环境的产物,从思想、制度、法律三方面入手建章立制,构筑一个"不敢腐、不能腐、不想腐"的风清气正的政治生态与社会环境,是共产党反腐败的根本举措。大学生要努力学习马克思主义,增强拒腐防变的本领,才能成为社会主义建设的合格者和可靠的接班人。

关键词:中华人民共和国反腐败第一大案 马克思主义 理想信念

2018 年 11 月 10 日,同学们参加了学校"马克思主义基本原理"课教师组织的"行走的最强思想"实践教学创新课,到天津杨柳青石家大院"中华人民共和国反腐败第一大案展览"暨反腐倡廉教育基地参观学习。石家大院在中华人民共和国成立初期是中共天津地委书记刘青山、行署专员张子善的办公地点。展览馆一系列图片等史料向参观者全景展示了刘青山、张子善由革命功臣因为经受不住执政考验,经不起"糖衣炮弹"的侵袭,背弃共产主义理想信念,最终堕落成为历史罪人的触目惊心的过程。在展览馆讲解员引领、讲解展览的历史资料后，"原理"课老师结合刘青山、张子善贪腐案，运用马克思主义基本原理分析了这些腐败分子蜕变的过程及深层次原因，使我对此有了更多的思考。

一、腐败现象产生的原因

首先，对个人利益的极度追求是腐败的根源之一。对利益的追求是人类的普遍共性，这是由人要吃、喝、住、穿的自然属性决定的，否则，个人将无法生存，人类将无法生存。但是个人利益不能凌驾于集体、社会、国家利益之上，这也是马克思主义利益观的基本立场和观点。刘青山、张子善在革命胜利转向社会建设时期更加侧重追求物质、金钱利益及个人利益，在百废待兴、全党全国人民都勒紧裤腰带艰苦奋斗之时，他们手中掌握权力，经受不住各种诱惑，贪图物质生活享受，个人利益需求在现实生活中空前得到加强，渐渐滋生了"老子从小革命，现在革命成功了，也应该享受享受"的严重享乐主义思想，不惜滥用职权贪污挪用建设款、救济款等购买生活日用品、食品、进口高级轿车，以满足自己奢华的享受和需求，他们对个人利益的追求已经凌驾于集体、社会、国家利益之上，超过了党纪法规允许的限度，从革命功臣堕落成历史的罪人。同样，由于没有正确认识马克思主义理论和树立起正确的利益观，人们只重视利益实现的目的而忽视了对利益实现手段的合法性的判断或者完全以利益实现来判断利益的手段，这些都成为当代中国社会的腐败现象产生的主要原因之一。

其次，私有制和市场经济是腐败滋生的社会经济基础。根据历史唯物主义的观点，社会存在决定社会意识，社会意识反作用于社会存在。中华人民共和国成立到1956年完成社会主义改造之前，中国处于新民主主义社会，社会的经济基础是私有制和商品经济，一些富裕的社会阶级阶层的奢华生活必然影响刘青山、张子善这样的领导干部，刘青山、张子善就经不起诱惑滑向了犯罪的深渊。当一个社会经济条件发生根本变化时，人们的思想意识也必将随之改变，而变化的思想意识又反作用于社会机体。改革开放后，中国社会从计划经济时代、集体主义思想向市场经济时代的开放创新、竞争转变，社会主义市场经济体制的建立和完善，传统的道德观念收到了前所未有的冲击，人们的金钱意识、自我意识、个人主义观念不断增强，这也是当代中国腐败频发的社会环境和基础。

最后,理想和价值信念不坚定是腐败的思想根源。价值信念对人的行为的影响具有重要意义,共产主义远大理想和中国特色社会主义共同理想,是中国共产党人的精神支柱和政治灵魂。通过艰苦奋斗把中国建设成为一个社会主义的现代化强国是中华人民共和国成立后党和人民的共同理想,像刘青山和张子善这样的领导干部革命胜利进了城后,随着环境、权力地位的变化,他们却经不起利益、金钱等的诱惑,放弃了艰苦奋斗的作风和为人民服务的宗旨,把共产主义理想和价值信念抛到脑后,走向贪赃枉法、犯罪的深渊。当今社会某些官员之所以还会出现严重的腐败,也正是像刘青山、张子善一样,缘于他们对共产主义理想和价值信念缺失或扭曲,思想迷茫,精神空虚,盲目推崇西方资产阶级的价值观和生活方式,滋长了拜金主义、享乐主义和极端的个人主义思想,由生活腐化、经济贪婪进而政治蜕变。

二、反腐倡廉中的唯物论和辩证法

刘青山、张子善贪腐案发时,我国尚未形成完善的法律体系,对二人的处理,既无明确法律依据和量刑标准,又无现成的案例可供参考。1951年12月14日,中共河北省委根据调查和侦讯结果,向中共中央华北局提出了"处以死刑"的处理意见。最终是党中央支持了"死刑",做出了严惩的决定。

党中央把刘、张的腐败案上升到关系党和国家前途命运的高度,非常有远见,只有枪毙他们二人,才能整肃干部队伍,挽救更多的干部,防止量变引发质变,即党员干部队伍发生塌方性、系统性的腐败,最后亡党亡国。这是一笔再明白不过的政治账、人心向背的账!今天,以习近平同志为核心的党中央坚持全面从严治党,创新性地回应了时代的关切,创新性地把马克思主义基本原理与中国反腐倡廉的实践需要相结合,创新性地发展了党建理论,以新思想、新理论、新举措推动实现了反腐败斗争压倒性态势的形成。

马克思主义认为,人民群众是历史的创造者。中国共产党反腐倡廉思想的人民性正是马克思主义群众史观与中国实践相结合的重要成果。一方面,人民群众是我们党一切工作的出发点和落脚点决定了反腐倡廉的必要性和重要性。严惩腐败分子是党心民心所向,是对广大人民群众呼唤公平正义的回应,是我们党坚持站在人民大众立场、维护人民群众利益的切实作为。另一方面,反腐败斗争本身也必须坚持走群众路线,着眼于发挥人民大众的力量,让人民群众真正成为反腐倡廉的力量源泉。以习近平同志为核心的党中央以反腐败的实际成果取信于民,又依靠人民大众的力量加大反腐力度,确保党始终同人民想在一起、干在一起,真正地在反腐败斗争中做到了以人为本,推动了全面从严治党向纵深发展。

马克思主义认为,人具有自然属性和社会属性。人的自然属性和社会属性是互相联系、互相制约、辩证统一的。人的自然属性是社会属性得以存在的前提。离开了自然属性,人的社会属性就不可能存在。人的社会属性是人所特有的属性,是人的本质属性。这种属性是在人的后天实践活动和交往活动中形成和不断改变的。因此,要根治腐败问题,就要从人的后天实践和交往活动入手。一个人如果处于腐败的环境下,他要想不腐败会很不容易;如果是处于一个风清气正的政治生态下,他要想腐败也不容易。因此,建设风清气正的政治生态是极端重要的。党的十八大以来,在习近平同志领导下,不断加大反腐败力度,"老虎"苍蝇一起打,既坚决查处大案要案,又着力解决发生在群众身边的腐败问题。甚至不管腐败分子逃到哪里,都要缉拿归案、绳之以法。整体布局、统筹兼顾,从思想、制度、法律三方面入手建章立制,构筑一个"不敢腐、不能腐、不想腐"的科学制度,建设一个风清气正的政治生态与社会环境,是共产党反腐败的根本举措。

三、努力学习马克思主义,增强拒腐防变的本领

在马克思主义基本原理的学习中和上学期党课的学习中,以及党中央一直以来的反腐倡廉行动中,笔者深切感受到了当今社会反腐倡廉的必要性,以及努力学习马克思主义,增强拒腐防变的本领的重要性。大学生作为即将步入社会各个领域的一个特殊群体,对大学生进行廉洁教育,让我们走进社会后能够保持清正廉洁,能在一定程度上能够预防青年学生将来的腐败堕落。不管在学习中或是在以后的工作中,笔者认为我们大学生应做到以下几点:一要勤学善思。我们要以刘青山、张子善为戒,不断加强理想信念,以提高我们的思想政治素质,增强拒腐防变能力,树立正确的世界观、人生观、和价值观,不被社会上的丑陋现象迷惑自己的双眼,在权力、金钱、美色等考验面前自警、自重。苏格拉底讲:"一个

人的生命如果不经由一种批判性的自省,这种生命是不值得活的。"在学习后我们还要善思,做到思过后改。二要艰苦勤俭。虽然我们的生活越来越丰富多彩,但是过分的追求物质生活的结果只会是心为物累。实现人生价值的过程中,自觉的艰苦奋斗和节俭是不能缺席的,才能成为社会主义建设的合格者和可靠的接班人。在以后的学习和工作中,我也会这样要求自己的。

国际关系学院 170404 班　赵云峡

指导教师　赵学珍

从改革开放 40 年看马克思主义的当代价值

——参观天津觉悟社纪念馆有感

向思雅

摘　要：从参观经历中找寻马克思主义发展与传播的路径，记录自己的参观体验，深度感受马克思主义在中国的传播和价值意义。通过回顾改革开放这一最突出的新时代标志来思考马克思对当代中国的意义。

关键词：觉悟社　改革开放　马克思主义　当代价值

改革开放 40 年来，中国发生了翻天覆地的变化，人们生活水平显著提高，在农业、工业、国防现代化和科技发展等领域都取得重大进展，经济水平快速发展，综合国力不断提升，国内生产总值（GDP）总量高居全球第二，外汇储备世界第一，中国不断成为世界经济发展的稳定力量，这些令人瞩目的巨大成就获得了国内外的肯定。通过对外开放，中国走出了一条摆脱落后，建设现代化经济的道路，逐步发展成为了一个人民生活幸福、社会安宁稳定的国家。中国取得巨大成就的根源，在于毛泽东思想、邓小平理论、"三个代表"重要思想、科学发展观、习近平新时代中国特色社会主义思想的正确领导，其源头是马克思主义。

那么，马克思主义是如何在中国的发展与传播进行的呢？通过这次近距离接触马克思主义在天津传播与发展的早期资料，实地参观天津觉悟社纪念馆，深度体会到了马克思主义的当代传播和时代价值。

随着俄国"十月革命"的胜利，马克思主义传入天津，先进分子开始学习研究宣传马克思主义。经过五四运动,马克思主义在天津迅速广泛地传播开来,并逐渐与工人运动相结合,为中共天津地方组织的建立奠定了坚实的基础。

许多进步社团就是在此阶段落地开花结果。在天津最夺目的当属觉悟社,觉悟社是由周恩来、邓颖超等在五四运动中创办的,是当时在国内影响较大的爱国青年进步团体。它本着"革心""革新"的精神,以"自觉""自决"为主旨,于1919年9月16日成立,周恩来与社员们在此学习研究新思想,他们同时编辑出版了刊物《觉悟》。

觉悟社从成立之初就有了先进政党的作风,周恩来等人在觉悟社建成之初,就想把它建成为"预备'牺牲''奋斗'的组织""引导社会的先锋"和"作战的'大本营'",邀请了许多专家学者来演讲,召开各种问题的研讨会,领导大规模游行示威和请愿活动,开展反对中日直接交涉和抵制日货的斗争。许多觉悟社优秀骨干,都成为了革命道路上的中坚力量。觉悟社修复还原的屋内景象更是视觉上给了我一种强烈的震撼,觉悟社的两间平房狭小简陋,每间不足10平方米,一张桌子,一个洗脸盆,一张床,而抓阄的纸条竟成为了屋里最特殊的陈列品。周恩来等一批进步青年就是在这样艰苦朴素的环境下,脚踏实地,开始从事科学和新思潮的研究,研究马克思主义,出版刊物,成为引导社会的先锋,探索中国反帝反封建的社会主义道路。

觉悟社在团结进步青年,传播马克思主义方面做出了极大的努力,社员们研究新思潮,探讨救国救民的真理,积极参加实际斗争,成为当时天津反帝爱国运动的领导核心,成为中国共产党成立前的重要革命组织之一。马克思主义是在实践中产生的,并在实践中不断丰富和发展。这种发展,一方面是马克思恩格斯根据实践的发展对自己创立的理论不断充实和完善;另一方面是他们的后继者,比如列宁、毛泽东等马克思主义者在领导俄国、中国革命中实现的。

改革开放以来,新时代最突出的标志是与时俱进,这与当时觉悟社的理想一脉相承。我们党坚持马克思主义的思想路线,不断探索和回答什么是社会主义、怎样建设社会主义、建设什么样的社会主义、建设什么样的党、怎样建设党、实现什么样的发展、怎样发展等重大理论和实践问题,不断推动马克思主义中国化,坚持并丰富党的基本理论、基本路线、基本纲要、基本经验。马克思主义在中国大地上焕发出勃勃生机,给人民带来了更多的社会福祉,使中华民族大步赶上时代潮流,迎来了伟大复兴的光明前景。重视经验总结和理论指导。在改革初期,我们也在实践中不断探索,摸着石头过河,边学边干。边实践边总结经验,坚持正确的,改正错误的。对经验进行理性加工上升为理论。改革的理论主要包括:革命是解放生产力,改革也是解放生产力,改革的着重点和落脚点是解放和发展生产力,改革是社会主义发展的强大动力,改革是以经济体制改革为重点的全面改革;改革是坚持社会主义基本制度前提下的改革,是社会主义制度的自我完善,并不是改变社会主义。改革的得失标准是看是否有利于发展社会主义生产力,是否有利于增强社会主义国家的综合国力,是否有利于提高社会主义现代化,我国的改革就是在上述理论指导下的社会实践。

坚持一切从实际出发。理论联系实际,实事求是,在实践中检验真理和发展真理,是马克思主义最重要的理论品质。这种与时俱进的理论品质,是 170 多年来马克思主义始终保持蓬勃生命力的关键所在。改革开放 40 年来,所取得的成就表明改革开放探索的道路迄今为止是正确的,未来的道路,还应坚持马克思主义的理论品质,坚持从实际出发,实事求是,运用科学的世界观和方法论,去引导实际。马克思主义的科学性和革命性是统一的,它们是相互支撑,相互促进,有机统一的。这种以实践为基础的科学性和革命性的统一的关键依赖于无产阶级的先进性,也愈发坚定了中国应该走具有中国特色社会主义道路的信念。马克思主义是观察当代世界变化的认识工具,指引当代中国发展的行动指南,引领人类社会进步的科学真理。这三个当代价值在改革开放道路上得以验证,也焕发出了马克思主义旺盛的生命力。作为一名当代大学生,我要向周恩来、邓颖超等老一辈无产阶级革命家学习,树立积极探索真理的革命情怀。实事求是,实践出真知。在新时代,学习和实践马克思主义,不断从中汲取科学智慧和理论力量,在习近平同志的领导下,更有定力、更有自信、更有智慧地坚持和发展新时代中国特色社会主义,为实现中华民族伟大复兴贡献自己的一份绵薄之力。

英语学院 170110 班　向思雅

指导教师　陈海平

马克思主义的传播及其当代价值

——参观觉悟社有感

高　歌

摘　要:通过参观觉悟社和女星社,了解马克思主义在中国的传播和当时青年学子为探索社会发展道路所做出的努力。作为当代大学生,应该结合当今时代发展,学习和运用马克思主义并发挥其当代价值。

关键词:觉悟社　女星社　马克思主义　当代价值

2018 年 12 月 16 日,笔者参观了天津觉悟社纪念馆,了解马克思主义在天津的传播。

马克思主义诞生于 19 世纪中叶的欧洲。而马克思主义在中国的广泛传播要到俄国"十月革命"后。1911 年天津出版的《维新人物考》和 1916 年出版的《敬业学报》都提到了马克思,但未引起人们的注意。随着俄国革命的胜利,马克思主义传入天津。经讨五四运动,马克思主义在天津迅速广泛地传播开来,并逐渐与工人运动相结合,为未来中共天津地方组织的建立奠定了坚实的基础。天津学生积极响应,投入到这场反帝反封建的爱国运动中,他们分别成立了天津学生联合会和天津女界爱国同志会。由于形势的需要,男女学生冲破封建束缚,联合起来,共同斗争。这种联合,为觉悟社的诞生奠定了基础。

在参观中,我从各种史料和介绍中了解到,位于天津的进步团体觉悟社成立于 1919 年 9 月。1919 年 9 月 2 日,周恩来和郭隆真、张若茗、谌小岑等 7 人在坐火车从北京返津的途中,由郭隆真提议,周恩来进一步主张:从"天津学生联合会"和以第一女子师范学校为主的"女界爱国同志会"两大团体中选出一些骨干分子,组成一个比学联等更严密的团体,从事科学和新思潮的研究,并出版一份刊物,成为引导社会的先锋。这个团体是一个最初由 20 人组成的严密组织,定名为"觉悟社",为了表示男女平等,男女会员各 10 人。觉悟社本着"革新""革心"的精神,以"自觉""自决"为主旨,做学生方面的'思想改造'事业。觉悟社从成立之初就有了先进政党的作风:1919 年 11 月,周恩来主持召开天津觉悟社特别会议。会议决定把觉悟社建成"预备'牺牲''奋斗'的组织""引导社会的先锋"和"作战的'大本营'"。并决定吸收新会员时,先由本人自我介绍,并由介绍人报告其优缺点。然后由会议审查,经大家同意方可加入。

参加"觉悟社"的人中,有在天安门前指挥请愿学生和反动当局进行斗争的学生领袖,有在爱国运动中涌现出来的理论家、宣传家,有在与反动军警搏斗中流血负伤的巾帼豪杰……实际上,觉悟社已经成为天津爱国学生运动的"总指挥部"。

觉悟社认真研究新思潮,探讨救国救民真理,积极参加实际斗争,成为了当时天津反帝反封建爱国运动的领导核心,在北方的革命社团中享有很高的声望。

稍后,邓颖超等人又创建了女星社,这个闻名全国的早期妇女运动组织,对全国妇女解放运动产生了广泛影响,为天津乃至中国现代革命史增添了光辉的一页。1923 年初,留在天津的觉悟社社员邓颖超、李峙山、谌小岑等在筹备出版《觉邮》刊物时,感到有必要组织一个妇女团体以推动妇女运动的开展。邓颖超提议这个组织的名称叫"女星社",希望它像明亮的星星,照耀中国妇女运动发展的前程。女星社促进了妇女教育和平民教育的发展,通过出版物《女星》和《妇女日报》宣传观点,《妇女日报》是女星社进行舆论宣传的重要阵地,该报共出刊了 9 个月。党的早期妇女领袖向警予曾赞誉《妇女日报》,是"中国沉沉女界报晓的第一声"。

看到五四时期的宣传单以及《天津学生联合会罢课宣言书》《南开日刊》等史料,笔者深切感受到了当时学生的社会责任感和爱国热情,他们站在时代的前沿,凭借自己的力量探索中国的前进之路。马克思主义在实践中产生,并在实践中不断丰富和发展。早期进步刊物和进步团体推动了马克思主义在中国的传播。马克思主义在中国的传播有利于人们认识世界和改造世界,解决当时中国发展道路问题。

马克思主义自诞生以来,对世界产生了巨大的影响,改变了世界的尤其是中国的历史进程。随着社会和时代的发展,在当今社会,马克思主义基本原理依然是科学真理。马克思主义在当今世界不但没有过时,而且日益焕发出旺盛的生命力。马克思主义是观察当代世界变化的认识工具,指引当代中国发展的行动指南,引领人类社会进步的科学真理。我们可以用马克思主义理论解释当今风云变幻的世界格局,解决当今的社会问题和矛盾,指引人类社会的发展。

作为当代大学生,我们要学习周恩来、邓颖超等老一辈无产阶级革命家积极探索救国救民真理的革命情怀。努力学习和掌握马克思主义的基本立场、观点、方法,形成正确的世界观和方法论;坚持理论联系实际的马克思主义学风,在学习了解党和国家政策的同时结合我国社会的客观实际,认识到发展中的优缺点;自觉将马克思主义内化于心、外化于行,树立远大理想和坚定信念,为中华民族伟大复兴的中国梦奉献自己的力量。在新时代,学习和实践马克思主义,不断从中汲取科学智慧和理论力量,在统筹推进"五位一体"总体布局、协调推进"四个全面"战略布局中,更有定力、更有自信、更有智慧地坚持和发展新时代中国特色社会主义,确保中华民族伟大复兴的巨轮始终沿着正确航向破浪前行。

英语学院 170103 班　高　歌

指导教师　张秀英

思想解放是推动社会变革的重要因素

——以天津觉悟社为例

解雨欣

摘　要:觉悟社的成员通过学习、宣传马克思主义基本原理,改变了社会思想,推动了社会变革。改革开放 40 年的历史,也是思想解放推动社会变革的过程。

关键词:觉悟社　思想变革　社会变革

2018 年 12 月 16 日,在老师的带领下,笔者乘车前往位于天津市河北区的天津觉悟社纪念馆,依次参观了觉悟社和女星社的旧址,了解到在面对内忧外患时,民国的青年知识分子力图通过革新民众思想,推动社会变革的爱国情怀与伟大志向。

通过参观与聆听老师的讲解,笔者了解到,觉悟社是中国五四运动时期青年学生进步团体。在五四运动之初,天津男女学生组织是分开的。随着斗争的深入,如火如荼的爱国学生运动,使人们的思想发生着急遽的变化,一批先进青年由于共同的觉悟,共同的使命走到了一起,他们志同道合为着拯救处于危难之中的祖国而奋力拼搏,历史忠实地记下了他们的光荣业绩。此时,学生运动中的骨干力量迫切感到需要打破男女界限,建立统一的组织。1919 年 9 月 16 日,天津学生联合会和天津女界爱国同志会的男女进步青年组成了革命团体觉悟社。成员有周恩来、邓颖超、郭隆真、郑季清等20人。

在整个参观与学习的过程中,最令我印象深刻的是周恩来为觉悟社起草的《觉悟的宣言》中的一段话:"'觉悟'的声浪,在二十世纪新潮流中,澎渤得很厉害。我们中国自从去岁受欧战媾和的影响,一般稍具普通常识的人,也随着生了一种很深刻的觉悟:凡是不合于现代进化的军国主义、资产阶级、党阀、官僚、男女不平等界限、顽固思想、旧道德、旧伦常……全认他为应该铲除应该改革的。有了这种'觉悟',遂酝酿成这次全国的'学潮',冲动了全国的学生界,人人全想向'觉悟'方面走。"他还写道:觉悟社的目标是"本着反省、实行、持久、奋斗、活泼、愉快、牺牲、创造、批评、互助的精神,求适应于'人'的生活——做学生方面的'思想改造'事业。抽象的话是:要本'革心''革新'的精神,求大家的'自觉''自决'。"

周恩来的这段话,阐述了觉悟社的宗旨和任务,同时充分印证了马克思主义基本原理中认识论的观点。

马克思主义社会存在与社会意识的辩证关系原理认为,社会存在决定社会意识,社会意识对社会存在具有能动的反作用。近代中国,虽然社会经济通过洋务运动、戊戌变法、辛亥革命等一系列变革取得了一定的成就,但始终无法摆脱半殖民地半封建的社会性质,人民群众生活在水深火热之中,国家民族面临着亡国灭种的危险。这正是因为人民群众的思想没有得到解放。马克思主义认为,社会意识对社会存在具有巨大的能动作用,先进的社会意识会推动社会的发展,而落后、腐朽的社会意识则会阻碍社会的发展。正因如此,青年爱国知识分子选择通过革新民众思想来推动中国社会的变革,选择摈弃不适合现代进步的军国主义、资产阶级、党阀、官僚、男女不平等界限、顽固思想、旧道德、旧伦常,进而宣传男女平等,民主自由的新思想与科学的马克思主义基本理论。青年知识分子通过研读马克思主义著作与对中俄两国社会的分析,发现实行马克思主义,学习俄国变革的道路与推行资本主义相比更适合中国社会的发展,是中国摆脱半殖民地半封建社会性质的良方。因此,觉悟社的成员通过创办报纸、演讲等多种形式,宣传践行马克思主义。五四运动标志着新民主主义革命的开始,新民主主义的胜利最终使中国摆脱了半殖民地半封建的社会性质,使中国人民真正地"站起来"了,先进的社会意识推动了社会的变革。

在中国近现代历史中,第二个重要的历史阶段,即为"富起来",即改革开放。改革开放的成功实行,同样源自思想的变革。粉碎"四人帮"以后,国内出现的"两个凡是"的理论,以及对"姓资姓社"问题的讨论,都反映了人们思想的落后。面对这些声音,邓小平推动了思想解放运动,选择用通俗易懂的语言引导人们改变思想观念。例如,"不管黑猫白猫,捉住老鼠就是好猫",被邓小平用来解释市场经济与计划经济只是推动经济发展的手段,通过生动形象的语言,邓小平为人民群众讲解改革开放的重要意义,启迪人们的思想。使得当时的中国人民接受了市场经济,做出了引进来、走出去的伟大尝试。

认识具有无限性,需要随着实践的发展而不断发展,以适应并推动生产力的发展。正因如此,在新时代,我们没有故步自封,照搬20世纪80年代的发展理论。从全面深化改革,到创立亚投行,提出"一带一路"倡议,改革开放随时间的推移,其内容不断丰富,内涵不断加深,习近平新时代中国特色社会主义思想继续推动着中国的发展。

觉悟社,其名字就寓意着"革新思想"以周恩来、郭隆真等为代表的有志青年,通过学习、宣传马克思主义,解放了人民群众的思想,推动了马克思主义在中国的传播,使中国最终走上了社会主义的道路,实现了新民主主义的胜利。改革开放,也与之有着极为相似的发展历程。解放思想,实事求是,意味着实现人民群众思想的真正解放,以马列主义,毛泽东思想为指导,依据国情,制定合理的政策推动经济、政治、文化等方面的发展。在历史的进程中,人们正是通过正确地认识世界,去发现正确的方法论,通过实践活动来改造这个世界,因此,思想解放永远是推动社会变革的重要因素。

英语学院170110班　解雨欣

指导教师　张秀英

以觉悟坚定信仰，以奋斗追梦时代

温 晨

摘　要：我们今天传承觉悟社精神，就是要学习它对马克思主义科学真理的追求与信仰，就是要学习它紧紧依靠群众的原则和方法，就是要学习它"奋斗、创造"的实干精神，并将其运用到改革开放再出发的伟大实践中，时刻砥砺自我，比肩前辈先烈，谱写无愧于时代的青春之歌。

关键词：觉悟社　学习觉悟社精神　奋斗

时间退回到 1919 年，一场由青年学生自发组织的如火如荼的爱国运动，正使人们的思想发生着急遽的变化。9 月 2 日这一天，几名青年爱国学生一起坐火车从北京返津，这些凯旋的战士们，还沉浸在胜利的喜悦中，经受了患难考验的战斗友谊和沸腾在他们心里的爱国热情，使他们兴奋不已，热烈地交谈着。以前，由于封建习俗的束缚，男女学生不能在同一个团体中活动，天津的爱国学生运动分成了以南开学校、高等工业学校等男校为主的"天津学生联合会"和以第一女子师范学校为主的"女界爱国同志会"两大团体。他们虽然也在斗争中彼此支持，但是由于封建观念的束缚，没有在一起联合行动过，更没有一个统一的领导核心。形势的发展，使他们感到两大团体的联合已是势在必行。

在急驰的列车上，几位学生代表对这个问题进行了认真的酝酿和讨论。一位学生主张学习北京的经验，从两个团体中选出一些骨干分子，组成一个比学联等更严密的团体,从事科学和新思潮的研究,并出版一种刊物,成为引导社会的先锋。他的这个提议,得到大家的赞同。两周后,一个全新的社团组织在天津成立,并在实质上成为了天津爱国学生运动的总指挥部。这个组织甫一成立,便团结进步青年、积极传播马克思主义;便紧紧依靠群众,积极发挥人民群众主体作用;便积极实干,以奋斗、创造为社团宗旨。这个自成立起便有了马克思主义先进政党作风的严密社团组织,叫做觉悟社;而那位提议成立它的学生,就是周恩来。这是一个在五四运动推动下接受了马克思主义先进思想熏陶的社团,一个青年学生自发组织的反帝反封建的社团,一个代表了中国未来前进方向、发展道路的社团。不过在那时,或许还鲜少有人能够预见这个社团所代表的先进思想、所依靠的主体力量、所蕴藏的"奋斗、创造"精神会在未来中国产生多么深远的影响。

时间来到 2018 年,12 月 18 日上午,庆祝改革开放 40 周年大会在北京人民大会堂隆重举行。习近平同志出席大会并发表重要讲话。习近平指出:"建立中国共产党、成立中华人民共和国、推进改革开放和中国特色社会主义事业,是五四运动以来我国发生的三大历史性事件,是近代以来实现中华民族伟大复兴的三大里程碑。"①这是一种把过往与当下、现实与未来贯通起来审视的大历史观,站在这样的角度,就不难发现百年以前觉悟社成立时所蕴含的那种马克思主义先进政党的作风,所依靠的人民群众的主体力量,所彰显的奋斗创造精神,一直是五四运动以来中国人民的行动准则、精神旗帜。从建立中国共产党,到成立中华人民共和国,再到推进改革开放和中国特色社会主义事业,正是五四运动以来中国共产党团结带领广大人民在马克思主义指导之下持之以恒地努力奋斗,才使中华民族迎来了从站起来、富起来到强起来的伟大飞跃。

我们今天传承觉悟社精神,就要学习它对马克思主义科学真理的追求与信仰。实践是检验认识真理性的唯一标准,是检验一种思想、一种理论是否具有真理性,适不适合现实发展需要的唯一准则。2018 年是马克思诞辰 200 周年、马克

---

① 习近平:在庆祝改革开放 40 周年大会上的讲话 2018 – 12 – 18 19:49:04 来源:新华网 http://www.xinhuanet.com/2018 – 12/18/c_1123872025.htm

思主义诞生170周年。一个世纪前,伴着"十月革命"隆隆炮响传入中国的马克思主义,使中华民族在精神上从被动转入主动,觉悟社成为在天津传播马克思主义的早期组织。中国共产党在马克思主义的指导下,带领中国人民进行了革命、建设、改革开放的伟大实践,我国社会发生了翻天覆地的历史性变化,这一变化以铁一般的事实证明,只有马克思主义才能拯救和发展中国。改革开放以来,从开启新时期到跨入新世纪,从站上新起点到进入新时代,40年来的伟大实践使我国现代化建设取得了举世瞩目的伟大成就,民族复兴呈现出光明灿烂的前景,成为马克思主义现实指导作用最直接、最可靠的证明,成为马克思主义当代价值最为生动的体现。

在新时代,中国共产党人把马克思主义基本原理同新时代中国具体实际结合起来,团结带领人民建设伟大工程、进行伟大斗争、推进伟大事业、实现伟大梦想,推动党和国家事业取得全方位、开创性历史成就,发生深层次、根本性历史变革,中华民族迎来了从富起来到强起来的伟大飞跃。只有坚持不断推进马克思主义中国化向纵深发展才能实现中华民族伟大复兴。近百年的实践已经证明,当年觉悟社成员们所追求的理想信念,在改革开放40年的今天也仍然是支撑我们的强大理想信念。

我们今天传承觉悟社精神,就要学习它紧紧依靠群众的原则和方法。马克思在《〈黑格尔法哲学批判〉导言》中曾经指出:"理论一经掌握群众,也会变成物质力量。"历史是由人民创造的,人民群众是真正的英雄。历史发展有其规律,但人在其中不是完全消极被动的。只要把握住历史发展大势,抓住历史变革时机,奋发有为,锐意进取,人类社会就能更好前进。从五四运动到成立中华人民共和国,中国人民以巨大的奋斗和牺牲,换来了国家独立和民族自由幸福,"人民英雄永垂不朽"八个大字在天安门广场熠熠生辉。中华人民共和国成立以来,中国共产党坚持群众观点和群众路线,以实现人民群众的物质文化需求为己任。1978年,党中央充分肯定人民群众关于真理标准问题的讨论成果,充分尊重人民群众的首创精神,拉开了改革开放的大幕——正是亿万人民日益增长的物质文化需要,催生了这场空前的改革开放。40年来,无数的中国人在改革开放的浪潮中摸爬滚打,不惜远离家庭走南闯北,在经济全球化的进程中甘愿抓住最微薄的利润,他们成就了自己,也造就了今日之中国。可以说,正是因为有了无数中国人的拼搏和奋斗,才有了改革开放这40年来的"中国奇迹"。他们以自己的实际行动,为改革开放做出了最为精彩的注解,让自己变得不凡,也让时代变得生动——可以说,正是亿万人民群众对美好生活的不断创造,成就了改革开放。庆祝改革开放40周年大会上,中共中央、国务院决定表彰改革开放100名杰出贡献人员,就是对人民群众的创造与奋斗最有力的肯定,就是马克思主义唯物历史观最生动的体现。

我们今天继承觉悟社精神,就要学习它"奋斗、创造"的宝贵品质。马克思主义是实践的学说,个人的理想要在奋斗和创造的实践中实现,青年周恩来组建觉悟社的实践告诉我们,当代青年人只有让自身的奋斗与更宏大的命题息息相关,让青春与时代同向而行,才能让时代有梦,让青春无悔。可是,如果把视线拉回我们这个时代,五四运动时期成立觉悟社的那一辈人的自信和豪迈同我们这一代中有些人的迷惘与无助也许会形成鲜明的对比。从"蚁族"到"啃老",从"房奴"到"吃土"。改革开放在带来巨大经济成就的同时,似乎也让我们的青春不再那么神采飞扬,而是多了几分现实面前的灰头土脸。变化的可能不是青春,而是青春所处的语境。问题不在于我们缺少那种以身许国、埋头苦干的激情,而在于时代的主要命题不再以"救亡"的危急形式呈现出来,"宏大叙事"已经碎片化为一个个"小时代",人们从时代的整体感知中回到个人的世界,从对主义的追寻中回到感官所代表的物质体验。在此语境下,如何处理个人与时代的关系,用自己的实际行动为改革开放的再出发增光添彩呢?

答案还是奋斗,不再以抽象的激情,而是靠具体的努力。青年周恩来满腔热血投身革命,他的理想是扶大厦之将倾,救万民于水火。但是,在21岁领导天津爱国学生运动、组建觉悟社之后相当长的一段时间里,他所做的并不像后来那样的轰轰烈烈,反而是有些"具体而微":组织社员讨论、调节社员矛盾、帮助解决群众生活的小困难……这些具体工作,都源自他投身革命的初心,成就了革命的青春。

"具体而微",正可以与当代年轻人的感知体系联系起来。白天忙学业,晚上回公寓,我们当代年轻人生活似乎是无趣甚至去意义化的。但其实正是这些专业化的工作,日复一日的奋斗,才是当代青年人感知宏大叙事的方式,才是青春汇入时代洪流的途径。不管什么大事都是由一件件小事构成的,这是历史的辩证法,也是人生的辩证法。羡慕别人的青春找到风口的时候,我们不妨也问一问自己,我为青春的绽放究竟做了些什么? 40年的改革开放,是实干家的平台、奋斗者的平台,而幸福,就是奋斗出来的。说到底,无论时代怎样变化,具体而微的奋斗永远是确保青春与时代相向而行最重要的方式。

一代人有一代人的使命与担当,一代人有一代人的回应与希望。历史的风尘褪去,光辉成绩的背后总会露出年轻的面庞。对于当代青年而言,如何使祖国"强起来"便是这一代人共同面对的问卷,其间既有使命和责任的重任在肩,也有光荣与梦想的远大前程。对于时代而言,青年是常有常新的,但对于每个青年而言,青春是短暂而珍贵的。四十载惊涛骇浪,七十年长歌未央。改革开放迈入新时代,中华民族伟大复兴的曙光既普照华夏,也光照个人。习近平同志在2019年新年贺词中说,"我们都在努力奔跑,我们都是追梦人。"我们追的是什么梦,是中国特色社会主义与民族复兴的中国梦,是马克思主义的坚定信仰,怎么追,要靠奋斗,而追梦人三个字,主体又恰好落在了千千万万个"中国人"身上。千帆竞发,百舸争流。我们广大青年人唯有在党的领导下,学习和继承觉悟社那一代人对马克思主义的坚定信仰、那一代人对人民群众的血肉亲情、那一代人奋斗与创造的实干精神,一棒接着一棒跑,一步紧跟一步行,以执着的信念、优良的品格、丰富的知识、求是的态度,时刻砥砺自我,比肩前辈先烈,吹响"强国一代"的奋进号角,谱写无愧于时代的青春之歌。

英语学院170103班　温　晨

指导教师　张秀英

女星社：女性之光

梁丽珠

摘　要：为从封建礼教的束缚中解救被压迫的妇女，邓颖超等有识之士建立了女星社，开展了各式各样拯救妇女的活动。最终在妇女解放道路上留下了浓墨重彩的一笔。她们教会我在困难面前勇往直前，并不懈地为自己的目标奋斗。更重要的一点是，自信、精神抖擞去奋斗是女性最好的姿态。

关键词：女星社　妇女解放　奋斗

笔者有幸参加了"天津觉悟社纪念馆实践教学创新课"，感受到五四时期进步青年与杰出女性"先天下之忧而忧，后天下之乐而乐"的精神，也认识到了马克思主义理论对当时青年的影响。

在这次活动之前，有的同学不知道有"女星社"这个组织的存在。1923年初，留在天津的觉悟社社员邓颖超、李峙山、谌小岑等在筹备出版《觉邮》刊物时，感到有必要组织一个妇女团体以推动妇女运动的开展。于是他们写信征求远在法国的周恩来的意见，并同许多志同道合者进行磋商，最终邓颖超提议这个组织的名称叫"女星社"，希望它像明亮的星星，照耀中国妇女运动发展的前程。这个组织为中国妇女的解放事业做出了重大的贡献。这个组织中的社员所焕发出的不屈不挠，无私奉献的精神，值得我们每个人学习。她们是杰出的女性，是所有女性的骄傲。

令笔者印象深刻的是那一张张黑白照片。在没有电脑照片处理技术的时代，在没有亮丽色彩的映衬下，一张张普通的黑白照片，但照片中的人却显得神采奕奕。她们的目光是那样坚定。望着她们，敬佩之情油然而生。

照片和文字不仅是最好的历史见证，还是连接过去与现在的桥梁。通过纪念馆中的照片与文字，我看到邓颖超女士和那一群精神饱满的女性为了帮助妇女脱离旧家庭、旧礼教的束缚和促进女子教育事业的发展，她们积极地展开着各种活动。创办女子学校、编写教材、创办《妇女日报》、组织学生游行宣讲……她们方向明确，意志坚定。看到这里，我感触颇深。此时的我毫无目标，只是秉持着"走一步，算一步"的态度。这并不是一位当代大学生该有的精神面貌。这不禁令笔者自问："我的人生理想是什么？人生的意义何在？"人与人本来是没有差距的。有些人选择为人民、为国家贡献出自己的一份光一份热；有的人选择漠不关心，也有的人选择踏上了碌碌无为的道路……于是乎，人与人之间就产生了差距。不知为何，在那一刻，笔者特别想成为像革命先辈那样的人。

鲁迅曾说："不在沉默中爆发，就在沉默中灭亡。"在一个男女不平等的，女性被压迫的年代。邓颖超这群有担当的女性勇敢地站出来为女性"呐喊"！没有人强迫她们这么做，靠的全是她们的觉悟与自觉。从她们身上我看到了"自觉"的精神。身为大学生的我，应该要向她们学习，形成"自觉"的习惯，同时对某些事要有正确的觉悟。树立正确的人生观、价值观和世界观。

在参观过程中，记得有这样一段解说词："女星社的成立及其活动，在天津早期妇女运动史中占有重要地位。她们在实际斗争中，进一步认清天津妇女运动的正确方向和自身肩负的使命，自觉地引导广大妇女投身于妇女解放与民族解放的斗争中，把妇女解放和中国社会的变革结合起来，为天津乃至全国的妇女运动史增添了光辉的篇章。"从这段话中，我深深地明白了一个道理——认清方向很重要！没有认清方向，谈何成功。女星社能够在妇女解放的篇章中留下浓墨重彩的一笔，其中最重要的一个因素就是她们认清了方向，并为之不懈奋斗。

邓小平同志意识到国要富强，就必须要解放和发展社会生产力，进一步解放人民思想。因而才有了改革开放。自改革开放以来，我国的政治、经济、基础建设等方面都有了很大的发展。摩天大楼如雨后春笋般出现，基础设施逐步完善，人民渐渐地过上了小康生活。经济发展尤其迅猛,目前国内生产总值位居世界第二。这是我们每一个中国人都引以为豪的事。邓小平同志的高瞻远瞩给全国人民带来了幸福,使国家变得富强。同样的,邓颖超等女性当年深刻意识到"要从封建礼教和旧伦理的束缚中解救出中国妇女,就必须让妇女读书识字并解放思想"。她们创办了女子学校,为处于受压迫状态中的妇女带来了曙光,女星社不愧是女性之光。

现在,改革开放已经40周年了。许多人都过上了小康生活。女性的地位也得到了大幅度提高,可以说现在就是个男女平等的时代。邓颖超女士及其他女星社成员无私奉献、坚持不懈、不懈奋斗的精神依旧在激励着今人。她们是女性勇敢、睿智、自信的象征。而现实中,课堂上无精打采、生活中萎靡不振、在困难面前垂头丧气是现今某些大学生的真实写照。可是在花一般的年纪,我们的面貌难道不该是"昂首挺胸、意气风发"吗?

邓颖超等革命先辈用行动向我们证明了意识具有目的性、计划性和指导实践改造客观世界的作用。在她们的意识中,拯救被压迫的妇女就是目的,创建报刊和开办女子学校就是计划。这样的意识驱动着她们开展了各式各样的活动,并带领着她们朝正确的方向前行,在妇女解放事业方面做出了重大贡献。空等是没有的,唯有实际行动,才能获得想要的东西。

这次实践活动让我认识了一群现代史上杰出的女性。她们给我上了人生中重要的一课。她们教会我在困难面前要勇往直前,并不懈地为自己的目标奋斗。更重要的一点是:自信、保持精神抖擞是现代女性最应具备的精神面貌。

亚非语学院170606班　梁丽珠

指导教师　张秀英